VOUS SAVEZ QUOI ?

DU MÊME AUTEUR

Avec Élisabeth Quin, *Le détail qui tue*, Flammarion, 2022
Avec Bayon, *Haut les filles*, Flammarion, 2020
Les Minets, Stock, 2019
Kung-Fu, Grasset, 2007
Enragé, Denoël, 2003 ; Pocket 2008
La Bande du Drugstore, Denoël, 1999 ; Folio, 2003
Avec Max Armanet, *Ciné Kung-Fu*, Ramsay, 1987

François Armanet

VOUS SAVEZ QUOI ?

Le roman d'un journaliste

La Table Ronde

26, rue de Condé, Paris 6e.
editionslatableronde.fr

Billet

Chaque matin dans le métro, chacun lisait son journal.

À *Libération*, à l'heure de pointe, les machines à écrire tournaient à plein régime. Les « clic » de la frappe, les « cling » du retour chariot lors du passage à la ligne, les « bzz » pour changer de feuille rappelaient les salles de rédaction de *Bas les masques* (« Print that story or you're a dead man ! »). Il n'y avait pas suffisamment de machines pour tous, aussi quand l'un d'entre nous avait terminé son papier, il la redressait à la verticale sur le bureau pour signifier qu'un autre pouvait l'utiliser. Quand on partait en reportage, arrivé sur place, la première chose était de repérer une cabine téléphonique pour pouvoir dicter son article avant les confrères (et de trouver la chute avant que la communication soit coupée). *Libé* avait aussi des lecteurs sympathisants. Un atout qui nous permettait d'appeler posément de chez l'habitant. Les « petites annonces » occupaient plusieurs pages du journal. La majorité des journalistes n'avaient pas fait la moindre école de journalisme. Nous étions payés au SMIC et l'écart de salaire entre l'homme de ménage et le patron était de 1 à 2.

J'étais entré à *Libé* en 1981, engagé en quelques mois grâce à deux parrains : Jean Hatzfeld au Service Sport et Serge Daney au Service Cinéma. J'avais milité à la Gauche prolétarienne, été inculpé en vertu de la loi anti-casseurs en 1971 (que venait d'abroger François Mitterrand quelques mois après son élection), mais ce n'était plus un passe-droit pour être admis au journal.

J'appartiens à une génération privilégiée. Les années 80 furent la décade prodigieuse de *Libération*, qui inventa tant de nouvelles formes (les unes plein pot, les pages de l'événement en ouverture, la page média, le « Portrait de der », la place donnée à la photo, aux illustrateurs, au cinéma et au rock...).

Fin 1989, j'ai rejoint *Le Nouvel Observateur*, engagé avec mon frère Max comme rédacteurs en chef par Claude Perdriel et Laurent Joffrin afin d'y lancer les hors-séries, après avoir dirigé ceux de *Libération*. Mais c'est Jean Daniel (phénomène unique dans l'histoire de la presse, les deux fondateurs de *L'Obs* ont dirigé ensemble leur journal pendant cinquante ans) qui nous prit sous sa coupe. Notre premier numéro était consacré à de Gaulle, le second intitulé *La Pensée aujourd'hui* s'inscrivait dans les principes journalistiques du directeur de *L'Obs* : « La politique doit être culturelle et la culture politique. » Nous qui venions de passer une décennie à *Libé*, quotidien inspiré par Serge July, chef de meute hyperactif, un radar dans la poche pour saisir l'air du temps, mais assez solitaire, découvrions en Jean Daniel une autre façon d'avancer. Dans une équipe de foot (et même si, contrairement à Camus, il a toujours préféré le tennis), il aurait été un milieu offensif, entouré de stars : relance, vision du jeu, autorité sur le vestiaire.

Mon frère Max parti pour d'autres aventures, je suis devenu

peu à peu l'ami de Jean Daniel, une sorte de bras droit ou de bras gauche – c'est Claude Perdriel qui, avec une concision de polytechnicien, trouva la formule lorsque je revins au journal (après être reparti à *Libé* comme rédacteur en chef de 1998 à 2002) pour créer les pages Débats/Idées : « Avec vous ce sera simple, vous êtes l'ami de Laurent et le disciple de Jean. »

J'ai donc eu la chance d'exercer mon métier avec une liberté totale dans deux journaux à l'histoire forte. « Être un bon journaliste, c'est être au bon endroit avec la bonne personne », m'a dit un jour Daniel Filipacchi en pensant au scoop, mais c'est aussi « être dans le bon journal au bon moment ».

En quarante-trois ans de journalisme, je suis parti en reportage, j'ai enquêté, écrit des analyses, édité des articles, mais ce que j'ai le plus aimé, ce sont les rencontres. J'ai fait quelques centaines d'entretiens avec des hommes politiques et beaucoup d'intellectuels, mais les plus singulières d'entre elles demeurent avec des artistes et des écrivains.

J'ai vécu la queue de comète d'une presse à laquelle artistes et écrivains accordaient de grandes interviews. Quel privilège de pouvoir demander tout ce qu'on veut à des personnes inaccessibles (à partir du moment où elles en ont accepté le principe). Et vous savez quoi ? Je n'ai jamais été déçu.

D'où ces pages organisées en cinq chapitres, titrés en écho à des expressions de la presse écrite.

Le premier, « Accroches » (comme la tête d'un article pour « accrocher » le lecteur), rassemble les musiciens français qui comptent le plus pour moi. Ceux que j'ai vus et revus, certains avec lesquels j'ai noué des relations amicales au fil du temps.

Le deuxième, « Correspondants » (comme l'autre regard d'un journaliste détaché à l'étranger), met en présence des duos imprévus. Ils ne se sont pas forcément parlé mais ils dialoguent. Sur le même sujet, ils donnent un double éclairage.

Le troisième, « Chapeaux » (comme le texte qui « coiffe » un article), est fait de rencontres surprenantes et esquisse une sorte d'envers du décor du journaliste, qui compte sur des hasards heureux.

Le quatrième, « Dépêches » (comme les nouvelles diffusées par les agences de presse), entrechoque des extraits d'entretiens, en général réalisés avec mon ami Gilles Anquetil, et qui gardent une acuité redoutable.

Le cinquième, « Manchettes » (comme le haut d'une page de « une », voire son gros titre), recueille des entretiens au long cours. Avec une sincérité à toute épreuve qui a pu donner au journaliste l'impression de jamais-vu.

Le tout témoigne d'un monde en voie de disparition qui dessinerait, dans ses goûts, ses questions, une sorte d'autoportrait de l'intervieweur. Ou le roman d'un journaliste.

I

ACCROCHES

Jacques a dit

Ma première rencontre avec Dutronc eut lieu en son absence.

Ce matin-là, mon ami Philippe, Slim Fits velours milleraies bleu ciel feu de plancher sur boots Weston éculées, débarqua au Drugstore (de l'Étoile) avec un semblant de hâte. Il aurait aperçu Dutronc garer une Porsche au bas des Champs (Élysées). En cette rentrée 1966, le bruit courait déjà depuis un moment qu'on péterait la gueule à la première occasion au chanteur des *Play-Boys*. L'histoire avait démarré avec le couplet « J'ai pas peur des petits minets/Qui mangent leur Ronron au Drugstore » même si la suite « Ils travaillent tout comme les castors/Ni avec leurs mains ni avec leurs pieds » s'accordait à la frime de « la bande du Drug », ces « blousons dorés » des beaux quartiers, que croisait Jacques Lanzmann, le parolier, en descendant de son bureau à *Lui*, « magazine de l'homme moderne ».

Il devait être trois heures, l'heure à laquelle on débarquait au Drug le jeudi, le samedi et le dimanche, les trois après-midi de liberté accordés par le lycée. On était descendus à une dizaine, on avait inspecté la Speedster, « le même modèle, avait dit Philippe, que celui dans lequel James Dean s'est viandé à mort ». On avait patienté une demi-heure. Pas de Dutronc à l'horizon. Phil avait dégainé un cran d'arrêt, fait claquer la lame comme un Shark portoricain, et crevé avec méthode les quatre pneus.

En sortant de boîte, on était repassés devant la Porsche. Elle était toujours garée à la même place. On avait attendu dix minutes… Le propriétaire était arrivé, bronzé à la Gunther Sachs, « habillé par Cardin et chaussé par Carvil[1] ». Ce n'était pas le chanteur en vogue. Et nous, et nous, et nous, devant la mine éberluée du play-boy (de profession), de reprendre en chœur « Crac boum huuuuue ! ».

Lorsque je la lui avais racontée, l'histoire l'avait tant réjoui qu'un soir de première au Zénith, Dutronc avait chanté « J'ai pas peur des petits Armanet/Qui mangent leur Ronron au Drugstore » – j'étais assis entre Jean-Marie Périer et Yves Bigot, aussi éberlués que moi. « Je change les paroles quand ça me chante. Le public les connaît par cœur et ne se rend jamais compte de rien », nous dira Dutronc dans sa loge.

En 1991, avec mon frère Max, nous avions publié un hors-série du *Nouvel Observateur* (en couverture, un juke-box de la collection de Christophe) : *40 ans de 45 tours de France*. Soit le palmarès établi par quarante « rock-critiques » (de Bayon à Lescure, de Paringaux à Drucker, de Bizot à Labro…) des cent meilleurs 45 tours, de 1951, date du premier 45 tours vinyle hexagonal (*Marie-Galante* du Rico's Creole Band, pressé

1. Dutronc, archétype du minet aux épaules voûtées et aux costumes cintrés, fréquentait régulièrement à l'époque un magasin « minet » de la place Saint-Augustin, Auld Reekie (d'après le surnom de la ville d'Édimbourg réputée pour ses shetlands et cashmeres), aujourd'hui disparu, à deux pas de Berteil (qui proposait les mocassins Alden à pompons).

à l'usine Pathé de Chatou par La Voix de son Maître), jusqu'à sa disparition programmée en 1991. Le Numéro 1 élu était : « Il est cinq heures, Paris s'éveille », mélange bien français de tradition et de révolution, hymne intergénération interprété en Mai 68 par Jacques Dutronc, gavroche myope, cancre et gendre parfait[2]. Jackpot : cette ode à l'aube parisienne, composée en une nuit chez le troisième Jacques – Wolfsohn, boss des disques Vogue –, devance sur le podium « Ne me quitte pas », « Il voyage en solitaire », « Avec le temps », « Les Feuilles mortes », « La Vie en rose », « La Mer », « Chanson pour l'Auvergnat », « La Javanaise », « Les Mots bleus » et « Dis quand reviendras-tu ? ».

Notre camarade Yves Bigot (avec le concours d'Éric Dufaure à la Sacem) organisa sur Antenne 2 une soirée spéciale pour accompagner la sortie en kiosque du magazine. Une idée simple : un concert en public de dix lauréats illustrant la diversité du classement (des Rita Mitsouko à Adamo), chacun interprétant son titre élu, et précédé chaque fois par le scopitone ou le clip réalisé à l'époque de la chanson originale. Problème, il fallait réunir les gagnants, Dutronc et Lanzmann, alors fâchés depuis longtemps.

À la question taboue « Vous êtes-vous fâchés ? », ils me répondirent un jour, chacun séparément :

Dutronc : « Fâchés un jour, sûrement, mais pas ensemble. Chacun sa période (lui surtout), donc jamais pratiquement. »

Lanzmann : « Nous ne nous sommes jamais fâchés. C'était

---

2. On retrouvait dans le classement le 45 tours « Et moi, et moi, et moi » en 33e position. Et en 77e celui des « Play Boys » dont la chronique revenait naturellement à votre serviteur.

pire. Il n'y avait plus rien. J'en ai beaucoup souffert. Pourquoi toutes ces années de silence. Pour moi, et je le dis sincèrement, ça a été comme un deuil. Mais je ne sais pas lequel de nous deux était mort. »

L'heure n'était pas aux explications, je devais convaincre les faux-frères Jacques de leurs retrouvailles sur un plateau. Dutronc, que l'on disait gravement malade (il était maigrissime) après le tournage de *Van Gogh* de Pialat, ne voulait plus chanter. Lanzmann, devenu une star de la marche (il avait erré vingt-quatre jours sur les traces de Moïse dans le désert du Néguev, été le premier Occidental à relier à pied Lhassa et Katmandou, et avait traversé seul le désert de Takla-Makan), devait partir pour une longue traversée himalayenne. Après s'être fait malicieusement prier – « si tu veux te trouver, commence par te perdre » –, il me promit d'être là. Dutronc, mine de rien aussi fier que son compère, accepta de quitter sa retraite corse le temps d'un week-end à Paris. Ils se tombèrent dans les bras et l'émotion fut au rendez-vous (Chi-chi-chi-chi, chi-bi-dou-ah !).

Quasiment dix ans plus tard, histoire de fêter l'an 2000, Jean-Marie Périer me demande d'interviewer Dutronc pour *Salut Sex* (surnom affectueux qu'il donne à son meilleur ami), le documentaire qu'il réalise à Canal+. Je lui propose une interview bicéphale à bâtons rompus : Dutronc (anar de droite ou de gauche selon les jours) sur un fauteuil, face à deux journalistes (hors-champ) sur deux chaises : mon camarade Marc Lambron (chroniqueur au *Point*) à droite et moi (réd. chef à *Libé*) à gauche. En échange de bons procédés, *Libération* publiera (en exclusivité) notre entretien la veille de la diffusion sur Canal :

Mon père travaillait aux Charbonnages de France. Ingénieur des Mines, c'est souvent ceux qui loupent Polytechnique. Son truc, c'était le piano. Il jouait dans des bals populaires de Paris et de province. J'ai encore des photos où il porte des chapeaux mexicains avec des manches bouffantes. Je détestais le piano, vu que mon père en faisait. J'ai commencé par jouer de la batterie avec des brosses à cheveux sur des chaises en contreplaqué imitation paille. Deuxième instrument, la varinette, pipeau en carton enrubanné de papier à chiottes. Puis l'harmonica, le sifflet et, plus sérieux, la guitare, parce que mon frère en jouait. Plutôt du jazz, les trucs genre manouche et aussi la West Coast. On se produisait dans les boîtes, rue Rodier, chez Gaby – un homosexuel terrible, c'est d'ailleurs pour ça que je les appelais tous des Gaby : semi-putes, semi-flics, des mecs qui rôdent la nuit, à coups de cinquante balles, ils nous demandaient un morceau, mais ils étaient tellement bourrés qu'on jouait autre chose de toute façon.

J'étais devenu assistant du directeur artistique de Johnny chez *Vogue*, Monsieur Wolfsohn. Un jour, il demande à Lanzmann de faire des textes et à moi une musique, pour voir. J'ai chanté, j'allais pas lui envoyer une partition, surtout de trois notes. Wolfsohn m'a dit pourquoi tu chantes pas, toi… Pour moi, c'était comme aller lui chercher un sandwich. La chanson ? « Et moi et moi et moi. » À l'époque, les séances duraient trois heures… on faisait en même temps la gravure, la photo, la pochette. Trois pistes uniquement. Tout en direct, donc tout à fond. À la fin, le batteur est en sueur, les baguettes cassent et dans la cabine : regard stoïque.

Après, Lanzmann était enfermé dans mon bureau, il ne pouvait sortir que s'il glissait un texte sous la porte. Le premier jet, comme pour les analyses médicales, ne se conserve pas. Ah ! Le bagne… C'était l'été 66, j'ai dû faire trois télés par jour, sans arrêt, pour faire marrer les potes. Je mettais des costards parce que les autres s'habillaient en treillis, dans le genre paix au Viêt-Nam. Je trouvais bien d'un seul coup d'avoir quarante paires de pompes, c'est comme les frigos, j'en ai acheté une vingtaine, pour mon père, ma mère, mon frère, tout le monde. J'offrais des frigos, après y a eu une période télé : j'achetais plein de télés, pour tous mes potes.

J'habitais rue de Provence, au cinquième. Les gonzesses dormaient ou faisaient leurs devoirs dans les escaliers bien raides, glissants. Je les laissais apercevoir mon guépard à travers la porte, parce que j'avais un guépard dans la maison. Elles se filaient rencard là, comme à la brasserie du coin. La meilleure ? Une trapéziste qui était passée par les toits et avait fait mon lit avec un petit mot doux. J'avais tout peint en noir chez moi et avant que la peinture ne sèche, j'avais craqué des oreillers et des polochons, tout était collé sur la peinture. Ça faisait une pièce à plumes…

Wolfsohn restait dans son bureau et nous envoyait jouer : Colmar/Saint-Étienne, Saint-Étienne/Saint-Brieuc, Saint-Brieuc/Cannes… tout ça en Lamborghini. Pour se faire payer, c'était le sommet, impossible. À chaque fois, les mecs se tiraient avec la caisse. On a dû prendre en otages la télé d'un type, puis sa femme pour être payés.

Quand on chantait, c'étaient les bagarres, « pédés ! », enfin la routine. Les groupies avaient l'amour aveugle, il y en avait trop. Les musiciens sont toujours dans le coup, le batteur le plus défavorisé, parce que le temps qu'il démonte, tous les autres se sont jetés sur les sujets... Elles sont quand même minables pour tomber dans les bras du moindre chanteur. Elles avaient malgré tout évolué, puisqu'avant elles étaient toutes folles de Luis Mariano.

On était souvent truffés de boutons, vu que nos moyens ne nous permettaient de bouffer que des rillettes de basse qualité. J'appelais ça les cactus, cactus énormes, purulents. Et puis après, j'ai eu un attaché de presse génial : Pompidou a repris la formule à la Chambre [3]. Les ventes se sont envolées, psshhhh !... 400 000 d'un coup. Ça, c'est de l'attaché de presse ! Pompidou, je lui ai fait plusieurs spectacles à domicile. Il était Premier ministre. C'était dans un grand appartement rue du Faubourg-Saint-Honoré. Ils étaient tous installés dans le salon, on était à poil avec mes musiciens dans l'entrée. Là, un valet nous a priés de nous rhabiller. À peu près resapés, on a attaqué sur l'air des « Cactus » : « À travail égal salaire égal. » Tous les courtisans étaient blancs. Pompidou était le seul à se bidonner. Et moi, je chantais n'importe quoi. Puisque Pompidou connaissait mes chansons, j'allais pas refaire le disque note pour note.

---

3. Le 18 avril 1967, dans sa déclaration de politique générale au Parlement, Pompidou affirme ne pas redouter les problèmes : « J'ai appris que dans la vie gouvernementale, comme dit Jacques Dutronc, il y a des cactus. »

On est partis en Asie avec Jean-Marie Périer. Le seul but, c'était les hôtesses de l'air, bien sûr [4]. Parce qu'on s'en fout des Indes. Il y avait un chef de cabine que j'appelais Sinatra. Une demi-heure après, il était en caleçon, déchaîné… Et il y avait ces fameuses hôtesses. À Hong Kong, on a passé trois ou quatre jours dans un Hilton, avec rotation des équipages. Je me suis bien comporté. Voyage en chambre, elles connaissaient la chanson. Quel périple. À Bombay, j'étais malheureux comme une pierre, on aurait dit *La Soif du mal*, à transpirer avec le ventilo au-dessus. On s'est retrouvés à Colombo, des geckos gigantesques au plafond, je croyais que j'avais des hallucinations. Ensuite, je me suis brûlé les pieds sur le sable. À Goa, on a vu un mec des Rolling Stones, celui qui est mort avec les petits tifs blonds. Brian Jones seul face à la mer ! ce qui prouve que le hash fait vraiment voyager, parce que lui, il venait de loin.

Une petite décennie plus tard, en 2010, je suis descendu de Paris avec Périer chez Dutronc en Corse. Une double actualité en perspective : la sortie en coffret de l'intégrale des treize 45 tours originaux (de « Et moi, et moi, et moi » – juin 1966 – à « À la vie, à l'amour » – mars 1970) chez *Vogue*, qui n'ont pas pris une ride, et l'annonce qu'après dix-sept ans d'absence l'Arsène s'apprête à remonter sur scène en janvier 2010. Cinquante concerts jusqu'en juin, une performance qui suscitait quelques inquiétudes à cause des rumeurs sur sa santé.

---

4. Tube de Dutronc : « Toute ma vie, j'ai rêvé d'être une hôtesse de l'air/Toute ma vie, j'ai rêvé de voir le bas d'en haut/Toute ma vie, j'ai rêvé d'avoir des talons hauts/Toute ma vie, j'ai rêvé d'avoir, d'avoir/Les fesses en l'air. »

Vue imprenable sur L'Île-Rousse et le cap Corse. Dans le jardin, oliviers, cyprès, pins, lauriers-roses, bougainvillées, mimosas, une pléiade d'arbres fruitiers et quelques cactus égarés (aïe aïe aïe, ouille ouille ouille). Les chats ont remplacé le guépard du jeune homme, ils ont une petite maison dédiée (mais pas le droit d'entrer dans le domicile principal). On comprend que Dutronc ait adopté la maison de Françoise. Sur les hauteurs de Monticello, surplombant la Méditerranée, elle fut dessinée par un architecte ami de François Périer, du temps où son fils Jean-Marie Périer et Françoise Hardy faisaient des plans sur la comète. Quand la villa fut terminée, Jean-Marie avait déjà présenté Jacques à Françoise, ce qu'il n'a jamais regretté. « J'étais fasciné par l'aptitude de Jacques à générer des vents de folie. Il suffisait qu'il se trouve quelque part pour que tous les cinglés du coin débarquent. Il avait ce don étrange de convertir les instants anodins en carnaval, en chansons de geste à la gloire de son joyeux pessimisme », dit Périer qui m'a recommandé de faire l'interview avant le déjeuner.

Avant l'apéro, Dutronc me fait faire un tour de la propriété : « Là, tu vois, il y avait une piscine. Trop d'eau, je l'ai transformée en potager. » Constat suivi d'une vanne de l'Almanach Vermot, à déguster en deux temps : « L'autre [*mon "pote âgé"*], il est mort la semaine dernière. »

Une cloche sonne. C'est l'heure de passer à table. On s'assied à l'ombre. Le dandy aquaboniste – Taureau ascendant Poisson (d'avril) – me propose un verre de champagne – je décline – et se sert.

Ouverture des réjouissances :

Les derniers concerts en 1993 ?

Ça fait seize ans si ma mémoire est bonne.

Les précédents dataient de 1973.

Eh oui, c'est long, les répétitions.

Pourquoi revenir sur scène en 2010 ?

Pour le pognon ! Bon, le déclencheur, ça a été Thomas [*Dutronc*]. J'étais une sorte de convalescent après mon opération des hanches. Et Thomas, qui, lui, faisait salle comble, me dit un jour : « Les gens me demandent tout le temps quand est-ce que tu rechantes… » J'ai commencé par dire non. Je suis trop vieux, c'est chiant, c'est fatigant. Enfin tous les prétextes d'un pseudo-feignant. Pour éviter ça, je m'en étais toujours sorti en expliquant que je devrais prendre un cardiologue à la batterie, un proctologue à la basse… Je ne suis pas en manque de scène, mais souvent, lorsque je chantais, je me disais : qu'est-ce qu'on serait bien chez soi, dans une petite chambre de bonne, peinard avec *Les Pieds nickelés*, en train de bouquiner. Mais bon, il faut aller au turbin. Et puis le cinoche, ça éloigne un peu des gens. Là, on se remet en question tous les soirs en principe.

Le répertoire ?

On a fait des listes. C'est les vieux rogatons, mais c'est bien. Attention, il ne faut pas trop les moderniser, parce que les gens ont envie d'entendre ce qu'ils ont déjà entendu. Alors c'est délicat musicalement. Je jouerai peut-être un peu de guitare, mais pas comme avant. D'abord, j'ai la flemme et puis c'est lourd.

La voix ?

Un peu plus grave. Mais c'est une question d'endurance surtout. Donc je vais arrêter de fumer et de boire, bien entendu. Même plus de cigare.

Quand ?

Bientôt, dès que vous serez partis ! Non, très bientôt, parce que je vais reprendre la marche comme je le fais toujours, le matin. C'est une question de kilométrage, entre six et dix kilomètres, plutôt six que dix. Mais en ce moment, pas grand-chose.

De nouvelles chansons ?

Non, et puis quoi encore ? Bon, j'ai failli reprendre une chanson de Françoise. C'est vrai qu'elle écrit très bien, son livre l'a encore prouvé. Et Thomas aussi, il tient ça d'elle. Pour moi, il ressemble plus à Françoise parce que c'est un travailleur. C'est un besogneux, hein, il n'est pas assez feignant. Moi, j'ai une force d'inertie terrible.

C'est un don de savoir ne rien faire.

Oui, ce n'est pas donné à tout le monde, et puis ça ne s'apprend pas.

Des répétitions prévues ?

Il y aura bien quinze jours ou trois semaines de répètes, à côté de Paris. Ce n'est pas ici, hélas. Ici, on n'aurait jamais répété. Non, c'est trop beau, qu'est-ce qu'on va s'enfermer à se faire chier à faire de la musique ? Enfin, c'est dommage que les répètes ne se fassent pas sur scène parce que souvent c'est ce qu'il y a de mieux. C'est comme les maquettes de chansons, souvent ça sonne mieux que le disque lui-même.

Une cloche sonne. C'est l'heure de re-passer à table. Une imitation de Tino Rossi en hors-d'œuvre. « Et après, on regarde *Derrick* à la télé mais eh eh, oui, ton film… le strip-tease sur "Les Play-Boys", où t'as été chercher ça ? Le mieux, c'est Lanzmann. Eh, eh, il aurait pu faire carrière au cinéma [5]. »

Plat de résistance :

Le déjeuner à l'Élysée avec François Mitterrand ?

Je ne me rappelle plus du menu, c'était très bon. Je suis toujours en avance, donc je suis arrivé un peu tôt. J'ai demandé à l'huissier : « Je peux fumer ? – Oui, ça ne dérange pas le président. Monsieur le président sera là à une heure. Il est moins dix, et il a pensé qu'un Corton-Charlemagne vous ferait plaisir. » Je ne buvais pas beaucoup puisque je chantais le soir au Casino [*de Paris en 1992*], mais j'ai apprécié. Il est arrivé à une heure pile. En tête à tête, on a parlé du grain de sable dans la vie politique.

5. Dans mon film *La Bande du Drugstore* (2002), il y a une scène de strip-tease sur la musique des « Play-Boys ». Jacques Lanzmann, par amitié, avait accepté de jouer le rôle d'un libraire bougon et fantaisiste dans le petit village balnéaire de Veules-les-Roses.

C'est comme un tour de chant : il y a dix mille mecs, et il y en a un seul qui fait chier. Alors, on ne s'adresse qu'au mec qui fait chier et on oublie tous ceux qui vous aiment. C'est le grain de sable. Je l'ai invité au Casino. Il m'a dit qu'il était fatigué, qu'il ne pouvait pas. Après, il m'a dit : « Ah, tu veux le protocole ? » Il a descendu les marches, m'a ouvert la porte, a demandé à quelqu'un une rose et m'a dit : « Vous donnerez ça à celle qui ne m'aime pas. – Dois-je divorcer ? – Pas à ce point-là… » En réalité, Françoise l'aimait beaucoup, mais on n'est pas obligé d'aimer les gens pour ce qu'ils font. Je n'avais qu'une hâte, c'était de raconter ça à mes potes. J'étais ravi, je sautillais en partant ; c'était comme si j'avais réussi un examen terrible. Et puis l'après-midi, surprise : des inspecteurs ont débarqué pour vérifier que rien n'était caché sous les sièges du Casino. Il est venu le soir. Et après « Les Roses fanées » (« J'aime les roses (gigolo)/J'aime les roses fanées (gigolo, gigolo, gigolo)/Les vieilles peaux (gigolo) »), on a rejoué « Les Cactus ».

Dutronc déteste les départs. Périer et moi avons trois heures de route pour attraper l'avion à Bastia, Dutronc fait lambiner.

À l'heure des adieux, un dernier mot : « Si tu peux transmettre à la bande du Drugstore mes anciennes amitiés. Et vérifiez la pression des pneus ! »

Il s'éclipse.

Sur la route, nous recevons sur nos téléphones un message : la photo d'un épagneul qui pleure.

Hardy et sage

En l'an 2000, je vais voir une fée de France, qui pourrait être l'incarnation du rock français à travers les âges et le monde après Piaf. Du manifeste folk-yéyé « Tous les garçons et les filles » au blues new wave du « Danger », sa voix blanche et sa grâce pâle au désenchantement sans âge traversent quarante ans de notre histoire. Notre Dame de Paris des Roses pop, de l'aurore au couchant ravissant.

L'occasion : la sortie de *Clair-obscur*. La pochette de l'album, une photo du fidèle Jean-Marie Périer, donne le ton : Françoise Hardy irradiante et sépulcrale (« J'avais l'impression d'être sur mon lit de mort »).

Elle me reçoit chez elle, cédant à mon insistance (et sera fâchée que j'aie pu donner une idée de là où elle demeure).

L'année précédente, Hardy avait quitté la rive gauche, emménagé dans un appartement de deux étages, le premier pour Dutronc, le second pour elle, le rez-de-chaussée en commun, à deux pas de la place de l'Étoile.

Dutronc m'avait averti : « Une maison à partager, chambre à part, étage à part, horaire à part. Un couple doit avoir chaque jour une feuille de service, ça évite l'accrochage. L'amour est aveugle et sourd, je vous signale. Vivre trente ans avec la même personne, c'est beau. De toute façon, je déteste les femmes qui dorment à côté de vous et qui ont le souffle tiède, là, cette espèce d'accrochage Velcro. Parce que moi, la nuit, je pète et je balance les chaussettes. Aimer c'est accepter tout ce que fait l'autre. Quand j'écris une chanson, Françoise me dit : "C'est de la merde." Par contre, j'écoute son travail. Jamais vu quelqu'un d'aussi tatillon. Elle est critique de tout, pour elle surtout. Françoise, faut absolument pas lui faire écouter quoi que ce soit. »

Cheveux courts blond cendré, les yeux gris-bleu de la Dame du lac se marient avec un cardigan gris perle et une longue jupe anthracite. Autour du cou, une fine chaîne porte une alliance et un poisson vif-argent. Son bureau paisible s'ouvre sur une baie vitrée. Deux fauteuils en cuir noir, une bibliothèque ébène où voisinent Mallarmé, Miller, Duras, *Thérapie* de David Lodge « offert par Étienne Daho quand j'ai passé une arthrographie du genou », *Regain* d'Emmanuel Berl (qui fut amoureux d'elle), de nombreuses biographies et correspondances qui lui « suggèrent des pistes astrologiques », un petit Miró, un dessin de Max Ernst dédicacé « qui ne me plaît pas », des poupées articulées de Bellmer, des photos : Colette, Brel et Brassens, Dutronc époque play-boy, Elvis en larmes, une image floue en compagnie de Rodolphe Burger et quelques instantanés pris par elle (son fils Thomas, Yves Montand sur le tournage de *Grand Prix*). Capricorne, ascendant Vierge, 52 kilos pour 1,72 mètre, la mélancolie distinguée.

Dehors, ciel sombre d'avril, c'est encore la saison des pluies. Les fantômes de la rebelle en cotte de mailles Paco Rabanne, l'hôtesse de l'air 2001 Odyssée de l'espace de Courrèges, la frange brune de *Pravda la Survireuse* (BD de Guy Peellaert parue chez Éric Losfeld en 1968) glissent sur Françoise-Madeleine (prénom de sa mère). Elle garde une grâce androgyne, une douceur de l'amour courtois. Hardy chante dans son nouvel album l'art de « balayer toutes les erreurs de jeunesse, cultiver un début de sagesse ». On aimerait la croire.

Étage à part

C'est une manière de ne pas s'énerver. Oui, la promiscuité est difficile. Dès notre rencontre, Jacques a mis des distances entre nous. J'en souffrais au début. Quand vous êtes amoureux, vous souhaitez rester près de l'être aimé, tout partager. Mais au bout d'un certain temps, c'est la meilleure façon de vivre ensemble longtemps, à côté l'un de l'autre. D'ailleurs, notre relation est une partie de cache-cache. La seule chose qu'on ait complètement en commun, c'est l'enfant. C'est énorme. On a une liaison plus amicale. Jacques occupe une place irremplaçable dans ma vie. On s'est apprivoisés… Maintenant, s'il avait le démon de midi, je l'inciterais à le vivre. Le désir induit une possession, de la jalousie. J'ai l'impression d'avoir gagné en discernement, d'être assez libérée, mais l'amour, c'est la compassion, ça veut dire souffrir avec. Quoi qu'il arrive, il y a la mort au bout. Quand on réalise ça, c'est douloureux.

Le temps qui fuit

J'aime beaucoup le printemps et depuis quelques années, je ne peux m'empêcher de me dire : combien de fois vais-je encore le voir arriver ? Au mieux trente (mais je risque de partir dans cinq ou demain). Je trouve que revoir fleurir les lilas trente fois, c'est rien, c'est déchirant.

Clair-obscur

Pour intituler un album, on choisit un des titres qui le composent. J'avais opté pour « La Saison des pluies » parce que j'en suis là dans ma vie, me semble-t-il, ayant dépassé la cinquantaine. La vieillesse n'est pas a priori très excitante. C'est étrange pour notre génération qui a représenté l'adolescence. Je me considère comme une adolescente très attardée, mais à partir d'un certain âge, il faut plus se préoccuper de sa prochaine sortie que de savoir si on est toujours désirable. La vie m'a privilégiée, je suis sereine.

La beauté

Quand j'étais jeune, je ne me trouvais pas belle. Ma grand-mère m'a dit toute mon enfance et toute mon adolescence que j'étais affreuse, que jamais je ne plairais à personne. C'était une personne névrosée qui donnait une image négative des hommes. Ma mère était dans l'excès inverse : elle me survalorisait, inconsciente du travail de destruction que menait ma grand-mère. Je ressemblais plutôt à ma mère. Elle était grande, élancée, et ma grand-mère était courte sur pattes. Peut-être a-t-elle rejeté ma mère parce qu'elle était si différente d'elle.

La famille

Ça a été une drôle d'histoire. Mon père était fou de ma mère, mais il était marié ; elle a dû penser que c'était bien d'avoir des enfants avec un homme d'une condition sociale supérieure, tout en le rejetant sous l'influence de ma grand-mère. Pourtant, ma grand-mère lui vouait une grande reconnaissance pour avoir accepté que sa fille ait des enfants sans être mariée, ce qui était mal vu à l'époque, surtout dans les familles catholiques. Ma grand-mère était entrée au couvent, jusqu'au jour où la mère supérieure l'avait convoquée pour lui dire qu'elle ferait mieux d'aller se marier. Elle avait trouvé un homme très gentil, très amoureux, à qui elle n'a jamais rendu son amour, qu'elle a annihilé.

Les contes

Ma mère a toujours travaillé à mi-temps pour pouvoir s'occuper de ses enfants. Elle n'était pas du tout intellectuelle, moi non plus. J'étais une bonne élève et on m'a fait sauter une classe, ce qui n'a pas arrangé mon décalage. Je n'étais pas en phase avec les autres qui avaient deux ans de plus que moi, pas du tout mûre pour la philo. J'étais grande physiquement, mais ça ne compensait pas. Les autres portaient des bas, moi, des socquettes, c'était moins cher. J'étais honteuse d'avoir demandé une poupée pour Noël. Avec ma mère, on vivait en vase clos. Je ne m'entendais pas très bien avec ma sœur. J'étais solitaire. *La Petite Sirène*, que j'ai lue à huit ans, contenait toute ma problématique affective. Le renoncement et l'amour impossible me sont très familiers.

J'adorais aussi *La Dame au blanc visage* : l'histoire d'un garçon qui tombait amoureux d'une dame au visage blanc. Tout était noir et, soudain, elle surgissait et il tombait désespérément amoureux de cette face qui incarnait la mort. Elle lui demandait de la rejoindre au bout de l'étang pour s'y noyer. Mais comme il était la seule raison de vivre de sa vieille grand-mère, il ne pouvait faire ce que cette dame lui demandait. Il tombait alors très malade et sa grand-mère découvrait son secret dans son délire, allait voir la dame qui finalement les emmenait tous les deux.

La musique

Jacques, comme tous les musiciens et musicologues, adore Ravel, moi non. J'ai découvert les *Métamorphoses* de Richard Strauss, transcendée. Ma mère, qui avait beaucoup d'ambition pour ma sœur et moi, voulait qu'on apprenne le piano, mais je ne me suis pas sentie bien avec cet instrument. Ma mère avait proposé à mon père de me faire un beau cadeau pour le bac. J'écoutais Elvis, j'ai opté pour la guitare. Une petite méthode très simplette. Guitare acoustique, cordes nylon. J'ai appris quelques accords et me suis aperçue qu'on pouvait composer des rengaines. Je n'ai jamais joué que pour composer. Aujourd'hui, je ne fais plus qu'écrire. Il aurait fallu que je travaille la musique, l'harmonie, que j'apprenne, j'ai cédé à la facilité. Pour écrire, c'est très simple : il faut que je trouve une musique. Je l'écoute énormément pour la rentrer dans la tête, puis pour faire surgir les mots contenus dans la mélodie. L'écriture est un exutoire. Elle m'a permis d'exprimer des choses que je ne pouvais pas dire. Les tourments font tourner en rond, mais on a l'impression qu'ils ne sont pas complètement inutiles quand ils débouchent sur des chansons.

Dix-huit ans ont passé. Début juillet 2018, pour le film *Haut les filles*, Françoise Hardy, relevant d'hospitalisation lourde, accorde à mon ami Bayon et moi un entretien précieux.

Le physique

J'ai un physique androgyne, c'est une évidence. Quand j'ai débuté, enfin quand je suis devenue adolescente, la mode était évidemment à Brigitte Bardot, aux courbes, etc. Donc moi j'étais pleine de complexes à cause de mon physique : une espèce de grand échalas, trop maigre, sans rondeurs. Ça me complexait beaucoup. C'est petit à petit que j'ai découvert quelle chance c'était d'être une grande bringue mince.

La femme libre

Ma vie personnelle, ma vie amoureuse m'ont occupée à plein temps pendant des années. Oui, ça a été la priorité. Je ne comprends pas bien cette notion de liberté. Je peux parler d'indépendance – sur le plan financier. Ça, je l'ai toujours eue et je n'aurais pas aimé dépendre de quelqu'un sur ce plan-là. J'ai eu cette chance d'être indépendante financièrement. Même si j'avais fait autre chose, je crois que ça aurait été très important pour moi, parce que j'ai été élevée dans cette idée-là. Pour le reste, à partir du moment où on est très sentimental, on est complètement dépendant. Il n'y a pas de liberté, on ne peut pas… on n'est jamais vraiment libre.

Le grand-père

Ma grand-mère était extrêmement névrosée. Je l'ai vue tout le temps très mal se comporter avec mon grand-père, lequel avait fini par devenir muet, il ne disait plus un seul mot. Quand j'ai enregistré mon premier disque et qu'on a commencé à parler de moi, je suis allée à Aulnay-sous-Bois voir mes grands-parents – c'est la dernière fois que je les ai vus –, et mon grand-père, qui ne disait jamais rien, sur le pas de la porte – ça m'est difficile d'en parler… parce que ça m'émeut beaucoup – m'a dit la seule chose que je l'aie entendu dire ; il m'a dit : « Est-ce que tu es heureuse, au moins ? » Je crois que mon grand-père a été très malheureux, parce qu'il était très amoureux de ma grand-mère, qui ne le lui rendait pas. Et que chaque fois qu'il voulait lui manifester son amour – j'ai assisté à ça, j'espère que je ne le ferai jamais, mais j'ai sûrement dû le faire, on le fait tous sans s'en rendre compte parce qu'on n'a pas toujours conscience de ce qu'on fait –, chaque fois qu'il essayait de lui manifester tout l'amour qu'elle lui inspirait, elle l'envoyait sur les roses, mais d'une manière… Qui moi me rendait malade pour lui, vraiment. Il passait ses journées à lire. Il avait un poulailler, un jardin, il s'occupait de ça toute la journée. Et quand il revenait dans la maison, il lisait *Nous Deux* et *Intimité*. C'est peut-être de lui que je tiens ma sentimentalité, mon côté midinette ; à lui que je le dois.

La voix

La voix blanche que j'avais, c'est l'expression d'une très grande timidité et d'une respiration bloquée. J'ai eu peur toute mon enfance, de plein de choses, toute mon adolescence, et encore maintenant. Ça me fait rire, mais c'est pour ça d'ailleurs que j'ai renoncé à la scène rapidement – parce qu'il faut avoir du souffle pour ça. Il faut de l'énergie, il faut du souffle, et moi je n'ai jamais eu ça. Je pense que c'est lié à mon enfance entre ma grand-mère tétanisante et ma mère aussi, qui me faisait peur d'une certaine manière.

La maladie

Je ne me suis pas rendu compte, en 2015, de ce qui m'arrivait. Je savais que j'allais très mal, ça faisait deux ou trois ans que mon état se dégradait, beaucoup. Et il s'est trouvé que, à l'hôpital, le deuxième jour – j'avais beaucoup maigri en plus –, j'ai glissé dans la douche. Là j'ai perdu connaissance… Et je n'ai découvert ce qui m'est arrivé que trois semaines après. Il y a eu deux jours où j'ai émergé pendant ces trois semaines, mais je ne me rendais pas compte du tout de ce qui se passait. C'est petit à petit que j'ai découvert ce qui était arrivé. J'ai été hospitalisée longtemps – pas tout à fait cinq mois –, mais quand je suis rentrée de l'hôpital, j'étais euphorique de me retrouver chez moi. Pourtant, j'étais bancale.

Ça n'a pas du tout calmé mes angoisses par rapport à la maladie. En revanche, les angoisses majeures que j'ai connues à l'hôpital… – parce que quand j'ai émergé, j'avais un cauchemar en tête, un cauchemar absolument atroce, où je me voyais enfermée dans une boîte, dans un espace blanc, vide, avec plein de lumière, comme un cercueil transparent, et j'étouffais, parce qu'il n'y avait pas d'espace dans cette boîte –, j'ai réalisé après coup que je les avais vécues en partie, parce que j'ai eu une détresse respiratoire, et j'ai eu plein de problèmes pulmonaires – entre autres. Donc, le fait d'y avoir échappé ne veut pas dire que ça ne va pas revenir, et on sait évidemment qu'on est plus proche de la fin que du commencement. Et on aimerait que, quand la fin arrive, ce ne soit pas trop long…

Trois ans de plus ont passé. « Je n'aime pas être en fin de parcours, en fin de vie », écrit-elle dans les dernières pages de *Chansons sur toi et nous*, recueil de ses textes accompagné de ses commentaires, qui vient de paraître. En mai 2021, *L'Obs* prépare un numéro sur la question de la fin de vie et l'on me demande si la chanteuse culte de « Partir quand même » accepterait de témoigner.

Elle a des problèmes de santé depuis 2004. Elle a connu la rémission, la rechute, l'hôpital, la renaissance. Les souffrances quotidiennes.

Rien de plus délicat que de lui téléphoner. J'hésite, je l'appelle, elle répond avec une franchise bouleversante.

Quelles sont vos souffrances aujourd'hui ?

Depuis plus de deux ans, à la suite de quarante-cinq séances de radiothérapie, je n'ai plus de salive et ni mes voies nasales, ni ma gorge, ni mon oreille gauche devenue sourde ne sont plus irriguées normalement. Entre autres, des détresses respiratoires, des crises de toux, des obstructions et des hémorragies nasales se produisent non-stop, sans prévenir. En même temps, il faut que je passe plus de cinq heures par jour à me préparer les rares choses que je puisse avaler. Je n'ai aucune envie de mourir, mais quand je n'arriverai plus à m'assumer, autrement dit quand mes souffrances quotidiennes deviendront encore plus handicapantes et insupportables, j'en aurai sûrement envie.

La mort vous fait-elle peur ?

La mort de mes proches me fait peur plus que tout, la mienne aussi dans la mesure où elle reviendrait à me séparer d'eux. Et j'ai évidemment peur de souffrir encore plus de mes problèmes respiratoires et autres. Mais je suis convaincue que la mort n'est que celle du corps physique qui appartient au monde matériel et en subit les lois. Sa fin permet la libération de l'âme qui retourne d'où elle est venue, enrichie par tout ce que sa dernière incarnation en date lui aura appris.

Depuis quand êtes-vous favorable à l'euthanasie ?

Il est très difficile d'accéder aux soins palliatifs dans les hôpitaux publics, et les établissements privés où ils se pratiquent sont rares. Je suis partisane de l'euthanasie depuis mon adolescence grâce à un débat télévisé sur le sujet. Je ne pouvais ni comprendre ni accepter qu'on laisse des malades incurables souffrir le martyre jusqu'à leur dernière minute, et que les médecins n'aient pas le minimum d'humanité requis pour abréger leurs souffrances. Je n'ai pas changé d'avis depuis.

Le décès en 1994 de votre mère qui souffrait de la maladie de Charcot, maladie incurable, a-t-il été une étape dans votre réflexion en faveur de l'euthanasie ?

C'était déjà tout réfléchi. Ma mère et moi étions depuis des décennies acquises à la cause de l'euthanasie et sa fin de vie nous a encore plus convaincues de sa nécessité. Tout en sachant que c'était illégal, ma mère souhaitait donc se faire euthanasier. La maladie de Charcot se termine par l'étouffement dû à la paralysie des muscles qui permettent la respiration. Son médecin lui avait promis que, le jour où elle ne pourrait pas aller plus loin, il l'aiderait. Le jour venu, il lui a envoyé un médecin hospitalier qui est allé chez elle l'interroger pour être sûr que c'était sa décision, mûrement réfléchie. L'euthanasie a eu lieu avec ma complicité à la date qu'elle souhaitait. J'ai toujours été en admiration devant l'humanité et le courage de ces deux médecins.

En 2015, vous avez frôlé la mort à l'hôpital... Avez-vous cru votre fin arrivée ?

Pas du tout, car quand les médecins ont prévenu Thomas et Jacques que c'était la fin, j'étais dans le coma et totalement inconsciente. J'ai émergé de trois semaines de coma sans rien savoir et quand j'ai été en partie informée de ce par quoi j'étais passée, je me suis juste posé des questions sur le miracle qui m'avait permis d'échapper à la mort annoncée par les médecins.

Depuis quand pensez-vous à la mort ? Y avez-vous pensé en 2004 lorsque l'on vous a diagnostiqué un lymphome ?

La mort ne m'a jamais obsédée, contrairement à l'amour ! Début 2004, j'ai appris que j'avais un lymphome et je me suis demandé si je serais là à la fin de l'année. Peu après, nous avons fêté mon anniversaire dans un grand restaurant et Thomas est allé aux toilettes. J'ai su qu'il avait dû s'y réfugier pour qu'on ne le voie pas pleurer. Cela m'a bouleversée au point que le lendemain, j'ai commencé à écrire à son intention le texte de « Tant de belles choses [1] » sur une très belle mélodie qu'on m'avait apportée quelques jours avant le diagnostic.

---

1. « Même s'il me faut lâcher ta main/Sans pouvoir te dire "à demain"/ [...] L'amour est plus fort que le chagrin. »

Comment souhaitez-vous mourir ?

Comme tout le monde, j'aimerais mourir paisiblement et sereinement, ou dans mon sommeil, mais c'est rarissime que ça se passe ainsi.

C'est une évidence pour moi qu'il faut légaliser le droit à mourir dans la dignité en autorisant les médecins à abréger des souffrances insupportables et sans issue autre que la mort. J'ai souvent pensé qu'il était bien dommage que les êtres humains n'aient pas ce droit dont bénéficient leurs animaux domestiques, que l'on pique quand on ne peut plus rien faire pour qu'ils aient moins mal et qu'il n'y a aucun espoir qu'ils aillent mieux un jour.

Laquelle de vos chansons choisiriez-vous pour apaiser quelqu'un qui souffre ? Et pour accompagner un deuil ?

Pour accompagner un deuil, « Tant de belles choses » est très bien. Mais pour apaiser quelqu'un qui souffre, ce qui vaut pour les uns ne vaut pas pour les autres, et il y a des souffrances physiques telles qu'elles empêchent d'être à l'écoute de quoi que ce soit.

Gainsbourg in extremis

« Tu radotes, mon pauvre vieux, tu nous l'as déjà raconté dix fois. » Gainsbourg, scotché, plonge le nez dans son verre. À soixante et un ans, remis d'un infarctus presque fatal, il accuse le coup, un peu amorti dans son blazer croisé Renoma (il en a fait la pub avec Jane, photographiés par Helmut Newton et David Bailey), les chevilles lourdes et nues dans les chaussons Repetto sur lesquels tombent les franges d'un jean consciencieusement élimé. Sa chemise chambray (deux pressions déboutonnées) laisse entrevoir son torse glabre. « Tu vas pas pleurnicher maintenant », ajoute Bayon, l'homme qui fit de *Libération* « le quotidien du rock », et terreur critique du Landernau. Comme fouetté par la brimade, Gainsbourg rebondit, rigole et crachote dans son champagne rosé.

Nous sommes au bar tranquille de l'Hôtel Raphael (avenue Kléber), une fin d'après-midi de juillet 1989. Mon frère Max, Bayon et moi revenons de l'enterrement de Jean-Michel Charlier, pape de la BD, avec qui nous avions convenu quelques mois plus tôt d'écrire sa biographie lors d'un déjeuner au Drugstore des Champs-Élysées. Blousons d'aviateur millésimés, cravates et chaussures glacées, nous avons esquissé à la sortie de l'église de Saint-Cloud un salut militaire, regards vers l'azur, comme sur la couverture d'*Un avion n'est pas rentré*, en rejouant les rôles des trois aviateurs américains héros de la BD : Buck Danny et Tumbler (« double » brun du blond Danny) pour les frères Armanet, Sonny Tuckson le rouquin gaffeur pour Bayon.

Charlier mort, nous n'écrirons pas sa biographie. Et, par quel « coq à l'âme », nous rendons visite à Gainsbourg auquel Bayon a déjà fait raconter sa mort. « Bon, je suis mort. Je fais un bilan. » Dans un article publié en novembre 1981 dans *Libération* sous le titre « La mort sublime de Serge Gainsbourg », l'auteur de « Requiem pour un con » détaillait en exclusivité son propre décès. Mode d'emploi bayonesque : « Où ? Quand ? Comment ? Racontez. » Le principe de l'entretien d'outre-tombe, avec sa résonance blasphématoire, « cette fanfaronnade de mauvais goût », a tant réjoui l'artiste qu'il a même suggéré un (mauvais) titre « Gainsbourg se barre ».

En septembre 1984, le chef du service musique de *Libé* frappait de nouveau un grand coup avec « Gainsbourg bombe sexuelle », un entretien maous sur la vie sexuelle du chanteur.

« T'es complètement gâteux » : comme à Guignol, Max et moi regardons Bayon vanner Gainsbourg, faire le zouave, lui chercher des crosses. Comme si Gainsbourg était l'éternel copain de lycée de l'auteur du *Lycéen*. Une inversion des rôles avec un as de la provocation. Dans son livre *Serge Gainsbourg mort ou vices*, Bayon écrirait : « On ne peut pas parler d'amitié, comme il le faisait. Nous avons eu notre flambée : promenades avec arrêts-clochards ("Tiens, v'là dix sacs – pour boire, hein, pas pour manger"), téléphones quotidiens, anniversaires, Londres avec Marianne Faithfull, petite cuisine maison et "baisers à la russe". Nous avons eu une phase filiale : à la mort de sa mère, c'est moi, paraît-il, malade, qu'il convoque le premier au comité funèbre (me confiant froidement ce jour-là, entre deux oye-oye, que ce deuil lui est moins pénible que celui de son chien ivrogne quelques années plus tôt). Faut-il dire plutôt "affection" alors, comme ce mot de lui à paraphe étoilé de jaune, en 1989 ? »

« Arrête de nous faire chier avec tes vieilles histoires. » Car Gainsbourg rappelle son acquisition du manuscrit original de *La Marseillaise* à une vente aux enchères pour fermer la gueule de tous ceux qui l'avaient attaqué au moment d'« Aux armes et cætera », sa version reggae de l'hymne national.

En 1979, l'album du même nom était le plus grand succès de sa carrière (*Histoire de Melody Nelson* et *L'Homme à tête de chou* avaient été des échecs commerciaux) et d'aucuns s'indignent qu'un métèque ose reprendre Rouget de Lisle, qu'un juif touche au chant sacré de la patrie. En juillet 1980, à Strasbourg, les paras menacent de lui péter la gueule et de tout casser à son concert. Alerte à la bombe dans l'hôtel où sont descendus les musiciens jamaïcains. Gainsbourg fait face au défi. Birkin me racontera un jour : « J'ai eu le privilège d'être à côté de Serge à la seconde où il est devenu un héros : quand il a chanté « La Marseillaise » devant les paratroopers. Il a laissé les rastas dans le bus – ils ont suffisamment de problèmes pour ne pas venir se faire tuer ici – et a foncé sur scène. Il s'est planté devant le micro, et il a chanté a cappella « La Marseillaise » en version originale. Les paras ne savaient pas comment réagir, s'il fallait se mettre au garde-à-vous, ôter leur béret. Serge est passé ce jour-là des pages variétés aux pages politiques. Michel Droit avait écrit qu'écouter Serge, c'était comme de respirer des pots d'échappement dans un tunnel, qu'il portait tort à ses coreligionnaires ! »

Au bar du Raphael, Gainsbourg lève le poing, fait mine d'entonner le chant martial : « Eh, eh, j'ai mis les paras au pas. » Bayon ricane et nous levons nos verres.

Le surlendemain de la disparition du « Poinçonneur des Lilas », le 2 mars 1991, Bayon publierait un numéro très spécial d'outre-tombe sous le titre « La mort sublime de Serge Gainsbourg », offrant au journal un record de ventes absolu, un million d'exemplaires en kiosque, qui remplirait les caisses comme jamais (et dont Bayon ne fut jamais gratifié d'un kopeck). Au point que pour le dixième anniversaire de sa mort, en 2001, à *Libé*, on déciderait d'imprimer une nouvelle édition in memoriam reprenant l'interview visionnaire de Bayon et la scandaleuse photo (signée Patrick Duval) de Gainsbourg nu, « rose et lisse dans son dernier âge comme un poupon savonné » dans son pieu, rue de Verneuil.

S'y ajouteront des témoignages, je demanderais à Bashung et Dutronc le leur.

Après le carton de *Pizza*, Bashung avait publié en 1982 *Play blessures*, chef-d'œuvre et « suicide commercial ». Gainsbourg avait cosigné les textes, ce qu'il n'avait alors jamais fait avec aucun artiste.

Bashung, ému, me raconta :

> J'avais en face de moi quelqu'un comme Miles Davis, plus Boris Vian, plus un séducteur, plus un dandy. C'était concentré, idéal, risqué… J'admirais ce monsieur, j'avais déjà fait *Pizza*, et envie de phrases poétiques, je sentais qu'il pourrait faire avancer, le gamin. J'avais préparé quelques

thèmes, mais il fallait du plaisir : pas le compositeur qui va voir l'auteur pour badigeonner.

Je l'ai appelé. Avant, c'était compliqué, mais une fois raccroché, je le sentais excité. Je voulais un mélange répétitif de bruits et de mots, beau et sale, tout devait se mêler, sons et batteries. C'était le début des boîtes à rythmes et de la synchro, deux petites inventions à défricher, ça dérapait, et j'exploitais les bavures. Ça donnait du jus en plus, un son qui nous échappait, mélangé à du *live*.

On travaillait comme ça : rendez-vous rue de Verneuil à trois heures pile. Tous les jours, on bossait jusqu'à huit heures. L'un en face de l'autre à sa petite table, ses objets bien rangés – pas toucher !

Tous les jours, il m'avait préparé quelques lignes, dans la nuit. De temps en temps, je reprenais : « Ça, ça ne passera pas, il faut plus direct », ou « plus flou »… Il faisait confiance, on ne marchandait pas. Moi, je naviguais entre surréalisme et vulgarité travaillée : quelque chose de joli avec une voix un peu *vulg'*. Ça a pris trois mois.

La détente, c'était d'aller bouffer un truc, boire un coup, en boîte. Il avait une résistance de Slave : il gerbait quand il avait fait le plein et c'était reparti. Un truc à lui, champagne-tequila : un chiffon sur le verre, on tape dessus, les bulles remontent, on boit cul sec. On se baladait, on pissait dans les taxis. L'alcool c'est des transports, en fait, transports en commun. Le chauffeur regardait dans le rétro : « Putain, les deux oiseaux de malheur que je me farcis… »

Un des premiers jours, il est parti dans une petite rue, et revenu avec un bracelet, cuivre et cuir. J'étais comme la poupée qui se fait offrir un cadeau… Mais c'était pour ne pas faire juste le zouave, sublimer l'instant. Je comprenais, je suis pareil, j'aime « faire » des choses avec quelqu'un : au pied du mur, on voit l'autre réagir. J'avais l'impression de faire la foire avec un père idéal, et on travaillait. Si ça a pu coller, c'est qu'il était barge mais rigoureux. En une ligne, un bouquin, en deux mots, trois chapitres. Et beau à regarder, en plus. C'était fascinant, de voir un monsieur comme ça. Il a fini ce que Vian avait commencé.

Il me parlait de Bardot, un soir je l'ai vu pleurer, qu'il avait tout raté. À l'occasion, on parlait de la mort. D'où l'idée d'une chanson en hommage à moi-même que je m'imaginais chanter mort. Il y a des choses comme ça dans ma tête, à moitié autistes, il m'accouchait et d'un seul coup, la chanson était limpide : « J'envisage le pire. » Plus que la mort, la lucidité à 1 000 %, à n'en pas revenir : se voir soi-même.

C'était un raffiné. Rapide, humour, culture. Mais je le voyais bizarrement : j'étais là comme un voyageur dans son train, essayant de ne pas lui faire honte. Il envoyait chier les gens – pas de temps à perdre. Un médecin arrivait de temps en temps et lui faisait peur, avec les Gitanes et tout ça. Il était abattu, mais le soir on repartait, et en rentrant il faisait Gene Kelly sur le trottoir, en train de sauter en l'air, de claquer des talons et de retomber sur le bon pied, avec les bras comme ça pour finir le show au petit matin. C'était en mai ou en juin, au petit jour, Paris était magnifique, on allait à Pigalle siffler du mauvais champagne. Il insultait les touristes, et les gens se marraient.

Il est venu en studio quand je faisais les voix. Il disait : « Telle ligne, tu peux exagérer plus… » Au micro de commande, il n'arrêtait pas de déconner ; mais quand je revenais écouter, il faisait le sérieux. Les mélodies coulaient dans le décor de son, on adaptait les mots. Dans les mots, il n'était pas destructeur. Pendant trois mois, quand je le voyais, je le voyais seul, c'est cette communication intime qui m'intéressait. Il donnait l'idée d'une autre époque… Il n'y a pas que Warhol dans la vie, il y a aussi Vinci.

Je n'ai jamais su ce qu'il pensait de l'album. Je l'ai appelé pour lui annoncer : « Je suis papa », et lui : « Ouais, c'est bien. À part ça ? » On avait été quasiment enchaînés, et, l'album sorti… on ne s'est plus vus. Il y a quelque temps, je me suis aperçu que j'ai beaucoup de mal à chanter ses chansons à lui : « Les Goémons » me fascinent, parce que je ne sais pas si c'est une algue ou un oiseau – et je ne veux pas le savoir.

Pour Dutronc, Gainsbourg avait écrit en 1980 la majorité des textes de *Guerre et Pets* dont « L'Hymne à l'amour (moi l'nœud) » largement boycotté par les radios pour ses gros mots (bougnoule, niakoué, raton, youpin…).

Quand je l'appelle en Corse, Dutronc me dit : « Je n'ai pas tellement envie de parler de Serge, j'aimerais mieux lui parler, à lui… Tu n'as qu'à republier ce que je t'avais dit la dernière fois. » Ainsi fut fait :

Avec Serge, on ne se voyait pas vraiment pour des chansons, mais pour d'autres raisons, pour rigoler. Tout était basé sur la rigolade. C'est Françoise qui le connaissait, et je refusais de le rencontrer. Il m'énervait, il faisait chier, je ne sais pas, et vice versa. Il disait à Françoise : « Il est con ! » Alors bien entendu, c'est typique, Françoise nous a réunis un jour dans une espèce de bistrot pas loin de chez lui. Voilà, après, on s'est quand même quittés de temps en temps. Mais on s'est vus très souvent. C'est-à-dire, je le subissais, quand même. Il était assez entreprenant. N'ayant pas de permis, déjà il fallait le conduire, et où il voulait, et à certaines heures dans un état plutôt avancé ; c'était délicat à maîtriser.

Je lui ai filé le virus des commissariats. Où est-ce qu'on va boire ? Chez Castel. Bah, Castel, non, pas du tout, tu vas voir… Donc, le virus des commissariats. Les flics étaient contents. On allait picoler au commissariat. Bien entendu, on se faisait enfermer dans les cellules, on demandait une suite. On s'est marrés. Dans le genre « Je peux pas conduire dans l'état où je suis ». On te ramène. C'était beau, là.

Après, Serge est devenu plus exigeant : il ne voulait plus du simple sergent de ville, il voulait des officiers supérieurs, capitaine, trois barrettes avec le grand complet, sirènes, gyrophares et tout. L'idée, c'est que les commissariats sont les meilleurs bistrots. Après, Gainsbourg a essayé les pompiers – il s'est fait jeter. Ça ne marche pas.

Sinon Serge était quand même un raffiné : pour la bouffe, c'était bien. Chez lui, c'était le musée, génial. Stop ! La soirée s'arrête ! Le cendrier était *là* ! Il remettait tout en place. Super-musée. De quoi on parlait ? De rien : c'est pour ça qu'on se voyait. Lui parlait de lui, souvent. Je ne suis pas allé à l'enterrement. Il vaut mieux le voir vivant que dans son trou. Ils étaient tous là… Ah là là ! Dans le genre : hé ! hé ! hé ! dehors, éliminé. Je ne suis pas fan des enterrements.

Quelques mois plus tard, en juin 2001, un hommage du fils au père. Un geste de minet. Je tourne *La Bande du Drugstore* épinglée en 1966 par Gainsbourg dans « Les Sucettes » : « Quand elle n'a sur la langue que le petit bâton/Elle prend ses jambes à son corps/Et retourne au Drugstore. » Après avoir montré patte blanche à Bambou, maman à cheval sur l'éducation, Lulu Gainsbourg, à l'âge de seize ans, joue dans le film (sa seule et unique apparition au cinéma). Il incarne la mascotte de la bande qui dépouille un pied-tendre (inspiré par Luchini qui y avait traîné à l'époque avec son frère aîné) s'aventurant dans l'antre du Relais de Chaillot, au 116 *bis*, avenue des Champs-Élysées (Alma 00 77, parfum bondien), la boîte par excellence.

Dans l'entrée du Relais (comme on disait), Lulu et trois potes jaugent la clientèle.

Lulu : C'est quoi, tes mocs ?

Le pied-tendre : Heu, des Weston…

— T-t-tt. C'est des fausses. Tu t'es fait refiler des fausses, mec.

— Ben non. Je les ai achetées chez Weston.

— J'crois pas. Montre-moi la marque à l'intérieur. J'te dirai.

Le mec se déchausse, à cloche-pied.

— Mouais, vas-y, fais voir l'autre.

— J'peux pas. J'suis en chaussettes.

— T'as les chaussettes qui puent ?

— Ben non…

— Alors ?

Le mec s'exécute.

— Bon, allez, dégage maintenant. Tu peux pas rentrer au Relais en chaussettes.

Le mec se met à pleurer.

— J'vais me faire engueuler par ma mère.

— Elle aura raison.

Et Lulu Gainsbourg de lui foutre son pied au cul. « Panpan cucul ! »

Adieu Christophe

Il est mort le jeudi 16 avril 2020 et la France entière, confinée dans le « silence immobile », a ouvert ses fenêtres pour chanter à l'unisson « Les Mots bleus » (« qui rendent les gens heureux »).

Il s'est éteint à Brest, une hérésie pour un fils d'immigré italien qui aimait tant la Méditerranée. Dès qu'il s'éclipsait de Paris, le dandy noctambule, le corps hâlé, changeait de rythme, naviguait au large ou jouissait du soleil sur son pointu de pêcheur, au levant comme au couchant.

Christophe souffrait d'un emphysème depuis longtemps. Jeudi 26 mars, quand il se réveilla dans l'après-midi, il avait du mal à respirer. Sa compagne appela les urgences. La France était cloîtrée à domicile depuis dix jours, la pandémie redoublait, les décès quotidiens débordaient l'hôpital. Les pompiers finirent par arriver et l'embarquèrent pour Lariboisière. Quelques heures plus tard, il n'y était toujours pas. Laurent Castanié, le fidèle tourneur du chanteur, me demanda alors si je ne pourrais pas savoir où il se trouvait. Je téléphonai au cabinet de Martin Hirsch (qui dirigeait l'Assistance Publique – Hôpitaux de Paris) qui, dans la nuit, localisa Christophe à Cochin.

Son état s'aggravait et Christophe fut transféré incognito à Brest. La dernière nuit, sa fille Lucie fonça vers la Bretagne. Sur la route, les médecins lui demandèrent quelles chansons son père aimerait entendre à l'heure de sa mort : « Perfect Day » de Lou Reed et « Heroes » de David Bowie. « Oh such a perfect day » et dans un dernier souffle « We can be heroes/ Just for one day ».

Mon ami du « Paradis retrouvé » avait soixante-quatorze ans. La famille souhaitait que j'annonce sa mort avant *Le Télégramme de Brest*. « Silence on meurt. » J'écrivis d'une traite et le site de *L'Obs* annonça la nouvelle au milieu de la nuit.

Johnny, quand il le croisait, lui disait « Salut Jimmy » en souvenir de son look à la James Dean. Christophe appartenait à ce cercle des monstres yé-yé, biberonnés à Chuck Berry, Gene Vincent et Elvis Presley : « Elvis, c'est le parfum qui m'habite toujours. Mais le premier choc, pour moi, c'était Bourvil, "Les Crayons". Du pur génie. Ou Michel Simon qui chante, c'est beau. »

Il avait eu vingt ans en 1965. Il aurait pu rester enfermé dans « Aline », succès fou (3,5 millions d'exemplaires vendus à ce jour), rengaine tourne-cœur qui passait en boucle chez les « copains » et inventait « le slow de l'été » (mais y a-t-il des « slows de l'automne » ?). Daniel Bevilacqua, son nom de baptême, avait écrit les paroles sur un cahier d'écolier alors qu'il faisait son service militaire (déserteur, rattrapé à Nice, il avait passé trois mois au Val-de-Grâce en isolement psychiatrique avant d'être réformé) en songeant à une jolie blonde d'origine polonaise répondant au nom d'Aline, assistante d'un cabinet dentaire de Montparnasse, elle tenait le soir le vestiaire de L'Orphéon, club où Christophe chantait – et dormait dans la cave. Il avait composé la chanson en une heure chez ses grands-parents – son grand-père Bevilacqua, arrivé à vingt ans de Milan, avait monté une entreprise de chauffage central reprise par son fils – à Juvisy. Dans l'atelier où traînaient filasse et amiante, assis sur une caisse à outils, Christophe avait posé sur une guitare acoustique les accords *do-mi-fa-sol.* « Et j'ai crié, crié… », il l'avait pensé comme un blues. « À cause de Big Bill Broonzy et Lightnin' Hopkins, j'ai cru que je n'arriverais jamais à écrire en français. J'ai toujours essayé de faire passer la plainte du blues rural. Brassens sonne blues. Et avec le temps j'ai pris du plaisir à chanter en français, tout simplement. »

Des « Marionnettes » aux « Mots bleus », il aligna les tubes, initiant au passage son parolier Jean-Michel Jarre aux premiers synthés.

Lorsqu'il tira sa révérence après un concert d'adieu à l'Olympia en 1974 pour courir la *dolce vita* (vingt ans en roue libre), il passa des mois dans le cirque d'Arlette Gruss. « J'y ai vécu des mois extraordinaires. Un soir, j'ai fait la cage au lion. Qui dit chanteur dit mondain, mais ce n'est pas mon style. J'aime le cirque, le trapèze. J'ai toujours aimé les forains. Quand j'étais jeune, je traînais devant les manèges, je regardais. Il y avait des manèges qui s'appelaient les "chenilles". Un truc terrible pour embrasser les filles, la chenille, parce que, pour ceux qui ne connaissent pas, il y avait un moment, quand ça s'arrêtait, où un soufflet se mettait en marche sur une des banquettes. Et les robes des filles se soulevaient à la Marilyn, dans un hurlement. »

Il était chez lui à Saint-Tropez comme aux Saintes-Maries-de-la-Mer. On le croisait les cheveux décolorés par le sel, en bottes noires à talonnettes qu'il avait dessinées et fait réaliser par un petit cordonnier, ou pieds nus et en marinière (même sous une veste de smoking), emblème de la bohème tropézienne des années 50. Bashung l'appelait le « Gitan blond ». Un jour que j'avais réuni les deux mousquetaires rebelles au classement (conciliant avant-garde et hit-parade, romances sur toutes les lèvres et expérimentations chaotiques), beaux bizarres sur la ligne blanche, Bashung suffoqua Christophe en lui révélant qu'il avait écrit « Alcaline » en pensant à « Aline ». « Tu ne m'as encore rien dit/T'aimes plus les mots roses/Que je t'écris ? » comme une réponse à ses mots bleus, pour lui dire « Je t'aime, de loin ».

Il faudrait attendre presque vingt ans pour qu'il revienne, en 1996, avec *Bevilacqua* ; il affichait son nom de famille et, pour la première fois, écrivait aussi les paroles. Il passa des mois au studio Ferber. Il avait le refrain de la chanson « Enzo », en hommage au Commendatore de Modène, la palette sonique des moteurs Ferrari (Daytona, California, Testa Rossa). J'écrivis avec lui quelques vers : « Rouge est ta couleur gravée dans le cœur de tous les ouvriers/Brève fut la rencontre sous un ciel cheval cabré/Quand ta flèche rouge fait battre le cœur/D'une Monica très Vitti… » Quel bonheur ! Devant mon refus d'être payé, il m'offrit une de ses guitares de collection, une Gibson SG Junior de 1962, signée Les Paul. Il aimait les guitares racées, il aimait les bolides. Il avait cassé un nombre inimaginable de Ferrari. « La mécanique plutôt que le flirt. Le dernier voyage que j'ai fait avant qu'on me supprime mon permis, c'était le Puy-de-Dôme. J'adorais prendre mon baluchon et rouler au hasard. Maintenant je suis un pauvre piéton, un Christophe sur la route sans Saint-Christophe. À vrai dire, j'avais perdu ma médaille depuis longtemps. C'est parce que ma grand-mère me l'avait offerte que j'ai changé mon nom. Je ne sais pas pourquoi, j'avais mis ma médaille dans un sac, à Lille, à l'arrière d'une Daytona (Ferrari). On m'a cassé la vitre, on m'a juste pris ce qu'il y avait à l'intérieur. On ne va pas pleurer… »

Il aimait la vitesse « mais pas à *La Fureur de vivre*, celle où il faut connaître parfaitement ses limites. De voir que j'étais bon, ça a toujours été extraordinaire pour moi. Sur les trois courses que j'ai courues, j'ai gagné deux fois, dont une victoire sur le circuit de Magny-Cours, en courant sur Porsche en groupe 5. » Je l'ai connu roulant vite en Méhari décapotée sous la pluie ou astiquant une voiture américaine (« une belle calandre de Buick, on ne s'en remet pas »), et décidé à ne jamais repasser son permis, très heureux de son nouveau vélo électrique.

Un souvenir : un dîner à la maison avec Christophe et Françoise Sagan, même passion du jeu et des voitures. Elle était venue en R5 et lui en taxi. Ce soir-là, elle nous avait raconté sa visite en mai 1968 dans le Théâtre de l'Odéon occupé, interpellée par un chevelu muni d'un mégaphone : « Est-ce que tu es venue avec ta Ferrari, camarade Sagan ? – Erreur, camarade, c'est une Maserati [1]. »

---

1. En 1993, pour le 25e anniversaire de Mai 68, j'avais demandé à Françoise Sagan un texte pour le livre *Sous les pavés la plage* (La Sirène) qui rassemblait les photos de Gilles Caron sur l'événement. C'est là qu'elle avait raconté l'anecdote de l'Odéon ainsi qu'une scène chez Régine, où un jeune homme blessé par les CRS avait été recueilli (« Il saigne sur ma robe neuve, tant pis. Je me sens assez Florence Nightingale »), suivi par un individu qui balance une grenade lacrymogène dans la boîte de nuit. « En l'espace de trois secondes, toutes les femmes sont démaquillées et méconnaissables. Certains hommes égarés se battent entre eux. Mrs E. crie à la cantonade mais sérieusement : "Je ne veux pas mourir dans une boîte de nuit." »

Elle nous avait aussi raconté le « temps béni » de Saint-Tropez lors des six mois du tournage de *Et Dieu… créa la femme*, le village vide, un seul bistrot ouvert, et comment Vadim, aussi détaché et dépensier qu'elle, qui « aimait autant la compagnie des femmes que leur conquête », l'avait un jour demandée en mariage.

Puis, après être passée par la salle de bains pour se repoudrer, elle nous avait proposé un petit jeu d'adresse appelé « Bonjour Monsieur ». Un jeu de 52 cartes qu'elle battait une par une. Quand apparaît un roi, il faut dire « Bonjour Monsieur », quand c'est une dame « Bonjour Madame », lorsque surgit un valet, il faut faire un salut militaire silencieux et quand vient le tour d'un as, couvrir le paquet avec la main. Une erreur, et on est éliminé. Je revois encore Sagan et Christophe, rivalisant de dextérité, gais comme des enfants. Christophe laissant des phrases en suspens, Sagan avalant ses mots. Elle « bonheur, impair et passe », lui « un peu flambeur, toujours claqueur », il racontait les billards avec Darry Cowl bégayant, et ses défis à la boule : « Je n'ai jamais employé le terme "pétanque". Moi, j'étais un homme de terrain, pas un touriste de la pétanque. Un moment, je me trimballais avec au moins cinq triplettes : toujours quinze boules dans le coffre de la voiture. Voilà des moments qui me manquent terriblement. Tu roules tranquillement pour apprécier le parfum de la nature, et tout à coup tu aperçois un petit chemin sur la droite, un bel ombragé. Tu t'arrêtes sur le bas-côté, tu sors les boules, et tu frappes pendant une heure. Parce qu'il faut toujours s'entraîner à tirer un peu quand tu es moyennement bon, pour attaquer les bons. »

Pour Christophe, cinéphile redoutable (Kazan, Visconti, Lynch…) – il avait eu une collection de cinq cents copies originales récupérées illégalement auprès de projectionnistes et un jour saisies en bloc –, chaque chanson était un court-métrage. Il cherchait une mélodie pour se faire son film. Tout à coup, il trouvait l'éclairage, le titre. Commençait alors la quête du son idéal. Fait maison. La musique avant les paroles, trois notes de piano, deux accords de guitare, une réverbération de Memory Moog, une boîte à rythme, des ambiances, des accidents, des résonances, des toiles sonores. Puis les maquettes avant de chanter en « yopp » (« marque déposée avec deux "p", disait-il, pour "yaourt" »), ces onomatopées en « franglish » sur un thème, qui précédaient les textes. Et encore des bidouillages, les nuances, et la touche finale, qui pouvait remettre en question la sortie de l'album, à la consternation de ses maisons de disques. Christophe était un coloriste du son, un couturier d'atmosphères : « Je travaille comme sur une robe : à un moment on coud l'ourlet, à un autre les boutons. Je place le chant au dernier moment. Il y a des heures où je trouve ma voix. La fatigue résonne. La voix voilée du soir ou rauque à quatre heures du matin en fin de poker. »

Cette voix efféminée au phrasé cochranien qu'il posait sur ce cocktail de blues, rockabilly, explorations électro soul dans son home studio du boulevard Montparnasse. Un appartement, un monde : ses synthés, un piano à queue, une table de jeu, un juke-box empli de labels obscurs en 78 tours (J.B. Lenoir, Son House...), un autre pour le jazz (Charlie Parker, Louis Armstrong, Erroll Garner, Billie Holiday...) dessiné par Raymond Loewy en 1949, à l'époque de la Studebaker, une guitare électrique Gretsch 55 (la même que Cochran, orange avec le « G » brûlé en fer à cheval, le cactus sur le manche nacré), une Gibson SG 1962 (il avait retrouvé la même que celle qu'il m'avait donnée), des photos (Chet Baker, Louise Brooks, Michel Simon, sa fille Lucie...), des peintures (un nu offert par son ami Daniel Filipacchi, un club de jazz à Harlem…), pin-up de camionneur, Vierge en bronze, escarpins en plexiglas, radios en Bakélite échangés avec son vieil ami Pierre Lescure, mascottes automobiles à tête d'Indien…

Le petit prince en rose et noir était un grand seigneur. L'été précédant sa mort, à l'occasion du prix littéraire du Vaudeville, place de la Bourse à Paris, il avait joué gracieusement, pour l'amitié, indifférent au brouhaha d'une assemblée de journalistes et d'éditeurs bavards, seul au clavier. Quarante-cinq minutes précieuses, chantant au débotté « Tangerine » (en duo avec Alan Vega sur l'album) à la prière d'une spectatrice. Christophe inventait sur scène, transfigurant les succès d'antan, chamboulant les VO des derniers albums où défilaient muses underground et femmes fatales, Isabelle Adjani, Chrysta Bell, Laetitia Casta, Anna Mouglalis.

Dans l'immeuble Art déco du 146 boulevard Montparnasse, telle la vigie d'un paquebot endormi, lunettes bleu nuit, bottines à talon rouge, susceptibilité nerveuse, mains délicates, moustache d'Aramis, l'ombre de Christophe veille encore la console allumée. Aucune plaque ne signale qu'il y a vécu vingt ans.

Bashung tâte le manche

Nonchalamment, l'été 1989 se fait la malle sur l'aérodrome parisien de Chavenay-Villepreux. Dix heures Zoulou en septembre, l'avion, un « Petit Prince » Robin, quitte le hangar de tôle Bertin pour la lumière douce du matin.

Des deux frères – dont le père avait voulu qu'ils passent le brevet –, le pilote chevronné (avion, planeur, ULM, cinq vols avec la Patrouille de France…), c'est le cadet, Max. Il a fait faire une visite pré-vol très pédagogique à Bashung, son nouvel élève. Bord d'attaque, bord de fuite, mécanique de la sustentation… Alain retient. Après la théorie, la pratique. L'initiation à la navigation aérienne a pour destination le terrain de Deauville-Saint Gatien, à l'escale nous rejoindrons les Vapeurs sur les quais de la Touques pour un debriefing en bonne et due forme. Time to go. Max s'installe siège gauche, Bashung se sangle sur celui du copi à droite, en place arrière je tiendrai le magnéto. Sur son dernier disque, *Novice*, ce titre : « Elle fait l'avion ». D'où l'idée loufoque d'interviewer le rocker longue distance littéralement « au vol », validée derechef par le camarade Bayon. Bashung n'a ni permis auto, ni moto (« Entre picole et pilote, on prend vite un pylône en ligne de mire. J'ai réalisé assez tôt qu'il valait mieux que je garde mon adresse dans ma tête »), ancien cycliste sur piste (« J'en faisais quatre heures par jour à quinze ans. Les jambes longues et plutôt bon sprinter »), il n'a jamais volé. L'opportunité l'a séduit (« Je hais les chauffards, j'imagine qu'il n'y en a pas trop là-haut ») et l'artiste s'est aussitôt porté volontaire pour un baptême de l'air sous condition : un questionnaire sans parachute autour de chansons-balises. Le contrat est clair et Bashung, ému, assume.

Des tours de chant pubères sur les bases américaines des années 60 (« J'ai fait tous les aérodromes… les blousons des PX[1], les premiers hamburgers et la musique des cow-boys du ciel ») à « Elle fait l'avion », sans qu'il le sache, l'aéronef déroule un fil d'Ariane céleste au cœur de l'œuvre du pyromane alsacien-kabylo-breton. « Ma mère est bretonne, mon père était soi-disant kabyle, moi j'ai grandi chez ma grand-mère, en Alsace. Ça m'a servi très tôt pour avoir des idées plus larges. J'étais déjà en Europe et pas cantonné à l'Hexagone. Mon nom, Baschung, est d'origine germanique. Quand j'ai débuté, on m'a conseillé très vite d'en changer. Mais j'ai gardé le mien [*sans* "*c*"]. J'avais déjà un problème d'identité, je ne voulais pas créer encore plus de confusion. »

Entre son premier 45 tours en 1966, qui lui vaut de partager l'affiche avec Cream, VIP's, Troggs et Pretty Things au Palais des Sports (« C'est la première fois que j'ai vu une pédale

1. De la Seconde Guerre mondiale jusqu'en 1967 (après la décision du général de Gaulle) il y avait en France cent quatre-vingt-sept bases militaires de l'Otan, essentiellement utilisées par les États-Unis. Il y avait des logements, des écoles, des activités culturelles et sportives. Les Post Exchange ou PX sur les bases de l'armée américaine vendaient, hors taxes, des disques, des vêtements… tous les symboles de l'American Way of Life.

wha-wha ! J'étais le seul Français, avec Ronnie Bird, qui ne faisait pas partie des yé-yé et qui passait pour un Anglais »), et « Gaby, oh Gaby », son premier tube millionnaire en 1980, Bashung, catalogué comme un loser, était allé de dépressions en passages à vide, de lignes blanches en concerts minables. « J'ai toujours eu une partie de moi qui avait envie d'être réfléchie et l'autre d'être spontanée, d'emprunter des sentiers interdits, dangereux, noirs. »

Mise en route moteur. Bashung ajuste un authentique serre-tête nippon de kamikaze offert par Max. Check-list, alignement, mise des gaz, décollage, premier tour de piste. Cap au 300. En bout d'aile, la tour Eiffel, sur l'horizon, les cheminées fumantes de la centrale de Porcheville. Le chanteur, vite, dans l'espace trouve sa place. Par ses questions, il apprivois instruments, aiguilles et cadrans, le monde de l'aviateur qui tient dans son tableau de bord.

« J'suis cowboy à Paname » (« C'est la faute à Dylan » *in Roman-photos*)

C'est Elvis et Piaf. Ce côté cowboy, ce n'était pas seulement de porter des santiags, mais l'idée de savoir que je ne pouvais compter sur personne à aucun moment de ma vie. Que j'étais presque là en location, sans aucun endroit où me sentir réellement chez moi. Je me trouvais alors proche de ces mecs qui dorment dans un pieu qui n'est pas définitif.

Les premiers *space-cowboys*, je les ai rencontrés sur les bases américaines à une époque où le choix de la scène se restreignait au Don Camillo ou au Bus Palladium. Avant ce temps formateur des bases, je répétais à Boulogne-Billancourt dans des locaux syndicaux ou dans des salles prêtées par des curés adorables qui ont beaucoup à se faire pardonner.

On survole Évreux. Transit radio. Clearance. Des Transall courtauds s'alignent pour des posés d'assaut sur la piste. Autour s'effeuillent les vieilles marguerites de béton qui abritaient les chasseurs Sabre américains de l'Otan.

« Toujours sur la ligne blanche » (*in Roulette russe*)

C'est une réaction à l'environnement de mes quinze ans. J'aurais pu mourir par ennui, par manque de fantaisie. C'est l'endroit le plus dangereux pour rouler, une histoire de vitesse, de fulguration, sans aire de repos. Quel est le rapport avec cette substance blanchâtre ? Pétrin, boulange, terrils blancs, poudre.

Je me souviens d'une fête « mescalino-je ne sais quoi » à Noirmoutier, où j'ai dû battre un record de danse, danser pendant huit heures et où, me retrouvant sur la plage à cinq heures du matin, j'ai cru que j'étais à Bethléem. C'était le bon côté de la ligne, comme une adolescence tardive. Tricher, à long terme, c'est pas bon, c'est mon côté religieux qui m'a peut-être appris ça. Mes comptes ne sont pas dans un trop mauvais état, de ce côté-là.

Initiation au manche. Bashung prend les commandes. Tâte du palonnier. Premier contact avec la troisième dimension. Tangage, roulis, lacet (rock and roll : tangage et roulis).

« Vertige de l'amour » (*in Pizza*)

C'est parti d'une blague un peu triste : le mec dans une piaule minable, assis sur son lit, une bouteille d'eau minérale sur sa table de nuit, en train de se branler sur un color climax, et qui fait « Youpi, vive la vie, l'alcool, les femmes ». J'étais assez content de ce titre, car c'est difficile de trouver plus vertigineux que l'amour. Dans ce contexte-là, ça ne me faisait pas peur de dire le mot *amour*. J'ai eu et j'ai toujours un mal fou à recevoir, je n'ai pas été préparé pour.

La version « Casualty of Love » (« Vertige de l'amour » adapté en anglais) d'Hallyday ? J'aime beaucoup. Il en a fait une autre chanson, plus virile peut-être ; j'ai repris « Hey Joe », une façon de communiquer par chansons interposées. Johnny, c'est une sorte de Presley français, la seule star en musique en France. Hallyday est le seul à qui on pardonne tout : l'escroquerie, les fiancées, les Rolls… Gainsbourg est aussi une star. Autrement. À la française. Il a pris le mot *star* et en a fait *rats*…

Cap toujours 300. Altitude 1 500 pieds. 200 km/h de croisière. Bashung a trouvé un bon point sur l'horizon pour caler son repère capot (secret d'une bonne navigation à vue). Villes et vallons s'enchaînent sur cette route immatérielle que l'avion suit précisément.

« J'veux pas y aller » (« Bistouri Scalpel » *in Le Cimetière de voitures*)

J'aurais pu faire l'album, mais c'était très glauque, le film d'Arrabal ne sortant pas en salles[2]. Il y avait encore des restants d'un style Margerin dans *Pizza*, on voulait élargir *Cimetière* à des plages musicales. Mais avec Bergman [*son parolier*], on a eu des hauts et des bas. Après ce projet inachevé, les gens n'ont pas compris que j'arrête de bosser avec lui. Mais j'avais des raisons sérieuses : on pensait que j'avais trouvé une recette et qu'on pouvait se faire des couilles en or. Aucun intérêt.

En chemin, quelques cumulus de beau temps commencent à fumer. Le ciel se met à vibrer. Nous nous déroutons pour éviter un planeur élégant profitant des derniers beaux jours pour enrouler une pompe (étrange tétée). Le moins manœuvrant ayant toujours priorité, les chevaux s'effacent devant l'oiseau, la base d'une civilisation. Dans quelques semaines, la terre hivernale sera trop froide pour porter les vélivoles. Alors, ils abandonneront les longues traversées pour réviser les machines et initier les nouveaux poussins aux règles des vols de courte durée.

---

2. *Le Cimetière de voitures*, film « panique » d'Arrabal (1983), avec Bashung, Juliet Berto et Boris Bergman, est adapté de sa pièce (1958). Des survivants d'une explosion atomique se cachent dans un cimetière de voitures et sont recherchés par la police. Emanou (joué par Bashung) sera trahi (comme Jésus) par un Judas.

« Vol de nuit sur l'Antarctique » (« Volontaire » *in Play blessures*)

De nuit, quand on voit poindre le jour, la banquise un peu gris argent… Je pensais à *Docteur Folamour* : le mec dans son bombardier qui ne sait même plus s'il y a eu la guerre et qui attend déjà la troisième. Ça pourrait être le Désert des tartares : même pas une mouette. C'est surtout la liberté. La liberté d'être négatif. Ce n'est pas forcément une déchéance, mais un choix de vie. J'ai le droit de me cramer, d'être maître de mes douleurs, de mes plaisirs, si j'emmerde personne. C'est parti de ça : je suis volontaire pour fuir.

Le péage d'Heudebouville bouchonne. Comme d'habitude, ricane Bashung qui congratule le monde des rampants par un « ça bande », ce vif salut des aviateurs déjà pratiqué par Lawrence (d'Arabie) lors de son temps rêvé dans la Royal Air Force.

« Émotions censurées, j'en ai plein le container » (*in* « Volontaire », Live Tour 85)

Ce sont les années où je ne me sentais pas le droit de communiquer. Parce que j'étais un peu timoré. Je suis tombé sur quelques filles qui m'ont appris à recevoir. J'ai passé beaucoup de temps à dire merci, c'était agaçant. J'ai vraiment dû être marqué par le côté catho. Pourtant, ce qui me démangeait, c'est que les seuls exemples de réussite dans ma famille étaient perçus comme des canards boiteux.

Virage, virevolte. À ce stade du pilotage, l'émotion la plus forte est le décrochage. Moteur réduit, l'avion veut s'enfoncer. On le retient, plein cabré, manche au ventre. Il finit par s'arrêter de voler. Chute accordant un moment d'apesanteur. Ventre déprimé. L'aéronef salue du nez. Le vol peut recommencer.

« Ça vole pas haut, les Dumbo dans la prairie »
(« Camping jazz » *in Passé le Rio Grande*)

Il faut baisser la tête quand il passe… En voyage, je préfère trimballer des cassettes. J'embarque les deux extrêmes : un Suicide live et *Les Plus Belles Chansons de Frank Sinatra*, et puis les deux premiers Gainsbourg, *Confidentiel* et *Percussions*. Parfois, je les écoute même pas, mais je sais qu'ils sont là.

Régime réduit. Badin calé. Nous perdons progressivement de l'altitude. À « midi », le sillon gris du runway agrafe la forêt de Saint-Gatien. Plus loin, la Manche couleur d'huître, Trouville, « la Reine des plages ». À « 3 heures » les falaises blanches de Tancarville, à « 2 heures » l'estuaire majestueux de la Seine signe la frontière entre pays d'Auge et pays de Caux. Max reprend les commandes.

« Elle fait l'avion » (*in Novice*)

Ce sont les incertitudes du mec qui ne sait plus exactement comment se positionner par rapport aux femmes et à quel degré il doit être viril, à quelle heure et à quel moment il doit être féminin. C'est à géométrie variable. La femme tournoie et fait des loopings, le mec en bas n'arrive pas à suivre tout le temps. Il y a celles qui font l'avion, elles ne le font pas toutes. Quand la femme écarte les ailes, c'est beau. Béatitude.

La tour communique : clair pour l'atterrissage sur la 30. Vent : 220 degrés pour 6 nœuds. Longue finale, courte finale. Poser. Rouler. Première bretelle à gauche. Piste dégagée. Moteur coupé. Hélice calée. Verrière ouverte.

L'aviateur reconnu signe le livre d'or de l'aéroport. Il ne repartira pas les mains vides : une bouteille de cidre bouché offerte par les douaniers.

Décidément, il faut apprendre à piloter. Max passera régulièrement chercher le rocker, surtout quand celui-ci migrera de la Celle-Saint-Cloud à Crespières. Monter au ciel, s'affranchir de la pesanteur, voir la terre, sa maison propre et apaisée ; vertige de l'amour en soute, du bout des doigts tenir le manche, virer, monter, signer l'air ; vibration intime, aventure mystique, chut !

Bashung aimait les rencontres accidentelles. Plus que tout, il détestait les figures imposées. En studio, il prenait sa guitare, tâtonnait, bousculait les mots (coupant, recollant), écoutait ses musiciens improviser, « retomber sur leurs pieds comme de bons jazzmen », et peu à peu se dessinait un son, une chanson.

Sur mes disques, j'ai toujours des invités-surprises. Je n'ai plus de groupe fixe comme au début des années 80. Le son global d'un groupe me galvanisait. Ensuite, j'ai eu envie de tenter des expériences, d'errer, de prospecter. On connaissait en France deux catégories de guitaristes : ceux qui viennent à l'heure et les ingérables. J'ai beaucoup travaillé avec les ingérables car j'ai assez d'énergie pour supporter leur mauvais côté pour leurs dix minutes de génie. La période punk remettait une couche d'incertitude et de danger sur toute la musique. Je cherchais alors des musiciens aux approches très personnelles, plutôt des guitaristes qui prolongeaient la parole avec leur guitare. Comme je pars souvent des textes, seuls les guitaristes peuvent dialoguer avec ce que je raconte, des humeurs allant de la mélancolie à l'ironie. À Bruxelles [*au studio ICP où il aimait enregistrer*], les musiciens ne jouaient pas comme sur une autoroute américaine, ils racontaient l'Europe, quelque chose de plus restreint, brumeux, de plus imprégné de littérature, de masochisme, d'arrogance nerveuse. Et de rêves romantiques aussi.

On dira encore sa timidité, son humilité, et sa générosité. Il a toujours dit ce que son inspiration devait à ses musiciens : Colin Newman, de Wire, pour *Novice* ; Olivier Guindon, avec qui il enregistra en une nuit la B.O. du *Cimetière des voitures* ; Sonny Landreth, le guitariste d'« Osez Joséphine », Marc Ribot pour *Chatterton* ou Rodolphe Burger quand il enregistre avec Chloé Mons le « Cantique des cantiques » pour leur mariage.

Avec innocence, Bashung était un passeur. Salle Pleyel, en 2007, avant que la maladie se déclare, Raphaël et Arman Méliès – qui auraient pu être ses fils – l'accompagnent sur scène (où, comme Johnny, il était exceptionnel), deux disciples à jamais :

« J'ai toujours l'impression qu'un revenant vient frapper dans mon crâne », dit Raphaël.

En 2001, sur le tournage de *La Bande du Drugstore* où je lui avais demandé de jouer un prof de philo (en 1966) – lui qui n'avait pas fait tant d'études, l'idée l'avait amusé, il avait lu *Ainsi parlait Zarathoustra* pour se mettre dans le bain –, il déjeunait entre deux prises à la cantine du lycée Carnot. Il portait le costume gris élimé d'un normalien pré-68 et fumait des Gitanes maïs. À ses « élèves » éblouis – les figurants étaient de vrais lycéens de terminale et les candidats avaient été innombrables, la classe aux pupitres inchangés depuis les années 60 donnait sur le grand hall métallique de Gustave Eiffel –, il racontait son enfance. La chorale de l'église du village de Wingersheim, sa passion du vélo (grimpant les cols en danseuse), les imprudences de sa vie et ses vieilles angoisses. Il était encore bouleversé d'avoir vu son idole Gene Vincent – dont il partageait le cuir noir, la mèche rebelle, une façon unique de s'accrocher au micro, la beauté animale, la douceur et la frénésie – jouer devant des salles désertes, rongé par l'alcool, juste avant la nuit. « On m'a vu dans le Vercors/Sauter à l'élastique/Voleur d'amphores/Au fond des criques/J'ai fait la cour à des murènes/J'ai fait l'amour/J'ai fait le mort… »

Dans sa loge de l'Élysée-Montmartre, une nuit de l'automne 2008, Alain Bashung venait de quitter la scène. Chloé, sa femme, discutait avec une amie sur un canapé. Lui, en retrait, assis sur une chaise, son chapeau sur la tête, allumait une cigarette. « Arrête, tu déconnes… » Il m'avait répondu en souriant : « J'ai une légère éclaircie. » Son cancer du poumon était inopérable, trop près du cœur. Pour sa dernière tournée, les *Dimanches à l'Élysée*, il avait choisi la salle et l'heure – les concerts débutaient à sept heures – pour regagner tôt sa maison, du côté de Barbès. L'année écoulée, ses concerts avaient tous été magnifiques. Silhouette frêle, voix intacte et amour du public : une alchimie unique. Les chansons de *Bleu pétrole*, l'ultime album, étaient transfigurées. Les paroles, qui prenaient une résonance mystique (« Je suis un Indien, je suis un Apache/Auquel on fait croire/Que la douleur se cache »... « Tant de nuits alité/Que mon cœur a cessé/De me donner la vie », « Un jour je courirai moins/Jusqu'au jour où je ne courirai plus » – faute de conjugaison assumée), nous tiraient des larmes.

Entre deux séances de chimiothérapie, il remontait sur scène autant qu'il le pouvait. « Je préfère rester debout plutôt que rester chez moi à tourner en rond. Je suis porté par l'énergie du public. Les concerts sont une rémission. » Il était l'Athos de nos fins dernières et son absence nous laisse un vide abyssal « où subsiste encore ton écho ».

Manset aux antipodes

J'aurais pu le connaître en mini-shetland col roulé, boots à lanières Weston, blazer Renoma, Ray-Ban opaques, parfum Vétiver, flambant sur les Champs avec Antoine Gallimard ou David McNeil, en boîte au Pierre Charron, au Relais de Chaillot ou à la patinoire Molitor « où quelques butineuses filaient comme une volée de moineaux ». La mauvaise frime, « les bras chargés de rapine ». Mais c'était en 64-65, et de la bande du Drugstore je n'ai connu que la queue de comète en 66-67 : le minet Manset était passé à autre chose (lauréat au Concours général en dessin, étudiant aux Arts déco, accueilli au Salon d'Automne 66 dans la section gravure).

J'aurais pu le croiser en mai 68, tant « Animal on est mal » est la bande-son de ce printemps-là avec « La Cavalerie » de Julien Clerc et, bien sûr, « Il est cinq heures Paris s'éveille ». Mais Manset, enfant des beaux quartiers, misanthrope passéiste et nomade réactionnaire « pour vérifier que rien ne change », voyage en solitaire.

J'aurais pu rencontrer le troubadour de *Y a une route* au milieu des années 70 en Thaïlande ou en Malaisie, dans l'île de

Penang où je passais des mois à l'école de boxe Shaolin, avant le tourisme de masse et le boom économique, quand les routards découvraient des paradis qui bientôt s'effilocheraient. « La mer n'a pas cessé de descendre/Et tes yeux sur mes yeux vont déteindre » chante le Manset du *Royaume de Siam*[1], karatéka féru de langues orientales. « Je ne fais que me rafraîchir la tête et humer les senteurs du passé. Je suis un amoureux du Mékong comme de l'Amazone. J'avais la fascination des endroits inaccessibles. Le Laos l'était en 1975. Depuis la Thaïlande, je contemplais la rive opposée du Mékong. Chaque matin sur l'embarcadère, on repêchait les cadavres de boat people. Dès la frontière ouverte en 1990, j'ai pris la première navette pour Vientiane. »

J'ai connu Manset au mitan des années 80, du temps de *Lumières*, cultivant son jardin secret, jouant de son mystère. Depuis, régulièrement, l'ermite maniaque échoue sur nos rives et nous nous voyons, deux ou quatre fois par an.

Manset des tristes tropiques, entre Louÿs et Loti, voyage « comme un guerrier » avec un petit bagage, quelques pinceaux et un appareil photo (un Pentax, souvent l'objectif de 50, ou un Nikon, volé un jour à Douala). De La Havane à Bangkok, d'Addis-Abeba à Bahia, un monde aujourd'hui disparu. « J'aime le côté abscons du voyage, l'obligation de passer par l'apprentissage d'une langue. Ou alors la capacité de s'extraire du monde en marche, de l'actualité mécanique par le simple fait d'ignorer les idiomes rencontrés, donc de ne rien entendre et de se balader presque sourd. »

---

1. *Royaume de Siam*, superbe album de 1979 et roman (Aubier,1987), pilonné depuis selon la méthode Manset : autocensure et révision infinie de la discographie.

Horizons de tarmac et odeurs de pluie, Panama, Manille, Bamako, Chandernagor, Rawalpindi, Santa Cruz de la Sierra. Le voyageur excelle dans la peinture : tranches de fruits prédécoupés, petit ramequin de loup de mer mariné au citron, danse nuptiale d'une mésange, course de crabes, adolescentes « pleines du pollen des parfums alentour » et garçons batailleurs. Il explore l'oubli, le silence et le bruit. Des enfants couverts de bleus, les pavillons de banlieue, les bungalows de nulle part, les mensonges des équateurs, l'ombre des forêts, les cris des singes dans le lointain, les femmes inconnues, les rumeurs de la nuit.

Manset l'enchanteur, ménestrel aux confins du rêve, saisit des gouttes de pluie sur une palme, des vesses-de-loup, des hêtraies en cathédrale, la cambrure d'un faon. L'écrivain en *Petites Bottes vertes*[2] pleure sur le passé, le langage oublié. Souvenirs doux-amers de ses voyages où tout remonte à l'enfance, « à des trains sourcilleux qui le déposaient à la petite gare de La Ferté ».

« Mes voyages commencent petit garçon, quand je me baladais dans la Marne, courant dans la nature. Du village, je suis passé au département, au pays, et puis partout ailleurs. »

Scènes primitives : son père, ingénieur aéronautique, merveilleusement doué, un jour quasiment licencié, qu'il voit soudain « remettre en question tout ce qu'il aura connu, et le monde se détériore » ; ce frère condescendant auquel il faudra bien répondre un jour ; une vision fugitive de sa mère traversant « en plein soleil, en nuisette Baby Doll, quasi à poil, à

2. Joli roman d'apprentissage paru chez Gallimard en 2007.

contre-jour, l'appartement » de la colline de Saint-Cloud où il est né en 1945.

Dans les années 50, rien d'équivalent au « hasard insolent des virées, gamin, à décortiquer tout dans la stupéfaction de découvertes microscopiques. Ce sont elles qui m'ont construit, ces sensations d'éclaboussement de lumière, ces illuminations ». Manset sillonne les beaux quartiers, les squares impossibles comme les bords de Marne : la campagne délicieuse, vergers sans fin où « les prunes avaient pour moi un goût prononcé d'exotisme ».

Pour lui, les berges du Mékong rappellent les hauteurs du Val d'Or clodoaldien, les rues lépreuses de Montrouge ou de Juvisy rejoignent les paillotes de Samoa, les rizières de Pattaya, et la montagne Sainte-Geneviève débouche sur les hôtels borgnes de Manille. Même éblouissement, même dérive.

Un exemple : « Pourquoi ton album *Obok* est-il sans *c* ?

— J'ai enlevé le *c* d'Obock, bourgade en face de Djibouti. Je me suis approprié un Obok fantasmagorique, mon Ubik de Philippe K. Dick, le mirage d'Haddock du *Crabe aux pinces d'or*, un Obok ad hoc. Quand je voyage, je ne fais que passer. J'essaie d'être le plus transparent possible. Pas seulement à l'étranger. J'avance sous toutes sortes de masques en permanence. Je ne comprends pas qu'un artiste s'affiche d'une chapelle ou d'une autre. Ou faut-il être Zola. Mon propos, c'est la dilution, la disparition, la non-interférence. Laisser le monde en l'état. »

Dans la quadrature des mousquetaires du rock français (Christophe, Bashung, Manset, Murat), il est l'homme invisible. « On peut me taxer de parano, mais tout ce qui est dissimulé me va. Pas jusqu'à en faire un procédé, quoique… J'aime les auteurs oubliés, la part enfouie de Gauguin ou de Céline.

Il faut restituer le puzzle. Quand j'ai compris ça, je ne me suis plus jamais montré physiquement. Qu'apporte l'image ? Pas grand-chose. Je n'ai pas envie d'être juxtaposé, utilisé. Il faut le courage d'être rébarbatif. »

En cinquante-cinq ans de chansons, il a écrit dix albums d'exception. De *La Mort d'Orion* (1970) à *Revivre* (1991), vingt ans de grâce absolue. Qui d'autre peut chanter « Caesare » en latin, un christique et sublime « L'Amour infernal » et une « Jeanne » qu'on citerait intégralement : « Et chanteront les vagues bleues/Crachant des anges comme il pleut… » Quel autre rocker manie l'allégorie pastorale, use de l'imparfait du subjonctif et met ses pas dans ceux d'Honoré d'Urfé ? Lutins, sirènes et dauphins, petit bonhomme de pain d'épices, jeune fille allant de son pas de délices. Sur les sentiers moussus de l'enfance, senteurs de jasmin et feuilles poivrées, Manset le solitaire entraîne les enfants dans une farandole le jour de la Saint-Jean. « Le caprice et la danse, pourquoi pas le venin/Que la nature obscène en ses flèches puissantes/Destine à ceux de ses amants qui la chérissent trop. » Manset fouille sa méchante mémoire, gratte l'écorce du monde, remonte l'horloge du temps et, petit garçon (aux bottes vertes), « couché dans le blé de ce champ qui me couve et qui me berce », voit le soleil chuchoter l'espérance.

Pourtant ce vieil enfant d'Aphrodite se penche sur les cruelles lèvres du passé et voit la mort dans ces « divinités amies [*qu'il va*] retrouver pour mille ans, dans ces allées de fruits où les jours sont des nuits ».

« Je suis dans la rétention. Quatre lignes de Nerval suffisent à mon bonheur. Il ne faut pas se poser certaines questions. Il n'y a aucun mystère, on sera bouffé par les vers, voilà. »

En attendant, Manset part (un peu moins) aux antipodes, au débotté. Un billet d'avion, du jour au lendemain. Il revient de Maripasoula, du Kalahari, du Fuji-Yama, de Tijuana. C'est lui qui m'appelle.

Rendez-vous au restau (thaï, chinois, viet…), tables discrètes, « Monsieur Gérard » a ses habitudes. De quoi parle-t-on ? De n'importe quoi, comme n'importe qui. De lectures, musique, voyages, dessin, jamais de sexe (tabou).

Manset « control freak » (il écrit tout, chante tout, produit tout, contrôle tout jusqu'au superflu) est aussi homme-orchestre : photographe, peintre, écrivain. Compulsif et radical à la fois.

« J'ai pris des milliers de photos en voyage. J'ai un matériel considérable que je ne montre pas. Des livres que je ne publie pas et qui reposent. Ça reste dans des malles. La peinture, j'y pense parfois. Un travail de dessin, de fusain, de pastel, d'eau-forte. Mais il me faudrait dix ans de plus à vivre. »

De l'orgueil des humbles et de la prétention déplacée des petits génies : « Je compose à la guitare acoustique, une Gibson quelconque. Ou je me mets au piano, un Gaveau droit. Je ne peux pas composer sur un autre que le mien parce qu'il est un peu tassé, les marteaux amoindris, les fausses notes ne s'entendent pas trop. C'est une obligation absolue pour un autodidacte, l'unijambiste que je suis. » Lui qui aimerait se situer en Poussin mâtiné de Douanier Rousseau, si on insiste : « Je peux me revendiquer autodidacte. Je n'étais ni bon ni mauvais, anonyme. Les maths et les sciences m'intéressaient pour leur quête de vérité ultime. En dessin, en peinture, c'est différent, la ligne pure n'est pas la bonne, il faut le repentir. Pour l'écriture aussi, le premier jet est bon à jeter. Il faut arracher les pages. »

Et puis, il y a eu l'époque des réunions. « C'était un petit club choisi, strict sans façon, convertible, nomade, tantôt basé dans le XIVe parisien, tantôt aux Batignolles ou place Clichy, essentiellement garçon », écrirait Bayon dans *Libé* en 2012 à la mort de Jean Giraud/Moebius. Chez mon frère Max ou chez moi, « un cercle des poètes esthètes disparus, dont le noyau, avec le temps, à raison d'une réunion ou deux ou trois l'an, tournait autour du trio générationnel Manset-Bashung-Moebius. Nous avions notre bande, comme disait Christophe [3], qui en était, avec Enki Bilal, Loustal ou Vuillemin, voire Killoffer, entre autres habitués artistes, affairistes et satellites journalistes écrivains ».

Manset, lui, écrirait : « Ils étaient trois, soit la garde rapprochée, les deux frères Armanet, Bigot et Bayon. Ce qui faisait quatre. » C'était aussi l'époque de *Route Manset*, un disque-hommage initié par Bayon et Yves Bigot auquel mon frère et moi nous étions joints. Pendant dix ans au moins, des discussions pour élaborer quelles chansons seraient reprises et par qui. Manset nous appelait « le comité d'éthique » et en effet, par principe et pure brimade, nous ne lui parlions de rien et lui interdisions de se mêler de quoi que ce soit. Illustré par un dessin de Bilal, l'album sort en 1996 avec des reprises des chansons de Manset par Francis Cabrel, Françoise Hardy, Jean-Louis Murat, Dick Annegarn, Salif Keita, Brigitte Fontaine, Cheb Mami… et « Animal on est mal » par Bashung.

3. Manset se souvenait ainsi de « Christophe, évidemment, de plus en plus raviné, coiffé comme une poupée ancienne, très beau, racé, mais toujours les bottines, toujours la connexion avec l'au-delà... » dans son livre *Visage d'un dieu inca* (Gallimard, 2011).

Ce qui nous conduit aux retrouvailles de Bashung et Manset.

Tout commence par le prix Vaudeville[4], remis chaque année depuis 2004 à la célèbre brasserie de la place de la Bourse à un livre qui « fait preuve d'esprit » lors d'une fête en musique avec un mini-concert « unplugged », puis lors d'un banquet auquel Manset a toujours assisté depuis la première édition, la sortie mondaine annuelle du rocker invisible (et que les photographes, pour cause, n'identifient pas, sauf dénonciation). La première année, pour *Rien de grave* de Justine Lévy, j'avais demandé à Christophe d'ouvrir le bal. Lui succédèrent les années suivantes Alain Bashung, Daniel Darc, Raphaël et Stephan Eicher.

Car voilà la confusion des genres, où sont les limites de la critique quand un journaliste devient l'ami d'un artiste, chroniquant année après année son « œuvre » (albums, livres) parce qu'il est convaincu et qu'il connaît son sujet ?

Dans *Visage d'un dieu inca*, le livre que Manset publie en 2011 sur Bashung (deux ans après sa mort) et lui, il écrit : « Il faut parler ici de la place de la Bourse, où officiait le plus distingué de ceux qui formaient le triumvirat ayant veillé sur moi comme les petits anges des contes d'enfant. J'en ai parlé : Bigot, Bayon, Max, François… Ils m'avaient défendu, fidèles devant la horde de quelques-uns, parfois critiques… Ils avaient eu gain de cause, les mousquetaires de la décennie "Royaume de Siam". Le ciel leur en soit loué… »

4. Manset, pilier du prix, est devenu l'ami de plusieurs membres du jury, composé aujourd'hui de Bayon, Anna Cabana, Adélaïde de Clermont-Tonnerre, Clara Dupont-Monod, Alix Girod de l'Ain, Marc Lambron, Gilles Martin-Chauffier, Fabienne Pascaud, Bertrand de Saint-Vincent (secrétaire général) et moi… président.

Et puis carrément : « François Armanet, pochette cachemire et ironie gentille : “C’est quand la scène ?” On le découvrait comme à son habitude, très élégant, mains parfaitement soignées, plissant les yeux pour estimer la perspicacité de son vis-à-vis. C’est lui, c’est grâce à lui, à eux. De vrais pères de famille, de vrais appartements parfaitement décorés. Ni la révolution, ni la contestation, plutôt le regard d’un haut et très chancelant pudding fait de couches disparates. Le voilà qui s’occupait du prix. Il m’a convié : bonne chère, saumon sur canapé et huîtres chaudes bien arrosées de champagne. Les très soyeuses jeunes filles au bras de quadragénaires blanchis, le littéraire souriant, inondé d’after-shave. Donc en sa compagnie, mais qui couronnait-on, que je ne connaissais pas, la fille de qui, ce récit mettant en scène une brève histoire entre deux femmes aux prises avec un philosophe, quand l’une des deux passait du père au fils [5] ? »

Alors, oui, le journaliste passeur pourrait se pavaner (ou s’inquiéter…). Mais ce n’est pas tous les jours qu’on préside à une rencontre mémorable. L’année suivante, en 2005, le prix était remis à Frédéric Mitterrand pour *La Mauvaise Vie*. « François avait tenté de me le présenter, ce lauréat massif et neveu d’un Président. Connaissait-il seulement *La Mort d’Orion*, où fut-ce une ostensible pirouette pour m’éviter, toujours est-il que la poignée de main fut brève, condescendante, peut-être dérangée, en route vers un petit-four ? Or ce même soir, quelqu’un d’habillé de noir se trouvait à la lisière de la terrasse, quasiment seul et dans l’obscurité. Il paraissait absent, submergé, enseveli. Personne n’avait remarqué : Bashung. »

---

5. Il s’agit de *Rien de grave* de Justine Lévy, publié chez Stock en 2004.

C'est du Manset tout craché, il voulait revoir Bashung qu'il n'avait pas vu depuis des années, et m'avait demandé de le conduire à sa table. « Nous n'eûmes pas à hurler, c'était si amical, lui qui souriait près de moi, à moi, dans la capsule rêvée, la corolle admirable qui aurait dû nous réunir avant et ne s'était pas ouverte ni présentée. »

Et le chanteur de *Matrice* continue : « Les lumières furent éteintes, juste un pinceau sur lui. Il a chanté "Gaby", puis est revenu s'asseoir, Alain, sourire gêné et Ray-Ban noires immédiatement replacées, le dissimulant, tenant sa coupe de champagne et rassuré de me savoir là, comme lui, lui qui s'était jeté dans cette fosse de l'impudique démonstration. Il avait passé l'âge… Il n'était pas à l'aise, pas tout à fait son monde, ce monde de badinages. C'est ce que j'ai cru comprendre. »

Bref, ils échangent leurs numéros de téléphone.

Résultat : dans *Bleu pétrole*, son ultime album, Bashung chante trois titres de Manset (dont « Comme un Lego »). Alter ego, alter écho. Les deux années précédant la mort d'Alain, ils se sont donc vus. Des tête-à-tête avec de longs silences. Manset cherche le sauvage en Bashung, l'observe manger des fines de claire, espionne le « fauve bien assoupi », « le sage himalayen ». Il s'en souvient comme d'un « cavalier chevauchant un destrier en vue d'une ville de sable. À attaquer, demandant aux assiégés d'ouvrir les portes de la cité rock vassalisée ». « J'aurais aimé le restituer par le burin, entamer le cuivre dans une gravure rendant sa lèvre songeuse. »

C'est le portrait de l'icône irradiante du rock français par un soldat de l'ombre. Un jour Bashung lui fait écouter la maquette de « Comme un Lego », chez lui, à Barbès. « Comme un Lego, mais sans mémoire. » Manset l'interrompt, frappé par la foudre de la version. L'un transfigurait ses albums sur scène, jusqu'à la veille de sa mort, l'autre remettra toujours ses concerts au lendemain. À l'infini.

Et Manset n'a toujours pas le prix Vaudeville !

Murat est mouru

Murat est mort dans sa maison reculée du col de Douharesse, jeudi 25 mai 2023, d'une embolie pulmonaire. Il avait soixante et onze ans. « Las, chuchotis à l'artère aorte/Tout le système est avarié », chantait-il dans « Les Jours du jaguar » vingt ans auparavant, après avoir lu *À la recherche du temps perdu*. Il chantait aussi « Je m'en viens rendre l'âme/J'en étais plus qu'à me lasser » dans son album *Il Francese* (du surnom donné par les Napolitains à Joachim Murat lorsqu'il devint roi de Naples), clos par « Je me souviens », titre si osé après Georges Perec, et bouleversant : « Je me souviens/D'un assassin dans la montagne/Une digue un pont la bataille de Wagram/D'une Milanaise et d'un qui vient à mourir. »

Devin comme un vieux paysan du Puy-de-Dôme, enfantin, enraciné, vagabond, mal embouché, charmant, panthéiste, sauvage, séducteur, pleurnicheur, bête comme un ange, hussard solaire, Murat vivait aussi avec la Faucheuse au cœur. Du provocant *Suicidez-vous le peuple est mort*, son premier 45 tours (à genoux sur la pochette en noir et blanc signée Jean-Baptiste Mondino), paru l'année de l'élection de Mitterrand et boycotté par les radios pour incitation au suicide, à *Morituri*, album de la France endeuillée de 2015, le troubadour à l'âme de berger chantait le tourment et le désespoir comme peu. Dans une langue française bien pendue. « En France, j'ai l'impression que les textes ne dépasseront jamais Baudelaire, et la musique, Debussy. Il faut avoir l'humilité de se dire que ce n'est pas la peine de faire du neuf. On recycle quelques déchets à sa façon, on fait les poubelles. Je ne suis qu'un éboueur, et mon palais est fait pour des expressions françaises. »

La mort, à l'horizon du col de la « Croix-Mourant ». Et l'amour, « c'est la matière même de mes chansons. Bellay, Marot, Villon, l'amour est au cœur de notre langue. Et Rutebeuf, pour le rut et pour le bœuf. » En quarante ans de carrière et trente albums – *Cheyenne Autumn* (titre du dernier western de John Ford et plaidoyer amérindien) lui avait apporté une célébrité qu'il cherchait en conquérant et rejetait en anachorète – l'on pourrait coller les vers d'un amoureux de la nature, des *Fleurs du mal* et des « Moutons » d'Antoinette Des Houlières : « Perdu en instant mousseux, la poussière au bleu du chagrin, les baisers le doux manège », « Abruti de lumière, comme pris au lasso, oh les pierres, les peupliers, des pays où je vivais, il faudra les oublier. »

Dans l'écume de ses duos avec Mylène Farmer, Isabelle Huppert, Élodie Bouchez, Jennifer Charles ou Carla Bruni, Murat traînait une réputation d'amant ombrageux. « J'aime toutes les femmes. Le fait féminin me fait fondre. Même dans les noms, je préfère la jonquille au narcisse par exemple. Chaque fois que je me tourne vers ce qui est strictement féminin, ça me rend meilleur. Je suis sans doute très macho. Un handicap », avouait-il avec franchise.

Mais Jean-Louis Bergheaud, qui s'était baptisé Murat en

souvenir de la ferme de ses grands-parents à Murat-le-Quaire, était d'abord un paysan. « Je suis un cul-terreux. La bouse de vache, c'est l'odeur qui me transporte par excellence. Le lait, l'herbe, j'ai été habité par ça, et dès que je me replonge dedans, c'est une tempête hormonale. C'est constitutif de ma personnalité au niveau le plus primitif. Je me sens très mal en ville, et dès que j'y viens pour des entretiens, c'est une catastrophe. Je me suis levé à six heures du mat, j'ai pris le train (de Clermont-Ferrand), je suis à cran et je deviens hors de moi. »

Ce jour de juin 2006, Murat débarquait de Clermont-Ferrand en train pour un dialogue inédit avec son cadet Raphaël, auréolé de ses Victoires de la Musique et du million d'exemplaires de son album *Caravane*. Le « garde-chasse de Lady Chatterley », les yeux bleu électrique, adoucis par de longs cils noirs, croisait doucement le fer avec un chérubin androgyne, regard bleu ciel, qui tournait la tête des filles. Tel qu'en atteste la photo parue dans *Le Nouvel Observateur*. J'avais demandé à Jean-Marie Périer d'immortaliser la rencontre. Pour lui, c'est simple, il choisit la photo qu'il juge bonne pour être publiée. Il envoie au journal un format vertical, un autre horizontal, et ça suffit.

Au lendemain de l'interview, j'avais reçu un appel de l'attachée de presse de Murat me demandant la photo. Elle me rappelle, très embarrassée, pour me dire que Murat n'aimait pas la photo et ne souhaitait pas qu'elle soit publiée.

Je lui dis qu'il n'y en a aucune autre. Le surlendemain, c'est le patron du label qui me téléphone. Il est prêt, la mort dans l'âme, à renoncer à quatre pages d'ouverture car il ne peut s'opposer au désir de son artiste. Pour régler le problème, j'appelle donc le trublion en personne. « J'ai le droit de ne pas aimer ma gueule. Je te dessine un autoportrait si tu veux. Et pourquoi pas deux photos ? Raphaël choisit la sienne et moi la mienne, pas de jaloux… » J'oppose les arguments de base : injurieux pour Périer, pour Raphaël, ego mal placé, liberté de la presse… Murat jubile. Au bout d'une demi-heure de maïeutique, il n'en démord pas.

Je repense à ce qu'il nous a dit trois jours plus tôt : « Bergheaud est un nom à coucher dehors. À l'école, mes profs l'écorchaient toujours. Je voulais adopter le pseudonyme d'Aymerigot Marchez, un brigand des hauts-plateaux d'Auvergne qui me faisait rêver enfant. La maison de disques m'a pris pour un fou. Alors j'ai dit Murat. J'appelais de Murat-le-Quaire. C'est bien tombé. J'ai toujours aimé l'épopée napoléonienne, la chevalerie, la cavalerie surtout. J'ai l'impression d'avoir un subconscient du temps du cheval. Pour moi, un homme, ça va à cheval. Gamin, je montais à cru. Je suis dingue de chevaux. Coucher à l'écurie avec les chevaux ! »

Un déclic, une vision du prince Murat sabre au clair (illustration de Job) et d'une charge du général Lasalle, prodigieux hussard de l'Empire, coureur de jupons invétéré, amateur d'alcools forts, fondateur de la Société des Assoiffés, d'une audace inouïe à la tête de sa brigade « Infernale », tué d'une balle en plein front au soir de la bataille de Wagram en pourchassant seul l'ennemi en fuite. « Tout hussard qui n'est pas mort à trente ans est un jean-foutre », disait-il à Napoléon qui le décorait.

« Murat, je te provoque en duel.

— Tu choisis les armes.

— Nous aurons un même témoin, Bayon, ça simplifie les choses. »

Et sur ces mots, je raccroche.

J'appelle Bayon, lui raconte la bonne blague.

Lequel téléphone illico à son ami Murat, lui dit qu'il s'est fourré dans le pétrin. Que je suis un tueur, un as du kung-fu tricheur et pervers, un rancunier paranoïaque et que je vais lui démonter la gueule.

Quelques mois passent. La rencontre et la photo sont parues. Pas de nouvelles.

Murat passe en concert. « Ton linceul de guerrier/Tombe, creusé à l'avance/Souvenirs et solitude/Sont à jamais nos amis/ Quand nous partîmes à la guerre/Sûrs de vaincre au premier jour/Comme à coups de revolver. »

Dans les loges, Bayon : « Eh, Jean-Louis, j'ai une petite surprise pour toi ! » Je surgis comme un polichinelle.

Et nous nous tombons dans les bras.

II

CORRESPONDANTS

Michel Déon, Jim Harrison

JOUR DE FÊTE

Les deux hommes étaient faits pour se rencontrer. La scène eut lieu un soir d'automne 1994 au Bar Hemingway (les deux écrivains préféraient Faulkner) du Ritz. Jim Harrison avait pris pension à l'hôtel pour une semaine à l'invitation du *Nouvel Observateur*. Michel Déon avait été au début des années 50 un familier de l'endroit, à l'époque où Coco Chanel désirait qu'il écrive ses mémoires. Elle devint son amie, il l'accompagna au bord du lac de Garde, à Roquebrune, à Monte-Carlo en hiver et au printemps au Beau-Rivage à Lausanne lorsqu'elle s'absentait de sa résidence au Ritz. Dans *Bagages pour Vancouver*[1], il raconte comment Chanel lui fit annuler au dernier moment un rendez-vous galant pour dîner en tête à tête avec elle la veille de Noël. Après un gin-rummy dans son appartement

1. « Nous avons passé plus d'un an à mettre au point ces souvenirs qui l'effrayaient au fur et à mesure qu'ils prenaient forme » et « quand je lui remis le manuscrit né de ses monologues, elle eut un moment d'hésitation comme si elle éprouvait la crainte enfantine de passer du monde des rêves au monde éveillé », écrit Michel Déon dans la vingtaine de pages de *Bagages pour Vancouver* (La Table Ronde, 1978) consacrées à Coco Chanel et qui nous font regretter que le livre, de leur commun accord, ne soit jamais paru.

rue Cambon, au-dessus de la boutique, ils étaient arrivés à dix heures du soir au Ritz où il n'y avait plus une table de libre et avaient dîné dans sa chambre d'une soupe et d'un quignon de pain arrosé de Dom Pérignon.

Je connaissais Michel Déon depuis la fin des années 80 et peu à peu j'avais eu la chance de devenir son ami. Bien plus surprenant que l'étiquette d'anarchiste de droite ou de hussard qu'on lui accole parfois (il pensait que les « hussards » n'avaient jamais constitué un « mouvement »), il était libre de ses amitiés, données autant à d'anciens militants de la Gauche prolétarienne comme Jean Rolin ou moi-même qu'à mon camarade Éric Neuhoff, qui ne partage pas tout à fait ces anciens itinéraires. Je lui avais proposé de lui présenter Harrison et il était toujours curieux de l'imprévu.

Presque vingt ans séparaient les deux écrivains – Déon était né au lendemain de la Première Guerre mondiale, Harrison à la veille de la Seconde –, mais ça n'avait pas la moindre importance. Quand l'auteur des *Poneys sauvages* avait quitté Spetsai pour s'installer en 1970 dans la campagne irlandaise, celui des *Légendes d'automne* ne les avait pas encore écrites, et à l'époque venait de retourner vivre dans une ferme sur les rives du lac Leelanau de son Michigan natal (son ami Tom McGuane lui présenta Jack Nicholson qui le finança pour écrire ses premiers romans).

En 1994, Déon vivait à Tynagh dans le comté de Galway, et Harrison se partageait selon les saisons entre Michigan, Montana et Arizona, près de la frontière mexicaine. Ils étaient tous deux des misanthropes éclairés, bons vivants pudiques, aux fraternités solides. Même indépendance, des opinions tranchées quand il le fallait, un regard sévère et désabusé sur les affaires du monde, de l'amour et de l'humour envers leurs prochains. Deux chasseurs-promeneurs avec leur chien, écrivant sur la nature comme peu. Je me souviens de Déon se promenant avec son braque de Weimar sur les berges du Lough Derg ou sur les falaises du Connemara, de leur maison au milieu des vertes prairies, où sa femme Chantal élevait des poneys et une trentaine d'Irish Draught, une race de percherons irlandais, régulièrement primés en concours.

Le 29 avril 1994, tous deux avaient écrit leur journée (j'ai gardé précieusement les lettres). Celle de Déon débutait ainsi : « J'ouvre la fenêtre. Après dix jours de pluie qui ont lustré les feuillages et les prés, une lumière fraîche et crue baigne notre alentour. La jument qui attendait le secret d'une nuit enfin clémente a pouliné. Elle broute en paix, à son côté le petit debout sur ses interminables jambes grêles qui tremblent, tordant le col pour essayer de téter sa mère. C'est peut-être le centième qui naît sous nos yeux et, pourtant, chaque fois, je m'émerveille d'une telle grâce. La journée sera illuminée. Ou du moins, devrait-elle l'être si je n'avais la faiblesse d'ouvrir l'*Irish Times* que m'apporte Chantal » ; et s'achevait par ces mots : « La nuit étant fraîche, le poulain et sa mère sont dans une écurie. La paille a l'odeur du pain chaud. Couché sur le flanc, le poulain ouvre un œil fardé aux longs cils, le referme, rassuré. Retour de l'état de grâce. »

À sept heures de décalage horaire, Harrison atterrissait à Tucson, au sud de l'Arizona : « Je prends ma voiture pour rentrer chez moi à travers les montagnes, dans le merveilleux crépuscule printanier. Si je ne peux pas être libre dans cette vie, quand donc serai-je libre ? Lorsque j'arrive à notre *casita* près de la frontière espagnole, ma femme a déjà rangé toute la maison pour que nous puissions entamer notre voyage de retour de quatre jours vers le Michigan. Je m'assois dans le patio avec mon chien de chasse sur les genoux, la Lune à trois mètres de mon oreille gauche.

Au-dessus du torrent qui traverse d'épais fourrés, j'entends le croassement du plus rare des oiseaux, l'élégant Trogon, cousin direct du saint Quetzal. Mon ami le philosophe Claremon dit : "La réalité est l'agrégat des perceptions de toutes les créatures." Je vais passer l'été sous la forme d'un ours. »

Par quel hasard ces deux lettres du 29 avril 1994 ? Un projet fou (à une époque sans e-mail) imaginé pour les trente ans du *Nouvel Observateur*.

Né sous le signe de la liberté d'expression, de l'engagement et de l'écrit, quand sortit son premier numéro, le 19 novembre 1964, le nouvel hebdomadaire portait trois noms d'écrivains sur sa couverture : Sartre, Leyris, Sagan, claquant comme un manifeste. À quoi sert un anniversaire ? Avec Jean Daniel et mon frère Max, nous voulions éviter le narcissisme nostalgique. Dans le village global et son embouteillage d'informations – en 1994, ce n'était encore rien –, dans un monde « CNNisé[2] » imposant son heure uniforme à tous, nous faisions le pari que l'écrit pouvait être supérieur à l'écran. Nous allions mobiliser

2. Cable News Network (CNN), chaîne de télévision d'information continue, créée en1980 par Ted Turner, connue pour sa couverture en direct de *breaking news*, impose son modèle au milieu des années 80, puis devient célèbre dans le monde entier en couvrant vingt-quatre heures sur vingt-quatre, souvent en direct, la guerre du Koweït (1990-91), depuis l'invasion jusqu'au cessez-le-feu.

les plus grands écrivains de la planète et leur demander de nous raconter une même journée de leur vie.

Nous nous inspirions d'une enquête littéraire oubliée : Maxime Gorki, en 1934, avait imaginé un recueil collectif, *Une journée autour du monde*, en rassemblant une trentaine d'écrivains prestigieux dont Stefan Zweig, H.G. Wells, Bertolt Brecht, André Gide (son texte ne parut pas à cause de son voyage en URSS).

Notre projet était aussi un acte de foi. On avait pu croire révolu l'écrivain engagé, témoin de son temps. En raison du rôle emblématique de Salman Rushdie, sous le coup de la fatwa de Khomeini (en 1989), de l'écrivaine et gynécologue féministe bangladaise Taslima Nasreen (cible d'une fatwa des fondamentalistes islamiques en 1993), de Rachid Boudjedra (menacé par le Front islamique du salut algérien pour avoir affiché son athéisme) et de tous ceux qui, par la liberté de leurs écrits, avaient signé leur condamnation à mort, ce combat de la plume et de l'épée était plus que jamais le nôtre.

Nous avions choisi une date au hasard du calendrier de l'année 1994 : ce fut le 29 avril. La longueur des écrits était libre. Nous avions envoyé quelque trois cents demandes. L'enquête était difficile à réaliser car elle demandait aux écrivains d'être disponibles le « jour J » et excluait tout système de propos recueillis. Certains dans les affres de la création, d'autres pour des questions de principe ou de règle de vie, nous adressèrent des réponses négatives et argumentées comme Julien Gracq ou Maurice Blanchot. Certains, comme Joseph Brodsky ou Kenzaburō Ōe, répondirent positivement puis s'excusèrent, la date imposée se révélant pour eux un mauvais jour. D'autres, comme Charles Bukowski ou Eugène Ionesco, moururent entre-temps. Mais des quatre points cardinaux du globe, de 150 lieux, en provenance de 57 pays et représentant 73 nationalités, 240 textes (comme 24 fuseaux horaires) nous parvinrent par courrier postal ou par fax.

Dans notre hors-série (assorti d'une reproduction d'une lithographie d'Eduardo Arroyo, numérotée et adressée uniquement à chaque écrivain), nous avions fait courir les lettres le long des fuseaux horaires de la Terre, déclinant un jour de l'aube du Pacifique à l'extrême Ouest américain. La course du soleil jumelait ainsi Michel Butor, ce fameux jour à Jérusalem (comme David Grossman, Amos Oz et Abraham B. Yehoshua), avec Naguib Mahfouz au Caire ; sur le fuseau suivant Orhan Pamuk et Yachar Kemal à Istanbul voisinaient avec Nadine Gordimer et André Brink en Afrique du Sud, Arto Paasilinna à Helsinki, Ismaïl Kadaré à Tirana, Péter Esterházy à Budapest, Elfriede Jelinek à Linz, Sony Labou Tansi à Kimwaga…

Ainsi se déroulaient les événements d'un jour ordinaire en un portrait de la planète infiniment plus réaliste et saisissant que les ondes n'auraient pu le faire ; 240 écrivains avaient livré un tableau inédit de la littérature d'aujourd'hui et de l'Histoire s'écrivant heure après heure.

Pour célébrer l'anniversaire à Paris, les fondateurs du *Nouvel Observateur* organisèrent une fête sous la pyramide du Louvre avec le Tout-Paris politique et culturel (la « gauche caviar » dans toute sa splendeur, diraient les jaloux). Quatre-vingts écrivains étaient présents. Claude Perdriel nous donna carte blanche pour inviter sept écrivains au Ritz pendant une semaine. À la télévision, une « Marche du siècle » spéciale était consacrée à l'événement avec Jean Daniel et cinq écrivains qui avaient été menacés de mort : Allen Ginsberg, Mario Vargas

Llosa, Rachid Boudjedra, Wole Soyinka, Taslima Nasreen. Il me restait deux invitations supplémentaires, j'avais choisi Patricia Highsmith qui se faisait rare (et qui mourut trois mois plus tard) et Jim Harrison. Avec Max, nous devînmes ses amis, déjeunant ou dînant avec lui à Paris lors de chacun de ses passages (annuels) au Brin de Zinc dans Les Halles, à la brasserie Thoumieux rue Saint-Dominique ou au plaisir d'une découverte.

Avec Michel Déon, dès qu'il venait d'Irlande, nous déjeunions chez Lipp (où il avait sa table) ou dînions à la maison (j'eus la chance de passer une semaine à Tynagh). Tant de discussions que je garde pour moi. Jamais d'entretiens. Ce fut différent pour Jim Harrison, que j'interviewai deux fois pour le journal, la première en compagnie de Bernard Géniès en 2004, la seconde avec Gilles Anquetil, dix ans plus tard.

L'âme et les Indiens

Dans mes livres, je me réfère souvent à la Bible, mais ça ne veut pas dire que j'adhère à une religion. Je crois à l'existence de l'âme, car sans elle comment expliquer le monde ? Mes lectures scientifiques d'autodidacte, concernant l'ADN ou l'astronomie, me troublent. Après la mise en service du télescope Hubble, un astronome m'a expliqué qu'il existait 90 milliards de galaxies. Cela fait 18 galaxies par être humain. N'est-ce pas merveilleux ? Idem pour la biologie : il existe 32 000 indicateurs cellulaires de notre identité. Admettre l'existence de l'âme n'a rien à voir avec la foi en Dieu. Cette distinction me vient sans doute de ma famille. La dernière fois que j'ai vu ma mère, qui s'était retirée du monde, en pleine nature, après la mort de mon père, elle m'a demandé : est-ce que Dieu est de la même espèce que nous ? C'est le genre de question qu'un Indien ne se poserait jamais. À leur contact, j'ai appris à découvrir des sentiments, des sensations enfouies au plus profond de moi. Mais il est impossible de se greffer des pans d'une autre culture. Les tribus indiennes tirent leur personnalité de la terre où elles vivent. Chez eux, le paysage est chargé d'histoires, comme chez les Aborigènes australiens qu'évoque Bruce Chatwin dans *Le Chant des pistes*. Chez mes amis indiens d'Arizona ou de la région des Grands Lacs, l'âme ne revêt pas la même apparence. Pour les Zunis d'Arizona, le monde relève d'un processus de continuité. Un Zuni peut reconnaître dans un nuage une aïeule ayant vécu au XIVe siècle, car il a une parfaite conscience de sa lignée. C'est une forme de savoir inaccessible à un visiteur, même en plein trip de LSD.

La nature

J'ai grandi au contact de la nature, et j'ai très tôt considéré les oiseaux et les poissons comme mes semblables. Je me rappelle avoir demandé à mon père quelle était la différence entre les animaux et nous, et il m'a répondu : « Ils vivent au-dehors et nous vivons au-dedans. » C'est donc dans la nature que je me sens chez moi. Au printemps dernier, un puma a tué un cerf sur notre pelouse, et l'autre jour j'y ai trouvé des cochons et des dindons sauvages. Je ne me suis jamais senti chez moi dans une grande ville, sauf à New York lorsque j'avais dix-neuf ans et que je voulais devenir poète. J'ai adoré cette expérience.

Le suicide et la littérature

Le héros de mon dernier livre (*De Marquette à Veracruz*) ressemble un peu à ce que j'ai été. Je puise dans ma jeunesse des éléments familiers : le poids de la religion, les désirs adolescents. Mais j'ai fini par m'en délivrer, quand mon personnage se laisse étouffer par ces enjeux pendant des années. Je n'aurais pas pu survivre sans l'art et la littérature. Le but de l'art est de nous libérer, ce que ne font ni la politique ni la religion. Il est frappant de constater par exemple combien de grands écrivains irlandais sont des catholiques défroqués : Joyce, Seán O'Casey… Dès qu'ils ont rejeté l'Église, ils se sont retrouvés libres. J'ai connu ça. À seize ans, je suis passé de la religion à la littérature et à la peinture. Je voulais devenir peintre, mais j'étais un autodidacte sans grand talent. J'essayais d'imiter scolairement les maîtres sans en avoir les moyens, artistiques et matériels. Quand j'ai voulu copier la *Vue de Tolède* du Greco, je n'ai pu en caser qu'une moitié sur la toile ! J'avais toute l'arrogance du jeune homme qui rêve d'être artiste. Vers seize, dix-sept ans, j'étais vaguement suicidaire. Mais quand j'ai lu la phrase de Camus : « Le suicide est la seule question philosophique vraiment sérieuse », j'ai compris qu'il invitait à dire non au suicide, et à s'engager dans la vie. Dostoïevski, dont Camus disait qu'il contenait déjà les auteurs qui lui succéderaient, m'a révélé la même chose.

L'ego

Mieux vaut tuer son ego en vieillissant, sous peine d'être détruit par le ressentiment. L'humilité est la qualité la plus précieuse chez un écrivain, puisque de toute façon tout échappe à son contrôle. J'ai été enchanté et touché d'apprendre que Philip Roth arrêtait d'écrire. J'ai trouvé que c'était une bonne idée. Moi, je ne suis pas tout à fait prêt à arrêter, car je ne saurais pas quoi faire à la place.

La mort

Non, je n'ai pas peur de la vieillesse et de la mort. Je suis déjà vieux, et j'ai toujours entendu dire : « Personne ne s'en sort vivant. » Tous les êtres vivants sont voués à mourir. Je ne saurais dire s'il y a une vie après la mort, mais nous en sommes tous là. Ce que je crains, c'est de ne plus pouvoir boire de bon vin après ma mort. Ça, c'est dur ! J'espère retourner en France au printemps pour observer la migration des oiseaux en Camargue. J'adore cette région, je m'y sens chez moi.

La musique et les rêves

Je préfère Stravinsky et Mozart au rock. Même si des groupes comme les Rolling Stones me donnaient de l'énergie pour surmonter la lassitude. Car l'homme est aussi un animal dansant. Des chercheurs de Chicago ont branché des électrodes sur le cerveau d'un pinson australien pour connaître le chant qu'il émettait en rêvant. C'était une sorte de scat, d'onomatopées improvisées : l'oiseau s'amusait avec son propre chant, le déconstruisait ironiquement. Cette expérience me fascine. Je me réincarnerais volontiers en oiseau, mais je suis plutôt un ours. J'ai des rêves d'ours, surtout quand je mange de l'ours… de préférence une jeune femelle… C'est merveilleux de faire des rêves d'ours, et je connais une excellente recette d'ours en daube, mais un vieux Chippewa m'a fait comprendre toute la violence que représente le fait de manger de l'ours.

Les femmes

Mes personnages féminins sont plus forts que mes personnages masculins, ce qui n'était pas le cas dans mes premiers livres. Mais c'est conforme à la réalité. Le peu de stabilité affective, d'équilibre mental que j'ai pu avoir dans ma vie, je le dois à des femmes, ma sœur cadette par exemple. Les femmes sont moins mathématiques que les hommes.

Le sexe

La vie sexuelle des Américains est fort peu conventionnelle, ce qui la rend déroutante. La sexualité est profondément individualisée. Je me bats sans arrêt avec mes éditeurs au sujet des scènes de sexe dans mes romans, car ils vivent à New York et ne lisent que le *New York Times*, sans contact avec la débauche et le stupre qui imprègnent notre culture. Ils ne lisent pas la presse locale et ses faits divers, ses histoires de liaisons entre un pasteur et une fille de treize ans. Les abus sexuels ont toujours été endémiques, dans toutes les civilisations, malgré la réprobation morale et les sanctions pénales. Je ne sais trop quoi penser, moi qui ai vécu une période de libération sexuelle explosive mais somme toute assez vaine.

L'homme ne peut pas vivre très longtemps sans sexe, pas même un prêtre catholique, comme on peut le voir aux États-Unis ! J'ai consulté un psychanalyste parce que je débordais d'amour et de désir. Il m'a dit : « Si vous avez assez d'équilibre affectif, vous pouvez aimer plusieurs personnes en même temps. » C'est le contexte social qui nous restreint à un amour exclusif. Freud disait que l'art et la littérature naissent souvent d'une sexualité refoulée, mais une fois qu'on a terminé une œuvre… Ce matin, en voyant passer une jolie fille, j'ai eu l'impression d'entendre le frottement de ses cuisses.

Trois livres, trois disques et trois tableaux sur une île déserte ?

Si j'étais sur une île déserte, il est peu probable que j'aurais le temps de m'intéresser à des livres, des disques ou des tableaux. Ce que je voudrais, c'est un coussin confortable pour m'asseoir, et une citerne de quarante mille litres d'eau douce et fraîche. J'ai la hantise de manquer d'eau, depuis que très jeune j'ai souffert de la soif dans le désert, au point d'en avoir les lèvres noires. Mais si vous insistez, je choisirais sans doute la musique de Mozart et les tableaux du Caravage. Je n'emporterais pas de livres, car mon esprit est déjà un livre, et j'aurais oublié mes lunettes. Je pêcherais, je contemplerais les poissons avec ravissement. Et j'apprendrais le langage des oiseaux.

Est-ce du whisky irlandais qui accompagna la soirée au Bar Hemingway ? Sans montrer le moindre signe d'ébriété, Déon et Harrison parlaient tous deux couramment le langage des oiseaux migrateurs. Le journaliste témoin aurait été incapable d'enregistrer leur discussion et, heureusement, ce n'était pas le propos. Les hasards de la vie firent que les deux écrivains ne se revirent jamais.

Joan Baez, Françoise Hardy

TWO OTHER SIDES OF BOB DYLAN

Le hasard des beaux jours. L'été 2018 commence à peine et je rencontre, l'une après l'autre, deux grandes dames qui ne se connaissent pas.

Joan Baez a décidé d'arrêter la scène. Sa tournée d'adieu, *Fare Thee Well Tour*, passe par la France qu'elle aime depuis son adolescence et dont elle parle la langue. Dix soirs à l'Olympia. Elle chante chaque fois en français « Pauvre Rutebeuf » de Villon mis en musique par Ferré, « Chanson pour l'Auvergnat » de Brassens et « Le Temps des cerises ». Et trois chansons de Bob Dylan, débutant les concerts par « Don't Think Twice, It's All Right ».

Joan Baez et Bob Dylan (elle l'appelle Bobby) se sont connus en 1961. Baez était la « reine du folk » et Dylan un freluquet audacieux. Baez enregistre des chansons de son cadet (tous deux nés en 1941, ils ont cinq mois d'écart) et l'adoube en concert (ils sont ovationnés au Newport Folk Festival de 1963). Ils s'aiment et, après la tournée de Dylan en Angleterre au printemps 1965, se séparent (dans *Don't Look Back*, D.A. Pennebaker filme le couple en train de se défaire). « It's All Over Now, Baby Blue » et l'on pleure.

Vous souvenez-vous de la première fois où vous avez chanté avec Bob Dylan « With God On Our Side » ?

Je m'en souviens très bien. Il venait de l'écrire. C'était un été caniculaire, la sueur me dégoulinait le long des jambes. Et je l'ai d'abord chantée pour moi-même. Cette chanson demeure un hymne pour les jeunes générations, au même titre qu'« Imagine » de John Lennon. Je ne crois pas qu'on puisse jamais revivre une telle décennie, où tant de talents étaient actifs et mobilisés en même temps, dans une union miraculeuse de la conscience politique et de la créativité musicale.

Comment chantiez-vous ensemble avec Bob Dylan ?

Il y a toujours eu avec lui une électricité unique, sans commune mesure avec mes autres duos. Nous étions très jeunes, nous avions le même âge et nous étions confrontés à une ère de changements. Mais jamais je n'ai su, et jamais je ne saurai pleinement ce qu'il pensait, ce qui se passait dans sa tête.

Vos voix s'accordaient très bien.

Vous savez quoi ? C'est moi qui adaptais ma voix à la sienne. Parfois, je chantais plus comme Dylan que Dylan lui-même ! Comme ma voix était plus puissante que la sienne, il fallait rétablir un équilibre. C'était la condition nécessaire pour que le duo fonctionne musicalement. Et souvent nous nous disputions l'unique micro… Mais c'était une alchimie inégalée.

Dans son livre *Chroniques*, Dylan écrit sur vous : « Et la reine serait Joan Baez. Je planais rien qu'à la regarder. Et puis il y avait sa voix, à conjurer le mauvais sort. Et sa voix montait jusqu'à Dieu. » Comment définiriez-vous votre voix ?

C'est très généreux de sa part ! Cela ne me pose pas de problème de définir ma voix, car ma voix, ce n'est pas moi. C'est simplement un don extraordinaire que j'ai reçu. Je le dis avec une immense gratitude. Et ma mission consiste à en prendre soin, à la travailler, à l'utiliser à son maximum pour la partager, et pas uniquement à des fins de distraction. Je la traite avec respect.

Bob Shelton, le critique du *New York Times*, disait que vous aviez une voix « de soprano douloureusement pure ». C'est cette douleur intérieure qui explique l'émotion que vous produisez ?

Cette voix-là n'existe plus ! Et il s'agit moins de douleur que… d'angoisse ? Non, plutôt d'une acuité déchirante, qui excède la simple tessiture dans sa capacité à exprimer l'émotion. Un versant sombre a longtemps dominé ma vie, dans une exploration inquiète des profondeurs de l'âme humaine. Il m'a fallu en comprendre les racines pour qu'un côté plus lumineux reprenne le dessus.

Début juillet 2018, pour le film *Haut les filles*, Françoise Hardy raconte à Bayon et moi une drôle de rencontre. Au milieu des années 60, la première chose que demandaient à Jean-Marie Périer les Beatles et les Stones quand ils venaient à Paris, c'était de rencontrer Brigitte Bardot et Françoise Hardy.

La chanteuse se souvient en souriant de Mick Jagger (« C'est vrai qu'il avait dit dans une revue – intitulée *Mademoiselle Âge tendre* et destinée à des jeunes filles françaises – que je correspondais à son idéal féminin, mais il nous a prouvé qu'il avait beaucoup d'idéaux féminins divers et variés ») et de Brian Jones. « Il venait me voir à mon hôtel quand j'étais à Londres, je n'ai jamais compris pourquoi. Un jour, il m'a invitée chez lui avec sa fiancée de l'époque qui s'appelait Anita Pallenberg. Et j'ai appris ensuite que les deux s'étaient demandé pourquoi j'avais accepté leur invitation, par lequel des deux j'étais intéressée. Moi, j'étais juste intéressée parce que c'était un Rolling Stones, c'était la seule chose qui m'intéressait. »

À propos de Bob Dylan, elle assiste à son concert de l'Olympia en mai 1966. L'Américain fête ses vingt-cinq ans à Paris. Au dos de la pochette de son album *Another Side of Bob Dylan* (1964), il avait écrit un poème : « For Françoise Hardy/At the Seine'edge/A giant shadow/Of Notre-Dame » et la destinataire ne s'en était pas aperçue.

Elle se rappelle :

> Je rêvais de voir Bob Dylan sur scène. À l'époque j'étais sur le tournage d'un film, *Grand Prix*, et John Frankenheimer ne voulait pas me laisser partir, alors que je n'avais rien à faire – j'étais sa mascotte, il fallait que je sois tout le temps là. Finalement il m'a laissée partir, j'ai pu assister au concert. Et ça a été une grande déception. Bob Dylan assurait les deux parties. D'abord seul avec sa guitare – ce n'était pas bon, c'était assez faux. Et puis entracte. Et il ne revient pas… Le public, enfin tout le monde, moi la

première, on était assez déçus par cette première partie, et il ne revenait pas ; la salle a commencé à manifester son mécontentement. D'un coup, quelqu'un est venu me dire : « Il ne reviendra pas sur scène si vous n'allez pas le saluer en coulisses… » Moi, vraiment, je ne comprenais pas ce qui se passait. J'y suis allée. Déjà sur scène – j'étais dans les premiers rangs –, je l'avais trouvé un peu… étrange. De le voir en face de moi, je me rappelle que j'ai eu un sentiment très négatif. Il m'a presque fait peur… C'est une impression que j'ai eue parfois avec certaines personnes. J'ai eu l'impression qu'il était très malade, qu'il allait mourir bientôt ; ça m'a mise extrêmement mal à l'aise. Et comme je parlais très mal l'anglais et lui pas un mot de français, bon, on s'est regardés en chiens de faïence, puis je suis retournée dans la salle. Il a fait la deuxième partie, dont je ne me souviens pas très bien.

Par contre, je me rappelle que je me suis retrouvée – je ne sais plus comment ni pourquoi d'ailleurs – dans sa suite du George V, où il y avait aussi Hugues Aufray et Johnny Hallyday.

Je me sentais mal d'être là, parce que je n'aime pas, moi, aller voir les artistes après leur concert, je ne sais jamais quoi leur dire. Bref, j'étais très mal à l'aise, je me demandais ce que je faisais là, et à un moment, la porte de la chambre s'est ouverte et il m'a demandé de venir, moi, seule. Donc je suis allée dans sa chambre. C'était assez sombre. Et sur une platine, Dylan a mis son dernier album qui n'était pas encore sorti en France ; c'est comme ça que j'ai entendu pour la première fois « Just Like a Woman », qui reste une des chansons que je préfère de lui. Et puis aussi, il a mis « I Want You »…

Ah, ah…

Mais moi, vous savez, j'étais très, très naïve. En même temps, il n'y avait vraiment aucune ambiguïté dans sa façon d'être. Il m'inquiétait simplement. Je me disais : « Oh, là, là, il est tellement maigre ! » J'avais l'air obèse à côté. Je me disais : « Il va lui arriver quelque chose, ce n'est pas possible… » Et en effet, il a eu un accident gravissime très peu de temps après, et a disparu complètement pendant un an.

Il s'est passé autre chose de très étrange avec lui, récemment – enfin, indirectement. Mon agence m'a envoyé un mail pour me dire : « Voilà, un couple d'Américains cherche à vous joindre. Ils auraient des brouillons qui peut-être vous intéresseraient, de Bob Dylan. Est-ce que ça vous intéresse ? » Je dis : « Bien sûr, oui. » Et j'ai reçu deux brouillons tapés à la machine. C'était un couple d'Américains qui avaient été très liés au taulier d'un café où Bob Dylan allait tout le temps quand il était jeune, en tout cas dans les sixties. Il y allait tout le temps quand il était à New York, et il travaillait là, il avait sa machine à écrire, et il laissait traîner des choses, parce qu'il devait être parfois dans un état bizarroïde. Et donc, quand j'ai reçu ces brouillons, je n'ai pas compris tout ce qui était dit dedans, mais ça m'était vraiment adressé, c'étaient des brouillons de lettres qu'il ne m'a jamais envoyées par la suite. Mais j'ai vraiment constaté qu'à cette époque-là il avait fait une sorte de fixation très romantique et très profonde sur moi… J'ai reçu ça il y a un an et quelque, ça m'a presque bouleversée… Il était malheureux, il était très malheureux. Je ne sais pas, d'ailleurs, si je devrais en parler. Je ne crois pas, mais bon, c'est votre faute.

Vous étiez très naïve, quand même…

Vous savez, les jeunes filles étaient très, très innocentes. Je pense que Sylvie, Sheila – France, c'est une autre catégorie… enfin non, puisque quand Serge lui a composé « Les Sucettes à l'anis », elle n'a absolument pas compris le double sens du texte – on était toutes très innocentes. Mais on se rend compte, quand même, quand il y a une ambiguïté chez quelqu'un. Il y avait ça chez Mick Jagger quand je l'ai croisé. Chez Bob Dylan, pas du tout du tout. Et je me rends compte, après avoir découvert ces brouillons, qu'il ne pouvait pas y en avoir, tellement ses sentiments étaient profonds et douloureux.

Leonard Cohen, Dominique Issermann

TAKE THIS WALTZ

En 1988, Leonard Cohen lui avait dédicacé l'album *I'm Your Man*, les mots « All these songs are for you, D.I. » imprimés sur la pochette. Ils s'étaient rencontrés six ans plus tôt. Sept ans d'amour fou, d'une amitié indestructible. Et voilà qu'en janvier 2012 se croisaient une fois de plus les destins de ces âmes sœurs. Alors que Leonard Cohen sortait *Old Ideas*, son douzième album studio, Dominique Issermann présentait à la Maison européenne de la photographie une série de clichés de Laetitia Casta. À la demande de Leonard Cohen, elle venait aussi de réaliser *Six Moments of Old Ideas*, une suite de miniclips en noir et blanc tournés avec un iPhone.

La veille de son exposition, Dominique Issermann a terminé l'accrochage. Elle m'appelle à la dernière minute pour proposer à Élisabeth Quin et moi de la rejoindre.

Il fait nuit. Jean-Luc Monterosso, le directeur de la MEP, nous ouvre la grille. Le musée est silencieux, nous chuchotons comme des enfants entrés par effraction. Nous sommes seuls.

Leonard Cohen, de nouveau à Paris après les Olympia magiques de l'automne, apparaît dans la salle d'exposition du deuxième étage.

Il a soixante-dix-sept ans, la tournée de *Old Ideas* sera sa dernière (Bob Dylan dit que ses chansons ressemblent de plus en plus à des prières). Sapé impeccablement (« On lui faisait faire des costumes par des tailleurs grecs. Je vois aussi dans son allure austère une réminiscence du costume de cérémonie pour le shabbat », dit Issermann), le visage émacié, il s'incline, soulève son chapeau – comme sur scène – pour le remettre en place.

Il parcourt les salles, attentif, sans un mot.

Aux murs, comme un ruban noir, trente-trois images de Laetitia Casta dans le bâtiment brutaliste créé par Peter Zumthor pour les thermes de Vals en Suisse. Épure des lignes de fuite, dans une communion minérale, l'actrice nue s'abandonne à la photographe. Caresses d'ombre, courbes solaires, apparitions fugitives dans la lumière disloquée. Casta sublimée dans un pas de deux.

Sur une petite table, Dominique Issermann a déposé trois bouteilles d'eau de Vals. Un double clin d'œil, aux thermes de Vals du canton des Grisons et à la source Dominique, découverte en 1602 à Vals-les-Bains en Ardèche, eau minérale riche en sels ferro-arsenicaux et préconisée pour les grandes fatigues.

Je verse un verre qui pétille à Leonard Cohen et lui dis : « Take this Vals »… Deux secondes de suspension, il éclate de rire et, de sa voix profonde où l'ironie le dispute à la mélancolie, murmure « Take this waltz, take this waltz. It's yours now. It's all that there is ». Comme un aphorisme zen, ou une épitaphe !

Elle avait photographié Leonard à Trouville, sur la plage, dans son appartement aux Roches Noires (ancien palace du Second Empire fréquenté par Proust, rénové Art déco par

Mallet-Stevens) où elle était la voisine de Marguerite Duras – défaillant devant l'embouchure de la Touques qui lui rappelait le Mékong –, à Paris, souvent au jardin du Luxembourg, à Hydra en Grèce…

Il a fallu que j'insiste beaucoup pour que Dominique Issermann accepte de nous parler de lui, d'eux.

Avec mon camarade Bernard Loupias, quand nous l'avons interviewée chez elle, nous avons aussi eu la chance de regarder de superbes photos de Cohen, qu'on aimerait voir exposées un jour.

Dominique Issermann, quand avez-vous rencontré Leonard Cohen pour la première fois ?

À Hydra, en 1982. Carole Laure et Lewis Furey me l'ont présenté. Ils se connaissaient bien depuis leurs années de bohème montréalaise.

Lorsque vous viviez ensemble, quel était votre plus grand dénominateur commun ?

Le travail. Je n'arrêtais pas de travailler et lui aussi. Je ne l'ai jamais vu ne rien faire. Il écrivait tout le temps. Quand je l'ai rencontré, il venait juste de finir *Various Positions* [*l'album qui contient « Hallelujah »*], et il écrivait *I'm Your Man*. On habitait chez l'un ou chez l'autre – à Los Angeles, à Montréal, à New York à l'hôtel, à Paris, un peu à Trouville ou à Hydra. « An overseasrelationship », c'est comme ça que j'appelais alors notre vie…

Comment travaille Leonard Cohen ?

Tous les jours. Dès qu'il se lève, il prend sa guitare et son carnet de notes. Parfois, il partait écrire au café. Quand il chantait une chanson, il ne se cachait pas.

Il vous demandait votre avis ?

Ce n'est même pas pensable. C'est quelqu'un de complètement immergé dans son travail, qui n'a besoin de l'avis de personne. Il a déjà assez de problèmes avec son propre jugement sur son travail…

Est-ce que Leonard est un bon modèle pour une photographe ?

C'est un très bon mannequin. J'ai toujours eu envie de le photographier. Je le trouve très élégant, et il est assez calme devant l'appareil photo. Il est là, il n'entreprend pas des manœuvres de séduction par rapport à l'objectif.

Pour *I'm your Man*, vous avez réalisé des clips pour « Dance Me to the End of Love » et « First We Take Manhattan »…

Il me l'avait demandé. J'ai d'abord essayé de comprendre ce que racontait cette dernière chanson – « First we take Manhattan, then we take Berlin » – et j'ai imaginé ce type, une sorte de leader charismatique qui pouvait emmener les foules, comme dans *Le Joueur de flûte de Hamelin*. Ce clip, c'est un peu ça : il les emmène, tout le monde lâche ses valises. À la fin, il les laisse sur la plage et ces gens partent vers nulle part, sans rien.

Il y a aussi des images de train…

Vous pensez aux trains qui déportaient les juifs ? Je n'ai pas beaucoup de culture juive, contrairement à Leonard qui a été élevé dans la religion hébraïque, mais on n'a pas du tout parlé de cette histoire de trains. Je cherchais des plans à faire. Or à Trouville il y a le train. J'aime les quais de gare, et je voulais que la fille soit à un moment dans un train. Tout ça est très spontané, ce sont des strates d'images qui se superposent. Mais ça fait sûrement sens…

Le train, les valises, la plage, ces personnages en manteau avec juste une valise qui vont vers le néant : vous ne pouviez pas ne pas penser à la déportation…

Vous avez complètement raison : c'est à ça que je pensais, mais je ne le savais pas… Quand, au début du tournage, Leonard m'a demandé : « Que va-t-on faire ? », je lui ai répondu pour rigoler : « Ne t'inquiète pas, c'est un "jewish program" ! On vous vire de Berlin et vous allez à Manhattan. Eh bien, on va faire le chemin en sens inverse ! » Mais bizarrement je n'ai jamais pensé précisément : tiens, on va mettre des trains et des valises. La valise est très présente dans mon univers. J'ai fait beaucoup de photos avec des gens qui en portent. D'accord, c'est mon héritage. Mais quand les gens me disent : « Ah oui, vous êtes à moitié juive », je réponds : « Non, je suis à moitié non juive. » Mais là, je réalise que ça n'est pas si simple…

Ces valises renvoyaient aussi au nomadisme de votre couple…

Leonard est très attaché aux valises, il en a une collection impressionnante. Ce sont toujours celles que je lui ai achetées il y a très longtemps, et qu'il trimballe encore. Toutes de la marque Globe-Trotter, bleu marine ou noires, en carton ou en fibre, des valises à l'ancienne, avec des sangles. Il en avait encore sur sa dernière tournée, complètement défoncées. Il m'a dit : « Regarde, il faudrait peut-être en acheter d'autres… »

Vous ne lui offriez que des valises ?

Non ! Sur ses photos récentes, vous pouvez voir qu'il porte une cravate avec un aigle bleu. Je ne dévoile ici aucun secret en vous disant qu'à chaque fois qu'il rencontre quelqu'un il lui dit : « Tu as vu ? C'est la cravate que Dominique m'a offerte en 1985. »

Il parle plutôt bien le français…

Oui, et pour qu'il puisse bluffer les journalistes, je lui apprenais des expressions un peu rigolotes, qu'on n'aurait jamais imaginé qu'il puisse connaître avec le français qui est le sien, du genre : « C'est clair comme de l'eau de roche. » Les expressions toutes faites le faisaient beaucoup rigoler ; c'est quelqu'un qui a un humour absolument incroyable. Et ce qu'il racontait pendant ses concerts était super drôle. Mais il n'avait besoin de rien, c'était juste pour rire. D'ailleurs moi non plus, je n'ai besoin de rien, c'est peut-être ça qui nous a liés. Dans « Chelsea Hotel », il chante « I need you, I don't need you », je me sens toujours assez proche de ça. Je crois que je n'ai jamais dit à personne « j'ai besoin de toi ».

C'est peut-être pour ça que vous vous entendiez si bien : artistes tous deux, vous aviez des rapports d'égalité…

Je n'en imagine pas d'autres. Mais depuis cette époque, j'ai pris du recul par rapport à lui. Je suis aujourd'hui beaucoup plus attentive à ses textes. Quand nous étions ensemble, j'étais très active, voire trop, et quand je le voyais angoissé, je n'y faisais pas assez attention ; je ne me rendais pas compte à quel point ce qu'il faisait était difficile. Je l'ai quand même entendu travailler ici pendant deux ans sur « Hallelujah », avant qu'elle soit finie. Cette chanson, on peut l'écouter mille fois, à chaque fois on découvre des choses. Je ne connais personne qui soit capable de manier ainsi la langue, de choisir les mots les plus simples, mais qui vont jusqu'à l'os. Et pourtant ils ne sont jamais plats, ils ont une épaisseur, une sensualité, une sophistication. « I came so far for beauty/Left so much behind/ My patience and my family/My masterpiece unsigned… » C'est sublime, non ? C'est remis sur l'ouvrage, épuré, poli, jusqu'à ce qu'il ne reste que très peu de choses, des hiéroglyphes, des cartouches. Ce n'est pas que dire « I'm your man » est une chose compliquée, mais qui l'a dit avant et comme lui ? Là, je peux raconter une anecdote qui va le faire rigoler s'il lit ça. Dans cette chanson, tous les hommes qui sont cités sont des amis à moi, peut-être plus ou moins des ex, on ne sait pas trop : « If I wanna be a boxer » : j'avais un copain boxeur. « If I wanna be a doctor » : un autre était docteur… On riait beaucoup de ça.

Vous dites avoir un rapport distant à la culture juive, mais lui, l'avez-vous vu pratiquer son judaïsme, respecter le shabbat par exemple ?

Oui, il le respecte jusqu'à un certain point. Il allume les bougies, il fait un repas en famille. Mais rien de plus. Il lisait régulièrement des textes, mais je crois qu'il le fait beaucoup moins maintenant. Je l'ai rencontré dans la période où il a accéléré sa pratique bouddhiste, qui s'est encore accentuée après notre séparation, quand il s'est installé près de son maître Rôshi, au monastère zen de Mount Baldy.

Il n'y vit plus aujourd'hui ?

Non, mais il est toujours très proche de Rôshi, qui a près de cent ans. C'est un personnage assez extraordinaire que j'ai rencontré en 1987, alors que mon livre sur Anne Rohart venait de sortir. Je le lui ai apporté et j'ai des photos de Rôshi en train de regarder les fesses d'Anne Rohart – une femme tout aussi extraordinaire, sortie première de l'université de Tokyo, une intellectuelle formidable. Il regardait ces photos en faisant : « Ah ! Hum ! Good ! Very good ! »

Vous avez eu d'autres hommes avant lui, il a eu d'autres femmes avant vous, qu'il évoque dans ses chansons, Suzanne, Janis Joplin pour qui il a écrit « Chelsea Hotel » ou Joni Mitchell, la « Winter Lady » …

Vous oubliez Marianne. Suzanne, Marianne, Issermann, ça rime…

Vous les avez connues ?

J'ai rencontré Marianne une fois, à Hydra, je crois. Une très belle femme, un peu plus plantureuse que sur les photos. J'ai connu Suzanne, évidemment, puisqu'elle était la mère de ses enfants, qu'elle a élevés à Paris. Leonard les prenait en week-end, en vacances. Quand je l'ai rencontré, sa fille avait dix ans et son fils huit ans. C'était une sorte de cadeau pour moi qui n'ai pas eu d'enfant. Ils étaient très charmants – ils le sont toujours : Adam est aujourd'hui chanteur, et Lorca une jeune femme formidable qui vit à moitié à Paris. Leonard parlait aussi beaucoup de Marianne, dont il a élevé le fils. Avec elle, il a vécu à Hydra des années qui ont été assez éblouissantes pour lui. Il venait de quitter le Canada, la neige, l'Université McGill. Il avait gagné un peu d'argent, et il est parti vers le soleil. Il a acheté une maison là-bas. Il allait sur la plage se tremper et retournait sur la terrasse. Et cette Marianne est arrivée avec sa blondeur, son paréo. C'était une vie facile, ils étaient jeunes, c'était tranquille, pas de voitures, des ânes qui montent et qui descendent la colline, les chats… J'ai l'impression qu'il était heureux, en Grèce. Il n'a d'ailleurs jamais été malheureux nulle part. Bien sûr, il passe par des hauts et des bas terribles, mais il y a quand même toujours au fond de lui une créativité tellement belle. D'ailleurs, parmi tous les chanteurs, qui clame son bonheur ? Charles Trenet, peut-être… et encore je n'en suis pas sûre. Mais, pour l'essentiel, c'est « I can't get no satisfaction », comme diraient les Stones.

Croyez-vous qu'il aurait refait de la scène en 2008 si son compte en banque n'avait pas été siphonné de plusieurs millions de dollars par sa comptable ?

Est-ce que ça l'a vraiment motivé ? Je ne sais pas trop quoi penser de cette histoire. J'étais quand même très étonnée de voir des gens à l'entrée des concerts de sa dernière tournée dire : « Je suis bien content d'avoir donné un coup de main à Leonard en achetant mes billets. » C'était très sympathique, mais je ne sais pas dans quelle mesure ça a joué pour lui. Je crois plutôt qu'il a dû penser qu'une certaine modestie de moyens lui permettrait de se ressourcer. Je pourrais résumer ça par un jeu de mots : « Moins de ressources, plus de ressources. »

Le bouddhiste zen en lui a dû ainsi prendre ce vol comme une forme de bénédiction…

Absolument. Je pense que, tout d'un coup, il a senti une espèce de rayonnement et beaucoup de lumière autour de lui. Comme il l'a écrit dans « Anthem » : « There is a crack in everything. That's how the light gets in. » Il y a eu un krach bancaire, et c'est là que la lumière est entrée.

Suzanne Vega, Carson McCullers

CARSON ON THE WALL

Une frange nette encadre son visage pâle. Pas de maquillage, juste un rouge à lèvres cerise. Un port de danseuse, toute de noir vêtue. Simple et sophistiquée. Une fausse apparence de fragilité. Un calme électrisant.

Au printemps 2022, à la veille de son concert à l'Olympia intitulé « Another Evening of New York Songs and Stories », j'interviewe Suzanne Vega.

En 1985, à contre-courant du phénomène Madonna, elle avait sorti un premier album de folk intemporel. « Dès la fin des années 70, certains se moquaient de moi parce que j'écoutais encore Dylan, et m'accusaient d'avoir raté le coche du punk, puis de la new wave, puis de la pop… » « Luka » (l'histoire d'un enfant maltraité), « Tom's Diner » (du nom du restaurant situé au 2880 Broadway et fréquenté par les étudiants de Columbia), « Marlene On The Wall » (Vega avait sur le mur de sa chambre une affiche de *L'Ange bleu* avec un chapeau claque, comme celui qu'elle arbore rituellement dans son spectacle), teintés de rock, de jazz et de poésie urbaine (New York dans la peau), deviennent des succès planétaires.

Elle qui s'était rêvée comme une combinaison de Leonard

Cohen et de Lou Reed au féminin, a quelque chose de Carson McCullers et ce n'est pas un hasard. Elle vénère l'écrivain du *Cœur est un chasseur solitaire* et lui a consacré son mémoire de maîtrise au Barnard College, deux pièces de théâtre et un album entier, *Lover, Beloved : Songs from an Evening With Carson McCullers*.

J'écris alors avec Élisabeth Quin l'édition augmentée du *Détail qui tue : petit précis de style de Marcel Proust à Rihanna*. Un livre pour parcourir l'allure d'un siècle – dans le cadre de la panoplie occidentale –, à partir de détails vestimentaires, accidents, idiosyncrasies, appropriations, inventions saugrenues qui peuvent se lire comme les signes révélateurs d'une époque. Cent cinquante textes et photos sur des écrivains et des artistes qui se démarquent, brisent les tabous, anticipent les codes que la rue réinterprète sans fin. Du couvre-chef aux chaussures, nous épluchons la silhouette comme un oignon et déclinions le vêtement de la tête aux pieds.

Dans le chapitre « Accessoires », se trouvent la perruque d'Andy Warhol, le cache-nez d'Albert Camus, les lunettes de soleil de Peter Fonda, le monocle d'André Breton, les boucles d'oreilles surréalistes de Frida Kahlo, les bracelets de Nancy Cunard, le catleya à la boutonnière de Marcel Proust, les tatouages de Pete Doherty, la croix de Madonna, la ceinture de force de Raymond Roussel, le panier d'osier de Jane Birkin, le tablier de cuisine de Georgia O'Keeffe, les sautoirs de Pharrel Williams… Et les boutons de manchette de Carson McCullers.

La photo que nous avons choisie a été prise par Irving Penn le 10 mai 1950 à New York. Un portrait saisissant : McCullers soutient (et cale) sa tête avec la paume de sa main droite (celle de l'écriture) que prolonge un fume-cigarette. De la manche de sa veste sort une chemise d'homme au poignet mousquetaire fermé par un bouton de manchette, une perle aux « reflets dans un œil d'or », cerclé de métal guilloché. En cette attitude pensive, Penn intègre et sublime la paralysie du visage (côté gauche) de McCullers et les tremblements dont elle était affectée depuis sa tendre enfance [1].

Suzanne Vega, pourquoi Carson McCullers vous fascine-t-elle tant ?

Ce qui me fascine chez elle, c'est le contraste entre un corps brisé par la maladie, à demi paralysé, et une volonté intense d'écrire et de s'exprimer. Elle menait une vie très libre, assumant son alcoolisme, défiant son mari, osant d'autres liaisons amoureuses malgré les contraintes de son corps. Je prends grand plaisir à l'interpréter sur scène, même si c'était un défi de transposer sa vie au théâtre. Pour moi, c'est devenu un jeu de la réincarner aux yeux du public.

Mais qu'est-ce qui vous attire le plus chez elle ? Son élégance, sa modernité, sa bisexualité ?

C'est le mélange d'égoïsme extrême dans sa vie personnelle et de compassion absolue dans son écriture, de profonde humanité. Elle était à la fois passionnément portée vers ses semblables et capable de se montrer très puérile et méchante. Mais c'est avec le temps que je suis devenue

1. En 1965, Penn reproduira la même attitude et les mêmes détails dans son portrait de Truman Capote, qui fut un grand ami de McCullers.

sensible à cette contradiction. Quand j'étais jeune, j'étais surtout impressionnée par le côté rebelle de cette femme qui fumait comme un pompier et buvait comme un trou ! J'ai connu moi-même ma période rebelle, mais j'ai passé l'âge de la transgression naïve. [*Je lui montre la photo de Carson McCullers par Irving Penn.*] J'y vois la part de pose et d'affectation : le fume-cigarette, le poignet mousquetaire, la coiffure bizarre… mais aussi la tristesse sincère exprimée dans la bouche tombante, le refus de sourire à l'objectif et de jouer le jeu de la « coquetterie féminine ». C'est son âme qui se donne à lire sur son visage. Elle est elle-même et elle l'assume. Et l'on sent que ses yeux ont vu les ténèbres en face.

Elle s'habillait toujours en noir ?

Pas forcément. Plus tard dans sa vie, elle portait souvent des tenues rayées, bariolées, exotiques, des tissus africains par exemple.

Et vous, depuis quand portez-vous du noir ?

J'ai commencé à onze ou douze ans, pour mes cours de danse : collants noirs, justaucorps noir. Je m'y suis mise très jeune !

Vous avez étudié la danse moderne à la réputée High School of Performing Arts, popularisée depuis par le film et la série *Fame*, où vous avez obtenu votre diplôme en 1977. Que vous a-t-elle apporté ?

J'adore la danse. De mes neuf ans à mes dix-huit ans, elle a été toute ma vie. Elle m'a appris à occuper une scène, à retenir l'attention du public sans avoir à prononcer un mot. Je ne me suis pas toujours bien entendue avec les chorégraphes, mais cela a été une période très heureuse de ma vie et un apprentissage inestimable. Et mon travail a toujours consisté à donner une expression sensible aux émotions, aux sentiments, à la vie intérieure. Ma grande hantise, c'est d'être pétrifiée, paralysée. J'adore donc être sur scène, pouvoir bouger et exprimer des émotions de la façon la plus fluide et naturelle possible. Je trouve cela profondément gratifiant.

Vous pratiquez le bouddhisme de Nichiren.
Dans quelle mesure êtes-vous introspective ?

C'est le fond même de mon caractère. Je crois que je suis née ainsi. Et bien des événements de ma prime enfance ont contribué à cette tendance : j'étais un bébé chétif et prématuré, je pesais à peine un kilo et demi à ma naissance, et j'ai donc passé plus d'un mois en couveuse. Comment ne pas être introspective quand on débute sa vie sous cloche, dans une solitude totale ? L'introspection est devenue pour moi une seconde nature.

À l'âge de neuf ans, vous aviez déjà écrit « Be Myself », un poème sur le même thème que votre chanson « Solitude Standing ». Étiez-vous une enfant solitaire ?

J'étais l'aînée d'une fratrie de quatre. Dans les années 60 et 70, j'ai grandi entourée de mes frères et sœurs, des enfants des voisins et de tous ceux de mon quartier de Spanish Harlem. Ensuite nous avons déménagé dans l'Upper West Side, un quartier plus mélangé.

Dans votre enfance, vous croyiez que votre beau-père, l'écrivain et militant portoricain Ed Vega, était votre vrai père. Vous considériez-vous comme portoricaine ?

J'avais des sentiments mêlés à cet égard. J'adorais ma grand-mère – la mère de mon beau-père. Elle était très affectueuse, me chantait des chansons en espagnol, et c'est ainsi que j'ai appris cette langue. Toute cette branche de la famille m'aimait et m'acceptait. J'étais donc très heureuse d'être portoricaine. Et comme c'est une communauté aux origines très diverses, une blonde aux yeux bleus comme moi n'y détonnait pas. Pourtant, j'éprouvais un vague malaise qui s'exprimait parfois dans mes rêves, le sentiment intuitif d'être différente, nourri par le regard que portaient les gens du quartier sur ma famille et sur moi, qui avais la peau encore plus pâle que ma mère. Et quand, à neuf ans, on m'a révélé que cet homme n'était pas mon père, j'ai enfin compris d'où me venait ce trouble.

Votre mère était d'origine germano-suédoise, votre père biologique d'ascendance anglo-irlando-écossaise, votre beau-père portoricain. Cela fait-il de vous une Américaine typique ?

Plutôt une New-Yorkaise typique ! J'ai grandi dans des quartiers métissés, parmi des enfants de couples mixtes : je connaissais des gens d'origine noire et juive, noire et portoricaine, noire et blanche, japonaise et juive. Il y avait encore des tensions entre les communautés, mais à titre individuel ma génération accueillait naturellement ce métissage. Cela dit, en termes d'habitat, existe toujours aujourd'hui à New York une sorte de ségrégation de fait, une distinction entre quartiers noirs et quartiers blancs, homogènes et hermétiques.

En quoi New York a-t-il changé depuis votre jeunesse ?

L'histoire de New York est marquée par une succession de spirales : dans les années 60, c'était l'activisme révolutionnaire, dans les années 70 la drogue, la criminalité et la faillite économique, dans les années 80 la folie de l'argent et un hédonisme festif hérité de la décennie précédente, dans les années 90 une replongée dans la violence… Et aujourd'hui, ce qui domine, c'est une impression de ville fantôme, décimée, désolée : il va falloir du temps pour que New York panse ses blessures et se remette des conséquences du Covid. Dans les rues, on ne voit que des SDF et des boutiques fermées définitivement, et il y a un fort sentiment d'insécurité. Mais il y a aussi des efforts de solidarité, des initiatives à l'échelon local, des endroits en plein air où l'on sert à manger et où l'on peut renouer des contacts humains. Le moment le plus dur a été le début de la pandémie, qui a frappé New York de plein fouet : les ambulances, le décompte quotidien des morts, les rues désertes et silencieuses… Moi, je suis restée dans mon quartier de Manhattan, où j'avais mes repères, mais beaucoup d'habitants avaient fui la ville.

Dans votre livre *The Passionate Eye,* vous publiez une discussion que vous avez eue avec Leonard Cohen en 1992, à la sortie de votre album *99.9 F°*. Quelle impression vous a-t-il laissée ?

J'ai adoré cet homme. D'ailleurs, je l'adorais depuis mon adolescence – et sa chanson « Suzanne », forcément ! Ce dialogue a eu lieu à l'occasion d'une séance photo où l'on me demandait de poser avec l'un de mes mentors. Lou Reed n'était pas disponible, et Leonard Cohen est venu tout exprès du Canada. Nous nous étions déjà rencontrés. J'étais censée l'interviewer, mais j'ai eu constamment l'impression qu'il était en représentation : il avait sa bouteille de vin, il dansait sur les mots et jouait avec moi. Il voulait me forcer à révéler ma personnalité intime, ce que je n'avais aucune intention de faire. Et je garde le souvenir d'un homme profondément drôle. J'ai beau savoir qu'il est mort, je pense toujours à lui au présent. Notre amitié correspond à une période assez spéciale, entre 1988 et 1994. Nous correspondions, et il m'envoyait des cadeaux par la poste. Et puis il est devenu moine, et moi mère de famille ! Mais il reste l'une des figures marquantes de ma vie.

Dans cet entretien, il vous disait : « Tu as réussi à rendre l'austérité extrêmement séduisante. » Qu'en pensez-vous aujourd'hui ?

Je trouve cette idée assez juste en règle générale. Et dans son cas, le fait qu'il se soit fait moine prouve que l'austérité le séduisait déjà. En ce qui me concerne, il est vrai que mon esthétique est fondée sur la retenue et le non-dit. Mais il disait cela aussi pour me provoquer, je l'ai aussitôt compris – et admis.

Pensez-vous que votre œuvre exprime une perspective spécifiquement féminine ?

Pas du tout. Et voilà encore une chose que j'apprécie chez Carson McCullers : ses personnages masculins sont crédibles et authentiques. Elle ne se restreint pas à la psychologie féminine. Je suis convaincue au plus profond de mon être que le fait d'être une femme n'est pas ce qui me définit. Je suis une femme, bien sûr, mais aussi tant d'autres êtres ! J'ai pu adopter le point de vue d'un jeune garçon maltraité… ou même de créatures non humaines. En tant qu'artiste, je peux devenir tout ce qu'exigent les circonstances.

Charlotte Gainsbourg, Jane Birkin

CANONS FÉMININS

Pas si facile d'être célèbre d'avance, sous le signe éclatant d'un père illustre et d'une mère iconique. Pour le film *Haut les filles*, Bayon et moi avions interviewé au studio Ferber en décembre 2018 Charlotte Gainsbourg, dont l'idéal de beauté serait une danseuse classique à l'échauffement, les bas troués.

Votre style, l'androgynie naturelle ?

Oui. Parce que je ressemble beaucoup à mon père – malheureusement; parce que j'aurais bien aimé ressembler plus à ma mère, en tant que fille (bien sûr), avoir plus de traits d'elle. Oui, je me trouve masculine. En même temps, je suis très fière d'avoir aussi ses traits à lui. Mais j'ai des traits ingrats. Le premier scénario que j'ai lu, *L'Effrontée*, qui n'avait pas du tout été écrit pour moi, j'y ai vu la description d'un personnage de fille à la fois moche et jolie et j'ai toujours cru que c'était ça que j'étais : je pouvais être moche et je pouvais être jolie. Évidemment, on retient les défauts, donc j'avais l'impression d'être ingrate et de ne pas être à la hauteur des canons de beauté de mes parents. Ils étaient plus beaux l'un que l'autre même si mon père avait souffert de sa laideur. Les canons de beauté féminins dans ma famille mettaient la barre tellement haut que forcément je me sentais laide et pas qui j'aurais aimé être.

Un écho troublant à Jane Birkin, qui, en février 1996, cinq ans après la mort de Serge Gainsbourg, à l'occasion de son album *Versions Jane*, où pour la première fois elle chantait seule les chansons de l'auteur de *Jane B.* et d'*Initials B.B.*, m'avait dit :

Il a toujours aimé l'idée de faire chanter des filles divines. Et comme le plus souvent c'était des actrices… Il cherchait la beauté plus que la voix. Quand il était petit, il se trouvait laid. Son idéal masculin, c'était Robert Taylor. Il aurait tout donné pour être beau comme Alain Delon. Il collectionnait les pochettes des 45 tours de toutes les filles qui avaient chanté ses chansons. Il les gardait dans une armoire anglaise et il disait toujours que c'était son armoire de Barbe-Bleue. Belle vengeance : on trouvait toutes les filles de sa génération : Deneuve, Adjani, Mireille Darc, Michèle Mercier, Fanny Ardant… Avec toujours une affection particulière pour Françoise Hardy.

La différence d'âge entre nous lui plaisait beaucoup. Pour lui, la chanson c'était « un art mineur réservé aux mineures ». France Gall, c'était la petite, la plus fraîche, la plus ingénue. Il la voulait à tout prix. C'était la Lolita parfaite comme le sera Vanessa [Paradis] plus tard. Moi, j'avais vingt ans quand je l'ai rencontré, j'étais Lolita moyenne, j'avais un bébé. J'étais maniable. Mon premier mariage avec John Barry se terminait par un échec. J'ai eu cette chance exquise de commencer une nouvelle enfance avec lui. Il me baladait partout, c'était mon Pygmalion. Non seulement il pouvait faire ce qu'il voulait de moi mais j'en étais enchantée.

Normalement, les filles sont construites comme un sablier : large, étroit, large. Pas moi. Et lui, plutôt que de se moquer, me disait que j'avais le corps comme un Cranach. Alors je filais au Louvre regarder les Cranach, et en effet elles ont un bassin très large, peu de taille et des petits seins. Il disait toujours qu'il avait une terreur des filles avec des seins, c'était son genre de me le dire. Ma mère m'avait fait remarquer qu'il n'avait pourtant pas eu peur de Bardot. Mais là il était tombé sur la fille qu'il considérait comme la plus belle du monde. Quand j'ai joué dans *Don Juan 73* avec Bardot, j'essayais de repérer la faille. Il n'y en avait pas : minuscules chevilles, pieds divinement construits, taille, seins, petites hanches de garçon. Upside down, le contraire de moi. Quand elle l'a quitté, il a eu beaucoup de chagrin. Il lui a été fidèle toute sa vie.

Quand je suis arrivée chez les parents de Serge, juste avant le tournage de *Slogan* [1], il y avait des photos de B.B. partout, et la version de « Je t'aime moi non plus » qu'il avait enregistrée avec Bardot jouait [2]. J'étais tellement nerveuse que j'ai pris un biscuit japonais dans une boîte en métal coupant et que j'ai retiré ma main en sang. Puis

---

1. C'est sur ce film de Pierre Grimblat que se sont rencontrés Gainsbourg et Birkin au printemps 1968. Gainsbourg, qui souhaitait comme partenaire Marisa Berenson, ne réserva d'abord pas un bon accueil à Birkin.
2. La version est restée inédite à la demande de Bardot jusqu'en 1986.

il a entendu ma voix de garçon de chorale et il m'a écrit « Jane B ». Alors il a voulu me faire chanter « Je t'aime moi non plus ». J'ai fini par dire oui pour que Mireille Darc ou d'autres jolies filles ne se retrouvent pas dans un studio d'enregistrement avec lui. J'ai chanté par jalousie. Je n'avais pas envisagé le succès mondial de la chanson. Le seul emmerdement pour moi, c'était mes parents. Chez eux, je faisais sauter le passage où je respirais fort, mais mon frère leur a fait écouter intégralement. Ma mère a été très bien : elle a dit que c'était quand même une très jolie mélodie.

Brigitte Fontaine, Elli Medeiros

PRÉ-PUNK

Pour le film *Haut les filles*, Bayon et moi interviewons en juin 2018, à trois jours d'intervalle, Brigitte Fontaine et Elli Medeiros.

Si Françoise Hardy est la dame blanche du cercle sacré des filles rock, Brigitte Fontaine est notre sorcière. Issue des confins bretons hantés de sauvagerie mongole, tôt rasée net à rebrousse-poil et revendiquée folle, comme elle se proclame aujourd'hui de sa voix au phrasé spectral, vieille, punk de toujours, et morte plusieurs fois, pythie hippie pop pierreuse toujours à l'avant-garde du dernier contre-courant free-jazz, world ou électro, elle est la seule de la bande à pouvoir dire tout haut en 2020 ce qu'aucune n'ose imaginer tout bas : « Je vous encule. » Diable de femme.

Brigitte Fontaine, une définition du rock ?

C'est sauvage, brut, sans concessions ni idées préconçues.

Vous vous définissez « punk »…

Oui. Je l'ai été très jeune, punk sans le savoir avant les punks. Et je le suis redevenue maintenant.

Et féministe ?

Fuck féministes ! J'ai été – bien avant tout le monde et avant l'appellation contrôlée « féministe » – solidaire avec toutes les femmes. Et j'ai commencé à chanter, dès mon premier enregistrement, avec une chanson vraiment « chtark », pour les meufs, voilà. Mais je ne savais pas du tout que ça pouvait s'appeler « féministe ».

Vous signez le Manifeste des 343 salopes[1], quand même…

Et alors ?

Parlez-nous de ça : pourquoi signer ?

Et alors ? ! J'ai avorté quatre fois. C'est pour ça que tu me traites de « féministe » ? Je suis solidaire avec toutes les femmes. C'est autre chose. Signer le Manifeste des salopes, c'était une évidence. J'ai failli mourir à chaque avortement. Sauf au dernier, où j'ai été violée par le mec… – normal ; mais au moins le travail avait été bien fait. Donc, je ne voulais pas que ça continue pour les copines, voilà.

La « libération sexuelle », ça avait un sens pour vous ?

Passons.

---

1. Il s'agit des 343 Françaises qui eurent le courage de signer le manifeste *Je me suis fait avorter*, s'exposant alors à des poursuites pénales. La pétition, parue le 5 avril 1971 dans *Le Nouvel Observateur*, appelle à la légalisation de l'avortement en France.

Non. C'est une question importante, la question du corps…

C'était plutôt généralement, quand j'étais très jeune, du viol déguisé. Avec des amants ignorants et ineptes, surtout les Français – à part des Français juifs.

Ils étaient plus délicats ?

Comment, plus délicats ? Plus savants. Ils savaient faire un peu l'amour. C'est tout.

Formule Brigitte Fontaine « maison » : « Pour l'amour, je préfère les vieux, ils sont plus sexe. »

Non, ce qui m'attire chez un mec, ce sont les yeux, les mains, la voix, d'abord.

Elle est comment, votre voix, si vous deviez la définir ?

Ma voix est craquée par les clopes. Mais jadis, pendant longtemps, elle a été pure. Pure comme celle d'un rossignol… furieux.

Vous avez proclamé que, « si vous étiez afghane ou iranienne, vous prendriez les armes ».

Mais oui, même maintenant, allez ! Vive la lutte armée ! Je viens de finir une chanson extrémiste, disons presque terroriste – et bouffonne quand même, tellement c'est énorme –, qui est… « Assez parlementé, vive la lutte armée/À bas le sexe fort, à mort, à mort, à mort ! », etc.

La voix de Fontaine, une voix spécifiquement féminine, une voix de femme ?

Oui, oh oui. Comme le corps. J'ai toujours souhaité être androgyne, malheureusement je ne le suis pas du tout.

Ah… il y a de l'espoir, quand même.

Non, mon pauvre, je suis vraiment une vraie femelle.

C'est quoi une « femelle », une femme ?

Non, non, une « femelle », je préfère. Ce n'est pas du tout péjoratif, c'est comme ça. Je n'aime pas le mot « femme », je ne sais pas pourquoi. Je préfère « meuf », ou alors « femelle ». (À part : « Je ne sais pas ce qu'est devenue ma clope… »)

Vous vous êtes rasé la tête bien avant les Femen.

Bien avant qui ?

Les Femen.

Je ne te parle pas des Femen, qui sont sympas, je parle des femelles ! D'abord, j'avais envie de dégager tout. Et d'autre part, j'ai suivi les conseils de Charles Trenet, que j'aime énormément – ça, c'est un mec ! Enfin bref, Trenet disait : « Sur scène, il faut être net ; il faut une silhouette nette. » Alors j'avais des habits très moulants et la tête rasée. J'étais nette.

Une femme, c'est quoi ?

Eh bien, un homme il a un couillon, mettons, et une femme, elle a un con ; un utérus, des ovaires – et à la rigueur des nichons. Je n'aime pas ça, moi, j'en ai trop à mon avis. J'aime par exemple Jane Birkin, à l'époque où elle tournait *Je t'aime moi non plus*. Wouah ! Trop bien, la meuf… Alors, là, comme androgyne, wouah, bravo. À faire craquer même les hétéros obstinés – comme moi.

Vous êtes rebelle ?

Bah, même au-delà de ça. *Natürlich*, je suis une rebelle, mais pire encore, sans doute – qui, comme chacun sait, signifie : avec doute.

Vous avez chanté : « Je suis vieille et je vous encule » ; c'est toujours vrai ?

Oui, c'est pour rigoler. Non, c'est de moins en moins vrai – mais je vous encule quand même. Avec un nougat de Montélimar, évidemment.

Vous sentez-vous vieille ?

Je ne me sens rien du tout, là. Mais certainement je suis une vieille, une « vioque » plus exactement. Mais je ne me sens rien. Voilà. Tout est à écrire.

Et votre mort ?

Je ne veux plus jamais mourir. Je suis morte déjà plusieurs fois. Je suis ressuscitée, surtout depuis quelque temps. Et j'espère que ça va durer.

C'étaient des moments agréables ?

Mais tu rigoles, mon pauvre… Agréables ? ! C'était le bûcher. Le bûcher et l'atrocité. Alors que peut-être, si j'en crois certaines amies, par exemple, qui sont mortes cliniquement très jeunes, eh bien, peut-être que la mort est une merveille.

Le punk, mouvement de mode rock, le savait-on, est né en France. Son symbole essentiel, la légendaire épingle à nourrice de récupe décorative, apanage des Sex Pistols et consorts anglais *no future*, a eu pour créatrice styliste Elli Medeiros, chanteuse improvisée du groupe de bahut parisien Stinky Toys.

Ladite égérie, inspiratrice de Malcolm McLaren qui lui piquera l'épingle – en échange d'un accrochage du groupuscule titi en fleuron du festival fondateur du mouvement punk en septembre 1976 au 100 Club de Londres entre Clash et Siouxsie and the Banshees –, repique sa place de fille d'honneur binaire dans l'histoire et à sa boutonnière.

Elli Medeiros, une définition du rock ?

Moi, ce que j'ai vécu, je ne sais même pas si c'est le rock, ou le punk, ou la vie. J'ai toujours voulu faire les choses en termes de vie ou de mort. Si ce n'est pas essentiel, ça n'a pas de sens. Pour moi, être rock ou être soi, c'est la même chose ; si tu es en accord avec ta vérité, le reste, c'est bon ; tu peux tout traverser.

Même question avec le punk ?

C'est plus subtil. Disons que le punk, c'est l'étiquette qui m'a été apposée et que j'ai refusée – au début. Parce que, quand on a commencé à dire « punk », il y avait le côté mode. Le slogan *no future* ne me correspondait pas ; moi, je voulais tout détruire mais pour construire mieux. Ce n'était pas « pas de futur », mais « un autre futur », ou « je ne veux pas de ce futur », ou « de ce présent » ; je veux « un autre futur ». Et puis, quand quelque chose devient une mode…

Pour moi, des choses qui sont devenues les signes extérieurs de la punkitude étaient un *statement*. Je m'habillais avec des vêtements déchirés, des pulls déchirés, des pantalons déchirés, des épingles à nourrice ; c'était quelque chose dont on parle maintenant comme de l'anti-fashion, une façon d'être contre l'obligation de suivre des modes, contre la consommation. Pour moi, c'était important de me dire : c'est mon propre regard qui me dit où est la beauté ; ce n'est pas quelqu'un d'autre qui me dit : « Ça c'est beau, ça moche, tu dois porter ça ou porter ci. » J'avais un pantalon qui commençait à se déchirer, et comme je l'aimais beaucoup, j'ai commencé à mettre des épingles de nourrice – et j'ai trouvé ça beau. Du coup, j'ai continué. J'ai porté des pulls complètement défaits mais qui avaient une histoire, je trouvais que c'était aussi beau que de la dentelle.

En plus, je n'aime pas faire des choses par provocation. Sinon, tu es en réaction, esclave de qui tu veux provoquer. Si quelque chose que je fais peut faire chier un con, disons que c'est un petit plus, mais c'est anecdotique. Moi, je portais des choses que je trouvais belles ; quand ces choses ont commencé à être manufacturées, vendues cher, ça n'avait plus de sens, c'était le contraire de ce que ça voulait dire pour moi. À ce moment-là, je me suis donc habillée autrement, de façon stricte, avec des cravates et tout ça, que je trouvais très jolis, des vêtements recyclés – on ne disait pas ça… J'allais chez Emmaüs, je trouvais des choses très belles. Et c'était ça : le peu que tu as, tu le partages, être punk…

Ça ne me dérangeait pas d'être insultée dans la rue. Ce qui s'est passé avec le punk, c'est : « Tu fais ce que tu as envie de faire, tu fais ce que tu aimes. Pas de permis pour faire de la musique, pas d'autorisation pour faire de la musique. » C'est ce qu'on a vu au moment du punk : on a vu des femmes sur scène, pas seulement dans le rôle de la chanteuse interprète ; des femmes instrumentistes, auteures-compositeures. Ce n'est pas que ça n'avait jamais existé, mais là c'est arrivé.

Votre rencontre avec McLaren ?

En fait, j'ai un peu oublié tout ça – c'est Denis [*Jacno*] qui en parlait. À l'époque des Stinky Toys, au tout début, on traînait toujours entre Saint-Paul, les Halles, Châtelet à Paris, c'était notre quartier, où on allait chercher de la musique, où l'on croisait les amis. On était en bande d'amis, les Toys. Je me baladais avec mes pantalons tout déchirés, couverts d'épingles à nourrice, mon pull déchiré, un manteau avec des cartes à jouer collées dessus, des choses comme ça. Et un mec est venu vers moi, m'a parlé, il m'a dit : « C'est quoi, tes vêtements ? » J'ai dit : « Mes vêtements, je mets des épingles quand des morceaux tombent.
— Pourquoi tu fais ça ?
— Parce que je trouve ça beau.
— Mais tu fais quoi ? »
Je dis : « Ah… j'ai un groupe avec mes amis. » Et lui : « Je fais un festival punk, le mois prochain, si vous voulez venir… » Et moi : « Ouais, bien sûr. » Je ne sais pas du tout – parce qu'à l'époque (peut-être encore maintenant… un peu moins) j'avais un problème d'attention, trois secondes et demie, genre moustique – je ne sais pas comment, s'il m'a donné un numéro de téléphone ou… – mais quelque temps après on débarquait à Londres pour le premier festival punk au 100 Club, et on a vu l'affiche.

On avait notre nom, Stinky Toys, en gros, avec tous les autres, Sex Pistols, Clash, Siouxsie… Il y avait tout le monde, ceux qui étaient là à ce moment. Et voilà. Moi, je ne savais pas du tout qui c'était, ce mec, McLaren.
Ce n'est qu'après que j'ai su. On est arrivés, c'était la folie.
À l'époque, on prenait le ferry, le train, et dans le train il y avait un des morceaux dont je finissais les paroles.
On a débarqué, les garçons avaient les guitares et Hervé ses baguettes dans la poche. Ils ont demandé : « Où est votre matos ? » Nous : « Peutt, on n'y a pas pensé. » Les Pistols étaient en train de faire leur sound check, et on a dit : « On peut jouer sur… » Et eux : « Ah non, non, pas question. » Et les Clash qui étaient là ont dit : « Ils peuvent jouer sur notre matos… » – toujours élégants, les Clash.

Sur le coup, on n'avait pas du tout capté ce qui se passait. On est restés deux jours, je ne sais plus trop, je ne me souviens pas. On était un peu… – beaucoup de bière – mais bon, les belles rencontres, je m'en souviens : les Clash, Caroline Coon… Ça a démarré là. Revenus à Paris, au troquet, toujours les mains dans les poches, on était en couverture du *Melody Maker*. Et on a été signés par une maison de disques.

À ce fameux festival punk 1976, votre nom à l'affiche était plus gros que celui de Siouxsie…

Les choses arrivaient, je ne sais pas du tout pourquoi. Pourquoi notre nom était en gros sur l'affiche… McLaren s'intéressait à la musique mais comme produit, son truc c'était la mode, l'image. Je pense que notre image l'a amusé, et qu'un groupe vienne de France, contemporain de ce qui était en train de se passer à Londres. Quand on a vu l'affiche, on était effectivement surpris, mais bon… pendant un quart de seconde. Il se passait trop de choses, on n'y a pas porté plus d'attention que ça.

Harry Belafonte, Joan Baez

PROTEST

Au lendemain du terrible ouragan Katrina, en septembre 2005, Harry Belafonte passe à Paris pour la bonne cause. Le grand chanteur, acteur, militant et mécène indéfectible des droits civiques, au premier rang de la lutte contre l'Apartheid, fut l'ami proche de Martin Luther King. Roi du calypso, caporal épinglé de *Carmen Jones* où il forme un couple sublime avec Dorothy Dandridge, il est le maître d'œuvre de l'anthologie de la musique noire, *The Long Road to Freedom*. Né Harold George Bellanfanti Jr. à Harlem, envoyé enfant en pension à Kingston et revenu adolescent à New York, à soixante-dix-huit ans, il a l'élégance impressionnante. Quand il nous raconte ses combats, à Gilles Anquetil et moi, ses inquiétudes – qui semblent prémonitoires aujourd'hui –, la voix profonde et légèrement voilée du « bel enfant » nous accompagne longtemps.

Katrina

L'Amérique s'est construite sur le racisme, la cruauté, l'égoïsme et l'ambition. Tout en éliminant des millions d'Amérindiens, elle a importé vingt à trente millions d'esclaves africains, et a bâti son empire sur l'oppression raciale et sociale, l'écrasement des Noirs et des pauvres. Je crains que la bouffée de lucidité provoquée par Katrina aux États-Unis ne soit que passagère. J'espère pourtant que cela fera réfléchir ceux qui voient en ce pays le phare de la démocratie dans le monde. Il incombe aux victimes de la pauvreté et du racisme de demander des comptes aux États-Unis, de les forcer à assumer leurs responsabilités. Nous essayons actuellement de mobiliser des intellectuels et des personnalités pour mettre en cause tout ce que l'administration Bush représente, dans l'espoir de façonner un avenir différent.

Martin Luther King

La dernière conversation que j'ai eue avec lui, à la veille de son assassinat [*le 4 avril 1968*] et qui se déroulait chez moi, portait sur la définition d'une nouvelle stratégie pour le mouvement, centrée sur la libération économique : une mobilisation aux côtés des plus pauvres. C'est pour cela qu'il allait à Memphis, pour y soutenir le mouvement des éboueurs. Nous étions pleins d'espoir, car nous avions déjà obtenu tant de choses : la déségrégation, le droit de vote, l'intégration ! Mais il semblait préoccupé. Il m'a confié qu'il était hanté par la crainte que nous n'ayons finalement intégré qu'une maison en feu. Lui qui avait insufflé l'espoir aux masses craignait que la société qu'il avait tenté de bâtir ne soit en pleine faillite morale. Mais à la question : « Que faire si la maison brûle ? », il m'a répondu : « Devenir pompiers. » Cette remarque déchirante, quasi biblique, sur la maison en feu trouve aujourd'hui son illustration parfaite non seulement avec Katrina, mais avec l'Irak, le déficit, la confiscation du pouvoir. Si nous nous sommes rassemblés, c'est pour combattre le feu. Nous ne pouvons pas laisser ce pays sombrer. Nous devons user du pouvoir que nous confère la Constitution pour ouvrir les yeux de l'opinion. La guerre d'Irak [*déclenchée le 20 mars 2003*] a un air de déjà-vu : c'est la guerre du Vietnam qui se répète. De même que les inondations de La Nouvelle-Orléans en rappellent d'autres plus anciennes. Je crois qu'on va assister à un réveil des plus pauvres, à une mobilisation en faveur d'un changement.

Bush

Il ne faut pas oublier que les Américains ont perçu les attentats du 11-Septembre, au même titre que Pearl Harbor, comme une attaque contre leur pays tout entier, contre ce qu'il a de meilleur et non de pire. Les gouvernants ont détourné ce sentiment à leur profit pour atteindre des objectifs bien différents. Bush affirmait avoir la détermination et la vérité pour lui. Il nous a menti. Beaucoup d'Américains ne s'en sont pas rendu compte. Mais à mesure que se prolonge la guerre en Irak, qui a déjà fait plus de deux mille morts parmi les soldats américains, des milliers de blessés et de mutilés, et beaucoup plus de victimes encore parmi les civils irakiens, sans que l'on trouve la moindre arme de destruction massive, les contradictions du conflit commencent à apparaître au grand jour. Reste à savoir si quelqu'un est capable de remplir ce vide politique et de parler d'une voix qui inspirera confiance. Où trouver une telle voix ? Les dirigeants démocrates actuels n'inspirent aucune confiance : on ne les croit pas. La plupart des Américains ont compromis notre démocratie à force d'être obnubilés par leur égoïsme. Le grand problème des États-Unis, c'est qu'en dépit de toutes leurs grandes affirmations de solidarité et de fraternité ils reposent sur une culture du profit et de la cupidité.

L'arme du vote

Martin Luther King, qui a eu une influence décisive sur moi, disait : « La plus grande invention sociale de tous les temps, c'est cette idée de se rassembler pour décider ensemble de la politique à mener. Il n'y a rien de plus fort que le vote. Et le vote est une arme d'autant plus puissante qu'elle est non violente. » Il est donc du devoir des citoyens de l'utiliser. Car le vote est souverain, et si nous élisons un démocrate rien ne pourra mettre ce vote en question. À moins qu'il n'y ait un coup d'État, hypothèse que je n'exclus pas totalement, compte tenu de la radicalisation actuelle des conservateurs… À présent que l'équilibre des pouvoirs n'existe plus, et que les conservateurs contrôlent aussi bien l'exécutif que le législatif, voire le judiciaire, ils pourraient envisager de modifier la Constitution et le mode de gouvernement.

Refuser de voter, c'est du suicide collectif. C'est ce que je répétais à tous les jeunes défavorisés quand j'ai fait campagne pour qu'ils s'inscrivent sur les listes électorales. Mais il faut savoir que près de 40 % des jeunes Noirs sont privés de leur droit de vote à cause de leur casier judiciaire !

Prison

Je n'ai jamais cessé d'être visiteur de prison. Le problème aux États-Unis, c'est qu'on construit plus de prisons que d'écoles ou de logements sociaux. C'est un choix politique. Il y a plus de Noirs dans les prisons que dans les universités. Or, si c'est l'État qui décide de construire les prisons, il en confie ensuite la construction et la gestion à des entreprises privées. Et dans le système capitaliste on ne construit un ensemble immobilier que si on espère le rentabiliser. Pour qu'un immeuble soit rentable, il faut des locataires. Pour qu'une prison soit rentable… il faut la remplir.

Néomaccarthysme

Dans les années 50, j'ai été sur les listes noires de McCarthy. Aujourd'hui, le maccarthysme est de retour, plus fort encore que la première fois, car cette fois-ci il y a non pas un, mais plusieurs McCarthy à la tête de l'État : Bush, Cheney, Rumsfeld, Condoleezza Rice… Ils veulent étouffer toute voix dissidente, comme McCarthy discréditait ses opposants en les traitant de communistes. Ils accusent les démocrates d'être du côté du mal. Mais ce nouveau visage du maccarthysme est encore plus insidieux, car il a le soutien de la droite chrétienne, qui lui confère une légitimation d'ordre divin. La droite chrétienne est l'exact pendant des musulmans fondamentalistes : dans les deux cas, on invoque la foi pour commettre le mal. Mais je crois, du moins j'espère, que l'opinion américaine commence à avoir une vision plus lucide des choses.

Artiste engagé

Si je suis devenu artiste, c'est sous l'influence d'autres artistes, tous ancrés dans une réflexion sociale. Le folk était inséparable du mouvement des travailleurs : Woody Guthrie, Big Bill Broonzy, le grand Leadbelly, Paul

Robeson… Tous mes modèles s'étaient faits les porte-parole des défavorisés. Quand Martin Luther King m'a dit : « Nous avons besoin de forces pour faire entendre notre voix, transmettre notre cri », j'ai tout de suite pensé que des artistes le feraient mieux que quiconque. Mieux que des prédicateurs… Alors j'ai organisé en 1961, au Carnegie Hall de New York, le premier concert de soutien à Martin Luther King, avec Frank Sinatra, Dean Martin, Sammy Davis Jr. et Count Basie… C'était une expérience inédite. Je n'ai été que le catalyseur.

Douze ans ont passé. La tournée d'adieu (*Fare Thee Well Tour*) de Joan Baez passe par la France et dix Olympia en juin 2018. À soixante-dix-sept ans, elle a décidé d'arrêter les concerts. Elle fut l'amie et soutien de Martin Luther King. Dylan l'appelait la reine du folk, et avec elle, militante inlassable, « folk » prend ses deux sens. La madone bohème est toujours restée proche du peuple. Sur scène, elle dédie « Deportee » de Woody Guthrie aux migrants, « The President Sang Amazing Grace » à la jeune génération qui combat contre les armes à feu. L'hymne pacifiste « Here's to You » (aux deux anarchistes Sacco et Vanzetti) reprend une vigueur révolutionnaire. Une nuit après un concert, la princesse aux pieds nus (sur scène) veut aller danser en boîte. Elle tient ses chaussures à la main. « Pas de va-nu-pieds ici ! » On lui refuse l'entrée. Elle en sourit et me dit qu'elle n'a pas renoncé « à user ses pieds dans les manifestations ».

À quatorze ans, dans votre journal intime, vous écriviez : « La chose la plus triste et la plus stupide du monde est la ségrégation et la discrimination raciales. » Et lors des émeutes du 5 mai 1963, avant la Marche pour les droits civiques du 28 août à Washington, vous étiez avec Martin Luther King à Birmingham (Alabama) et avez chanté « We Shall Overcome » au Miles College.

Je me souviens très bien de ce matin au Miles College, une université noire assez excentrée. Birmingham était armée jusqu'aux dents. Tous les étudiants politisés étaient partis en ville. J'étais frustrée de ne pouvoir être au cœur de l'action, mais j'avais un travail à accomplir. Et, grâce à ce concert, beaucoup de Blancs sont venus pour la première fois sur un campus noir. Noirs et Blancs ont chanté en se tenant la main alors qu'on entendait le bruit des explosions dehors et que même des enfants se faisaient embarquer par les flics. Martin Luther King était l'incarnation même de la non-violence. Il a toujours su qu'il finirait par en payer le prix. Avant de lancer le moindre mouvement, il priait toujours à genoux pour demander conseil à son Dieu.

Quand vous avez débuté, la folk devenait la musique à la mode. « Last Night I Had the Strangest Dream » est la première *protest song* que vous avez chantée. Quel est l'impact d'une *protest song* ?

Tout dépend du contexte dans lequel on la chante. On pourrait considérer « Joe Hill » comme l'archétype d'une *protest song*, même si c'est aussi une chanson narrative, sur l'histoire d'un martyr du syndicalisme américain. Mais quand mon ex-mari était en prison[1], « Green, Green Grass of Home », une chanson nostalgique sur le mal du pays et la nostalgie des grands espaces, devenait pour lui une *protest song*. Et sur mon dernier album, « The President Sang Amazing Grace », une chanson écrite sous le choc de l'élection de Trump et qui raconte ce moment incroyable où Obama chante pour les morts de Charleston[2], est moins une chanson contestataire qu'une chanson destinée à éveiller les consciences.

Vous avez fait de la prison pour vous être engagée au côté des objecteurs de conscience, vous avez chanté à Hanoï sous les bombes, sous Pinochet au Chili où vous étiez interdite de concert, avec Lech Walesa en résidence surveillée, et de nombreuses fois à des moments de résistance civile. À quel moment avez-vous eu le plus peur ?

À Hanoï, sans aucun doute, car les bombardements étaient constants[3]. Dans le Sud, dont je parlais tout à l'heure, à l'époque de la campagne pour les droits civiques, je crois que j'étais trop naïve et inconsciente pour avoir peur. Et je voyais l'intrépidité de ces gamins de quinze voire de dix ans face à la police. Je ne sais pas s'ils avaient peur, mais ils faisaient ce qu'ils pensaient devoir faire. Alors qu'à Hanoï j'ai pris conscience que j'étais mortelle. Quand on est terré

1. Baez est enceinte de six mois à Woodstock en 1969 et son mari David Harris, militant antimilitariste, est alors en prison pour avoir refusé d'être incorporé.

2. La fusillade dans le temple méthodiste de Charleston a eu lieu dans la nuit du 17 au 18 juin 2015 ; après l'éloge funèbre, Obama entonne « Amazing Grace ».

3. Baez a passé treize jours et nuits sous les plus lourds bombardements de la guerre, à Noël 1972.

dans un abri, la terreur monte avec le bruit des avions, jusqu'à ce que même les athées invoquent Dieu ! Et quand ils s'éloignent, on est honteusement soulagé d'en avoir réchappé, même si on culpabilise de savoir que d'autres n'ont pas eu cette chance. J'admire ceux qui réussissent à surmonter d'avoir vécu sous les bombes.

En mai 1989, six mois avant la chute du Mur, vous chantez « Donna Donna » avec Václav Havel.

J'y ai repensé récemment en retournant à Prague. Là encore, j'avais conscience de vivre un moment crucial, même si j'ignorais l'importance que cela pourrait avoir pour lui, et évidemment quel allait être son destin. C'était avant la révolution de velours. J'avais invité les dissidents au concert. Quand j'ai présenté Havel, le public s'est levé comme un seul homme. La police a coupé le son. Les gens avaient peur. J'ai dit : « Qu'à cela ne tienne, nous chanterons plus fort. » Quatre mille personnes ont chanté en chœur. Une grande victoire : on n'avait pas réussi à faire taire le peuple.

III

CHAPEAUX

Godard invisible

Nous l'attendons pour le filmer sur les Champs-Élysées, « l'avenue du cinéma » (soixante-cinq salles en 1960), que Jean Seberg aurait eu bien du mal à reconnaître ce 18 juin 2007. Le ciel est serein (« Des nuages blancs dérivent dans un ciel bleu et clair, comme toile de fond du générique du film [1] »). Une bonne date pour un appel :

« Il a disparu.

— Mais encore ?

— Il est bien monté dans le train à Genève mais il n'est pas arrivé. »

Le responsable de Canal+ chargé du projet m'explique : ils ont passé la gare de Lyon au crible sans trouver le moindre Godard, le maître est parti ce matin de chez lui à Rolle (sur le lac Léman), il a bien pris le train et ils n'en savent pas plus pour l'instant. Je réponds que l'on reste prêt à tourner.

Je me refais le film.

Deux mois plus tôt, quelle n'avait pas été ma surprise quand Canal m'avait contacté pour réaliser un grand entretien

1. Le film de Godard *Sauve qui peut (la vie)* (1980) est divisé en six parties dont la première s'intitule ainsi.

de Jean-Luc Godard. L'occasion : une rétrospective et l'édition en DVD de huit films majeurs réalisés entre 1960 et 1967, d'*À bout de souffle* à *La Chinoise*. Un coffret soigné (films restaurés agrémentés de documentaires…) à la hauteur de l'œuvre. Canal souhaitait un lancement en grande pompe et Godard avait demandé expressément que je fasse son interview. Je le connaissais à peine.

Pour préparer l'interview de la chaîne cryptée, j'avais eu Godard au téléphone. Il m'avait demandé de lui envoyer les derniers numéros de *L'Obs*. Le 14 mai 2007, j'avais reçu cette lettre (à l'entête de Peripheria 11, rue des Petites Buttes 1180 Rolle, Suisse).

Cher ami,

Suite à notre conversation, j'ai acheté votre dernier numéro. Trop de publicité, décidément ! mais passe encore. Ce qui m'ennuie, c'est que je me fatigue d'établir un rapport avec la page d'à côté/dessous, et que j'y sens pour moi la « vanitude » (vaine étude) d'une conversation de fond ou de forme ; l'image pour vous n'étant qu'une illustration/alibi. Bien sûr, ce que l'on nomme aujourd'hui « image » n'ayant que trop de rapports avec ce que je sais (Descartes), ce dont je doute (Montaigne), ce que je crois (Pascal) nommer. Tout ce que j'ai pu retenir dans le dit dernier numéro (de charme) de votre publication était la photographie d'une demeure dans le Gers, pour 400 000 euros que je n'ai et n'aurai jamais, et donc que je n'irai pas finir ni jour ni nuit dans cette France qui m'a tant aimé.

Ci-joint pour l'éducation de vos enfants et/ou amis, un

petit livre vidéo de la part d'un « senti/maître » ne sachant pas ce qu'il dit (comme on dit).
Amicalement à vous,
Jean-Luc Godard.

À quelques jours du tournage, le 10 juin, j'avais reçu un livre et DVD de *The Old Place*, *De l'origine du XXI*e *siècle*, *Liberté et Patrie*, *Je vous salue, Marie* et *Sarajevo* de Jean-Luc Godard et Anne-Marie Miéville avec ces mots : « Ci-joint un livre vidéo de quelques films sans succès. Amicalement, Jean-Luc Godard. »

L'introduction du livre par l'écrivain et réalisateur allemand Michael Althen débutait ainsi : « Pour celles et ceux qui aiment le cinéma, une rencontre avec Godard est un peu ce que serait pour d'autres une audience avec le pape. Mais contrairement à ce que pourrait suggérer tant de vénération, Godard n'a rien d'un pontife. Il parle de façon sibylline, comme un oracle. »

J'attends donc sur les Champs depuis deux heures que l'oracle de Rolle débarque quand le producteur de Canal, effondré, me rappelle : Godard demandait une somme astronomique pour réapparaître, et il n'était pas question de satisfaire à ses exigences. Canal+ lui a donné de l'argent, plutôt deux fois qu'une, Lescure n'a jamais lésiné. Je lui demande de défrayer l'équipe du tournage (sauf moi, bien entendu). Je trouve l'histoire cocasse et garde pour moi les souvenirs du réalisateur de *Sauve qui peut (la vie)*.

Je l'avais appelé en 2001, pendant le tournage de *La Bande du Drugstore*, pour lui demander l'autorisation d'utiliser un extrait de *Masculin Féminin*, plus exactement le travelling sur Chantal Goya, Marlène Jobert, Catherine-Isabelle Duport et Jean-Pierre Léaud en train de regarder un film. Dans mon film, Philippe et Marc, deux minets, vont voir *Masculin Féminin* au Ranelagh, un cinéma de Passy, et regardent le travelling (« *les travellings sont affaire de morale* ») sur les visages des quatre acteurs de Godard. À la sortie de la salle, un seul commentaire du minet Marc : « Dans les Godard, y a toujours une femme à poil. » Une petite mise en abyme et un clin d'œil au cinéaste de *Bande à part* qui avait si bien su capter l'air du temps de 1966 : les mini-shetlands moulant les seins de Chantal Goya et Marlène Jobert, le jerk au Bus Palladium, l'interview de *Mademoiselle Âge Tendre*, les bêtises des « enfants de Marx et de Coca-Cola », les apparitions dans leur rôle de Bardot et Hardy, et la clope que Léaud fait sauter à sa bouche, une frime d'enfer, un geste que nous avions adopté sur-le-champ, à l'époque.

Au téléphone, JLG m'avait remercié de mon attention et répondu qu'il ne voyait aucun inconvénient à ce que j'utilise un extrait de *Masculin Féminin*, d'autant plus qu'il ne possédait aucun droit sur le film. Plus tard, quand le DVD de *La Bande du Drugstore* était sorti, je lui en avais envoyé un exemplaire et je doute qu'il l'ait jamais vu.

Alors, pourquoi avoir demandé à Canal que je l'interviewe ? Sûrement parce que je ne suis pas estampillé critique de cinéma et encore moins un spécialiste de Godard, lui qui aimait les pieds de nez comme il nous l'avait prouvé à *Libération*. Au journal avec lequel « le plus con des Suisses pro-Chinois[2] » entretenait des rapports privilégiés (en particulier avec Serge

2. Formule des situationnistes, reprise en Mai 68.

Daney, Olivier Séguret et Gérard Lefort), j'avais organisé pour la publication d'*Histoire(s) du cinéma*, son histoire du 7e art, une rencontre qui avait fait la une en octobre 1998.

Publiée en un coffret de quatre volumes par Gallimard/Gaumont, son introduction à une véritable histoire du cinéma est aussi la sienne. Le musée imaginaire de Godard télescope de manière hypnotique le cinéma, la musique, la peinture et les actualités du siècle. Collages et bricolage, marabouts de musique, aphorismes passés à la postérité (« Ce n'est pas juste une image, c'est une image juste »), blagues à part (« Ils auraient pu s'appeler Abat-Jour mais ils s'appelaient Lumière et ils avaient presque la même bobine. Depuis ce temps-là, il y a toujours deux bobines pour faire du cinéma »), cadavres exquis (Astaire, Charisse, Hayworth, Charlot…), trucages et hommages (Vertov, Renoir, Welles, Rossellini, Cassavetes…), tableaux volés (le Tintoret, Man Ray, Goya, Seurat, Giotto, Picasso…), courts-circuits (« A film is a girl and a gun ») et bibliothèque idéale du maître en arrière-plan (*La Nausée*, *L'Espoir*, *Les Faux-Monnayeurs*, *Le Roman d'un tricheur*, *Cinq Psychanalyses*…).

Pour Godard, le cinéma agonise. On connaît la chanson : les images, c'est la vie. Le montage, la clé de son art, c'est ce qui fait voir. Ou encore : « Dans le noir, le peuple des salles obscures brûle de l'imaginaire pour réchauffer le réel. » Le septième art est mort d'avoir voulu faire plus vrai que la vie, et JLG se retourne sur son passé. Comme Lemmy Caution dans *Alphaville*, il ouvre les portes du cinéma et le spectateur bouche les trous, meuble les silences, lâche la proie pour l'ombre, s'y perd ou saisit une perche et soudain se sent intelligent.

Comme nous.

Gérard Lefort, chef du service cinéma, Mathieu Lindon,

critique littéraire, et moi, réd chef culture, devions faire l'entretien. Godard avait demandé de nous adjoindre Louis Skorecki, critique télé, dont il n'avait pas oublié la descente au purgatoire de *Je vous salue, Marie*, et qui s'échina à rester mutique pendant tout l'entretien.

Provocateur et pervers, il avait également suggéré qu'il répondrait à nos questions au cours d'un déjeuner (très pratique de parler la bouche pleine parmi les bruits de couverts) et souhaitait s'attabler à la brasserie alsacienne Chez Jenny (presque à l'angle de la place de la République et du boulevard du Temple, et proche du journal alors rue Béranger) sur laquelle couraient les rumeurs de banquets du Front national dans les salles privées de l'établissement.

Godard, mal rasé comme de coutume, décoiffé nouvelle vague, veste en tweed à bout de souffle et imperméable mastic Columbo, fumait le cigare à table. Le déjeuner fut fructueux.

Le livre

Mon travail, je dirais que c'est une ethnologie, une échographie, mais pas juste du cinéma parce que les gens méprisent beaucoup le cinéma. La télévision est honorable, le cinéma n'a jamais été honorable. C'est ce que j'ai compris une dernière fois en étant refusé au Collège de France. Moi, je cherchais juste un petit boulot, bien payé jusqu'à la retraite.
Je voulais aussi faire un livre contre les livres d'art. Le meilleur livre de Georges Duby, pour moi, c'est *Dames du XIIe siècle*. Il y a le portrait d'Aliénor d'Aquitaine et deux inconnues sur lesquelles il ne reste rien, pas de traces, pas de pièces. C'est son meilleur livre parce qu'on voit qu'il n'y

a rien, mais on finit par voir des choses. C'est un vrai film. Ça ne peut pas être fait en film – mais peut-être Bresson, à des moments, a fait des choses un peu comme ça – et moi, j'ai toujours eu envie d'en faire un film, mais je crois qu'on ne peut pas, parce qu'il faudrait engager une actrice et ne jamais la montrer.

Après la Libération, Schérer [*qui s'appellera Rohmer pour faire du cinéma*] a publié son premier roman chez Gallimard. Alexandre Astruc aussi. Moi, j'étais en admiration. Je les jalousais un peu. Pendant longtemps, avant d'arriver à savoir que pour moi, c'était du cinéma, j'ai cherché à écrire un roman. J'ai vu que je ne savais pas parce que je ne dépassais pas la première phrase. Je me disais : mais pourquoi celle-là ? J'ai commencé par « Le ciel est noir ». Et après, tout est-il noir ? Et puis, à un moment, le cinéma m'a aidé en disant : Écoute, tu mets ta caméra là, c'est lui qui te dira s'il est noir ou pas, et ensuite, tu continueras.

La France

Anne-Marie [*Miéville, sa compagne cinéaste*] et moi, là où on est, on est hors d'Europe, tout en étant à son centre géographique. À des moments, *Libé* et *Charlie Hebdo* sont les Radio Londres, les Voix de la France. Mais la France est encore un pays très intéressant, passionnant parce qu'angoissé, paniqué, alors que les trois quarts des Français sont dans une misère noire, ils sont passés du côté de McDonald's. D'autres représentent plus la France, un peu de résistance, de plaisir de déconner ou de hanter, et de parler encore de l'orthographe, des jeux de mots, des trucs. La France représente encore ça. Est-ce qu'elle le perdra ? Je sens qu'elle a encore sa mission. Bon, Jeanne d'Arc a été annexée par Le Pen ; maintenant elle est annexée par Luc Besson. Et donc l'angoisse…

Il y a des moments où je vois qu'on ne sait pas. Ces histoires d'éducation, j'en entends parler depuis trente ans. C'est toujours en travaux, l'Éducation nationale. C'est comme la gare de Lausanne : elle est en chantier depuis quarante-cinq ans. L'Éducation nationale, elle est en chantier depuis la Libération. Jospin y a passé deux ans quand même, Chevènement aussi. Qu'est-ce qu'ils ont fait ces gens-là ? Ils ont tous grossi. Strauss-Kahn, il était tout mince avant d'entrer au gouvernement, il a pris 25 kilos. J'ai rencontré un ou deux professeurs, et je me dis : « Je ne voudrais pas faire le boulot qu'ils font. » Il doit y avoir une certaine abnégation, comme chez les infirmières. On devrait les augmenter tout de suite. Qu'une infirmière soit payée 6 000 francs par mois, c'est impensable ! Elle fait tout, elle lave, elle enlève les pansements, elle vient vous donner un bisou, c'est insensé. Alors, l'Éducation nationale, c'est un mystère. Bon Allègre est un gros con pour moi, mais peut-être a-t-il dit des choses bien ? Comme beaucoup de gens, j'ai des souvenirs de certains profs, de mon temps on tapait encore avec des règles sur les doigts. Je me souviens de deux profs qui étaient des Français réfugiés en Suisse pendant la guerre. L'un m'a fait connaître Wittgenstein, Heidegger. L'autre n'est venu que deux heures, a remplacé notre prof de français, et de là est resté mon respect pour Aragon et Éluard. C'était un cours de poésie, et il est arrivé : « Écoutez, je ne sais pas ce que vous faites, je voudrais vous lire des poèmes qu'on écrit en France en ce moment » (c'était en 1943). Et j'ai découvert que la poésie, ce n'était pas la rime de Leconte de Lisle.

Le cinéma français

Il se porte très bien, il est sous domination américaine. Le moment où le cinéma français était le meilleur, c'était pendant l'Occupation. On faisait quarante films par an, il y avait quarante millions de Français qui avaient besoin de voir des films. Surtout ne pas en faire plus, c'était très bien. Aujourd'hui on fait cent cinquante films par an mais on vit en période d'inflation. Le cinéma français, il va très bien. Pour moi, il va très mal.

La critique

J'aimerais en refaire, dans un journal, mais ça serait mal pris. On n'y verrait qu'une personne qui parle d'une autre personne, et l'autre personne m'en voudrait. Vu ma précaire situation financière, j'aurais peur que ça me fasse du tort, à la longue : on va dire du mal de moi à Canal+, j'aime mieux ne rien dire. La critique cinéma existe moins que la critique littéraire, parce que le cinéma est plus récent que la littérature. La critique littéraire est dans le même domaine que la littérature, c'est texte à texte, ce qui n'est pas toujours bon, alors que la critique de cinéma, c'est texte à image. En plus, en France, la critique de cinéma ne fait pas partie du cinéma, elle fait partie du monde du cinéma, et surtout, du monde parisien. Pour la plupart, dire du bien de Spielberg ou de Rohmer n'est pas le vrai problème, comme dire du bien ou du mal du cinéma. Leur problème, plus personnel, c'est exister, et exister aux yeux des autres grâce au cinéma. Ça, j'ai bien connu parce que la Nouvelle Vague est née aussi de ça. Il fallait qu'on existe grâce à notre théorie sur Dreyer, qu'on puisse continuer à vivre en criant : « Vive Dreyer ! » Si on ne criait pas très fort, on n'existait pas. Je connais bien ce sentiment. Je dis : moi j'existe, et je sens que je suis en tort quand je veux exister plus que la chose. Quand Patrice Chéreau signe la pétition de soutien aux sans-papiers, c'est pour se faire exister lui, que ses papiers à lui soient dans les bons papiers de la renommée internationale, et moi, j'ai un peu de ça. Je me dis : si je ne rejoins pas le convoi, alors Jean-Luc ne sera plus appelé Monsieur Godard.

J'ai été heureux de n'être pas à la traîne dans cette histoire de sans-papiers, puisque j'ai rejoint la cohorte. On a besoin de faire partie du défilé à des moments, il n'y a pas à chercher plus loin.

Truffaut

Le vrai problème avec Truffaut, c'est que petit à petit, j'ai découvert que je n'aimais pas tellement ses films et que je trichais en disant les aimer bien. J'aimais bien son allant dans le cinéma, et je ne faisais pas la différence. J'aimais bien, mais je trouvais qu'il n'aurait pas dû faire des films. Alors effectivement, quand vous dites à des écrivains qu'ils ne devraient pas écrire, ils le prennent mal.

Duras

J'appelais la « bande des quatre[3] » les littérateurs qui sont passés au cinéma et qui ne l'ont plus quitté. Il y avait Duras, Pagnol, Guitry et Cocteau. Quand je disais ça à Margue-

3. La bande des Quatre est le nom d'un groupe de quatre dirigeants chinois dont Jiang Qing, la femme de Mao (surnommée « l'impératrice rouge »), arrêtés et emprisonnés quelques jours après la mort de Mao le 9 septembre 1976, accusés d'être les principaux responsables de la Révolution culturelle (1966-1976) qui fit plus de 20 millions de morts.

rite, elle s'évanouissait de rage : être dans la même chambre que Guitry, Cocteau et Pagnol…

Regrets

Je voudrais toujours bien faire Roland-Garros à la télévision pour montrer une fois le tennis autrement, les dialogues autrement, mais c'est interdit. Je prendrais un joueur au hasard, qui débarque un jour gare Saint-Lazare parce qu'il vient en train et qu'il n'a pas d'argent, et qui participe aux éliminatoires. Il doit se loger, il n'a rien, il connaît peut-être quelqu'un comme ça. Il fait son premier match. Je prends le vainqueur du premier match, je continue avec lui. Je suis sûr comme ça d'arriver jusqu'à la finale, et aucun match n'est filmé de la même façon parce qu'aucun joueur n'est le même. C'est un film d'une bonne centaine d'heures. Et j'avais longtemps proposé aussi – mais je m'y intéresse moins – de faire ça avec le football, de partir d'une équipe de dernière division sur la Coupe de France pour arriver à la finale. Un film aussi que je regrette de n'avoir pas fait, c'était un film à l'époque de *Loin du Vietnam* (1967). J'avais été une fois à la délégation du Nord Viêt-Nam. Mais au bout de deux ans, on m'a dit : non c'est pas possible. Ils se méfiaient de moi comme cinéaste, j'étais pas Costa-Gavras ou Alain Resnais, donc ils avaient peur. Le film que je voulais proposer, c'était de prendre une classe, n'importe laquelle, je restais le temps qu'il fallait avec eux. J'arrivais sans aucun scénario : la leçon s'arrêtait suite à un bombardement, puis la classe déménageait. Ils marchaient des jours, des nuits ; ils allaient s'établir ailleurs ; la classe continuait dans un souterrain ; on errait pendant six mois. Je regrette de ne pas l'avoir fait. En même temps, j'étais fier que ça m'ait été refusé, en me disant : « Ces cons-là ne connaissent rien au cinéma, donc c'est normal. » C'est le seul moment où j'ai connu des haines, je dirais de classe, comme ça, à l'intérieur du cinéma, envers l'idéologie du Parti communiste et une certaine idéologie de Hollywood, qui pour moi étaient pareilles. Il n'y a que les costumes trois-pièces qui étaient différents, un peu plus grossiers chez les gens de l'Est que chez les tailleurs de Los Angeles.

Famille

J'ai rompu avec ma famille après l'avoir exploitée le plus tard possible, jusqu'à ce qu'ils me mettent en asile, puisque je volais. On me disait : « Mais c'est honteux. Tu ne voles même pas les autres, mais nous. »

Godard

C'est compliqué parce que j'essaye de faire disparaître Godard et en même temps d'aller frapper à la porte de Pierre Lescure, à Canal+, en disant : « C'est Godard qui vient vous demander de l'argent. »

Parole de Johnny !

La neige crisse sous les pneus de la limousine blanche. Les vapeurs du chauffage urbain en drôles de fantômes du macadam. Les rues endormies de Manhattan à cinq heures du matin. Pas un chat. Pas un mot pour troubler la nuit finissante. Je suis assis à côté de Johnny. Ce dimanche de décembre 1997, il s'est levé plus tôt que moi. Chaque matin, une heure d'entraînement avec son coach. Pompes et sauna, dix jours qu'il suit ce rythme. Au régime sec. Beau comme un dieu. Prêt à tourner avec William Friedkin. Pour l'éternelle idole des jeunes, des moyens de cinéma. « Ce que je sais, c'est que je suis las/Ce que je sais, c'est que j'en suis là… », un clip de quatre minutes vingt et une secondes, et un budget frôlant le million de dollars. La veille au soir, à peine débarqué à New York, on m'avait fait savoir que Johnny souhaitait me rencontrer avant toute interview.

Ce que je sais de lui : la mythologie du rocker national. Trente ans de carrière, cent millions de disques écoulés, quatre cents tournées rassemblant un public de sept à soixante-dix-sept ans. L'équivalent du quart de la population française l'a vu ruisselant sur scène, et est ressorti de l'expérience durablement impressionné. Johnny, survivant d'un temps révolu, où comme Elvis qui fut son modèle, un rocker pouvait se contenter d'être un interprète. Roi caméléon, notre affreux Jojo, au gré de métamorphoses inouïes, bidasse ou mauvais garçon, de yé-yé en hippie, de Mad Max en Godard, incarne la quintessence du rock français en ce qu'il a de minable et de singulier. Dans l'Hexagone, Johnny fait partie de l'album de famille. Tombeur au chant d'honneur, il appartient au patrimoine. Les fiancées de Johnny, on ignore leurs noms, on les appelle par leurs prénoms. Boudiou ? Laeticia. Chez nous, le hit-parade des prénoms féminins suit le cours des liaisons hallydayennes : Sylvie, Nathalie, Adeline, Babeth, Linda, Sabrina, Veronica... Ainsi Johnny dessine les contours d'une France des copines qui croisent les méandres d'une certaine fureur de vivre.

Ce que je sais aussi de lui, c'est les clichés, les caricatures de lui-même qui le tétanisent au point de les rejouer en boucle.

J'en connais trois. De première main. Johnny, c'est aussi un poème.

Antoine de Caunes, qui avait beaucoup d'affection pour l'homme (et quelques réserves sur son parcours artistique). En reportage à Nashville pour *Les Enfants du rock*. La com' de Johnny a bien précisé : Johnny fait du rock, pas de la variété. C'est bien compris ?

Première question : « Alors Johnny, tu fais du rock ou de la variété ? »

Silence. Réflexion : « Il faut remettre les pendules en place. »

Silence. Relance : « Euh, tu veux dire, à l'heure ? »

Silence. Réflexion : « Oui, OK, si tu veux : à *leur* place. »

Jean-Michel Charlier, l'Alexandre Dumas de la bande dessinée : plus de quatre cents scénarios, *Buck Danny*, *Barbe-Rouge le Démon des Caraïbes*, *Blueberry*… et *Les Aventures de Tanguy et Laverdure*. En 1967, Charlier et Uderzo (dessin) ont publié huit épisodes avec un succès tel que la BD devint un feuilleton télévisé sur la première chaîne (trente-neuf épisodes de vingt-six minutes entre 1967 et 1970, Christian Marin aux oreilles décollées en épatant Laverdure). La chanson du générique est chantée par Johnny. Charlier assiste à l'enregistrement. Baroudeur, bon vivant, pilote de ligne et fondateur du journal *Pilote* avec Goscinny, il en impose.

Première prise : « "Les chevaliers du ciel/Dans un bruit de tounnerre/À deux pas du soleil/Vont chercher la lumière."

— Ah, Johnny, c'est parfait. Sauf "tonnerre". C'est "tonnerre", comme Tonnerre et Avallon.

— OK, Jean-Michel. »

Deuxième prise : « "Les chevaliers du ciel/Dans un bruit de tounnerre."

— Ah, Johnny, encore mieux. Mais c'est pas "tuner", comme l'ampli, c'est "tonnerre", comme les éclairs et le tonnerre.

— OK, Jean-Michel, ça roule. "Les chevaliers du ciel/Dans un bruit de tounnerre."

— Ah Johnny, de mieux en mieux, mais pense au tonnerre. Coup de foudre et coup de tonnerre.

— D'accord, Jean-Michel, on la refait. "Les chevaliers du ciel/Dans un bruit de tounnerre."

— Oui, Johnny, tout est bien. »

Et enfin Jean-Marie Périer, photographe star : « Johnny me dit toujours "Je préfère qu'ils me prennent pour un con, comme ça je les vois venir". »

En personne, Johnny m'ouvre la porte de sa suite qui domine la ville.

Johnny est cinéphile. Il a revu tous les Friedkin pour l'occasion.

Morceaux de bravoure ?

Hors-concours : la poursuite en Pontiac sous le métro aérien.

Tiercé gagnant ? On tombe d'accord :

Jimmy « Popeye » Doyle tire délibérément dans le dos d'un tueur (*French Connection*).

La masturbation avec le crucifix de Linda Blair (*L'Exorciste*).

Le passage du pont dans la jungle du *Convoi de la peur*, remake encore meilleur du *Salaire de la peur* de Clouzot (qui avait choisi Johnny à onze ans comme figurant dans *Les Diaboliques*).

En bonus, les backrooms de *Cruising* avec Pacino et la gueule d'enfer de William Dafoe dans *Police fédérale, Los Angeles*.

Sur ce : Bonne nuit Johnny.

La limousine franchit l'East River, s'engouffre par un froid glacial dans Brooklyn. S'arrête à l'angle de Pearl Street et Water Street, sous le Manhattan Bridge. À Williamsburg, un des quartiers les plus dangereux de Gotham où la communauté hassidique abandonne peu à peu le terrain aux Portoricains. De vieilles enseignes en hébreu voisinent avec les tags. Un soleil d'hiver rosit les briques usées des squats. Un train ébranle le pont centenaire. Au bout de la rue, les flots tumultueux du détroit charrient un porte-conteneurs et son remorqueur.

La police est vigilante. La trentaine de personnes de l'équipe de tournage (en 35 mm) s'active et Friedkin, stoïque entre deux crises de coliques néphrétiques (il sera opéré deux jours plus tard), est à pied d'œuvre. L'ex-mari de Jeanne Moreau (bref mariage), fou de Proust (Jeanne lui lisait tous les jours la *Recherche* en français, il a gardé l'habitude d'en lire chaque soir quelques pages), des peintres William Turner, James Ensor et de Lino Ventura, résume l'intrigue : « Une femme le quitte, il reste seul. »

Le lieu dégage la mélancolie souhaitée. Johnny avait en tête la poursuite de *French Connection* sous le métro aérien de Brooklyn, Friedkin se souvenait de Brando marchant comme un dément sous le métro aérien du pont de Bir-Hakeim. Les deux revoyaient les yeux de Cocky se fermer dans les bras de Noodles, au pied d'un des titanesques piliers du Manhattan Bridge d'*Il était une fois en Amérique*. Voilà pour l'atmosphère. L'attitude est inspirée par la photo légendaire de Dennis Stock : James Dean marchant seul à Times Square sous la pluie battante, cigarette aux lèvres, le col relevé, les épaules rentrées sous son long manteau, prise en 1955, l'année de sa mort.

Johnny a fait couper par Balmain le long manteau noir de l'idole de sa jeunesse (ah, mourir à fond la caisse). Il porte un costume sombre, un fin pull ras du cou et des bottines d'officier de la marine américaine en cuir noir. Seules taches de couleur, à l'oreille gauche, l'or d'un anneau, une tresse au poignet droit – « Laeticia me couvre de cadeaux » –, le bleu Gitane de ses yeux. Le visage en lame de rasoir est creusé par la moustache, mouche et léger bouc mousquetaire.

Pour Friedkin, Johnny a une présence naturelle : il crève l'écran. Sans rien faire. Johnny est d'accord : « J'aime bien la sobriété d'Eastwood, les acteurs qui sont un peu en retrait dans leur façon de penser et de s'exprimer. Mitchum était un acteur formidable, qui n'en faisait pas beaucoup. Les grands acteurs, ce sont ceux qui en font le moins. »

Pendant les changements de plan, nous allons nous réchauffer dans la caravane. Tête-à-tête en loge princière. « Je n'aime pas me livrer. Contrairement à ce qu'on peut croire, je suis quelqu'un d'assez timide et souvent assez mal dans sa peau. » Johnny, complexe de l'autodidacte, essaie de peser ses mots en interview, et en perd ses moyens. Débutons par le cinéma. « De ma carrière, je retiens un film. Godard parce qu'on apprend tous les jours avec lui. En fait, il est très Actor's Studio. Sur le tournage de *Détective*, j'étais le seul qu'il traitait humainement. Chaque soir, il me disait avec son accent suisse, gentiment : "Y a pas le feu au lac. Repose-toi bien Johnny. À demain." »

Douze ans plus tard, en 2009, je questionnerais à nouveau Johnny à l'occasion de la projection de *Vengeance* à Cannes. Même question. « Je retiens *Détective* de Godard, *Conseil de famille* de Costa-Gavras, *L'Homme du train* de Leconte et *Vengeance* de Johnnie To. Soit quatre très bons rôles… sur quarante-cinq ! »

Dans le thriller de To, Johnny s'appelle Costello, comme Alain Delon dans *Le Samouraï* de Melville. La lourde pluie tropicale a remplacé le crachin parisien, les néons de Kowloon, les lampadaires des Champs-Élysées et les triades, le milieu. Johnny, borsalino, trench noir Burberry (modèle court), cravate anthracite, les yeux presque bridés à force d'être fatigués, est un samouraï errant impeccable.

Johnnie To avait d'abord pensé pour le rôle à Delon, qui l'avait refusé. Johnny lui avait demandé pourquoi. « Delon a refusé parce qu'il ne voulait pas passer trois mois en Chine, et aussi parce que dans le scénario Costello avait la maladie d'Alzheimer, ce qui l'angoissait. Plus tard, Johnnie To a remplacé la maladie d'Alzheimer par une balle dans la tête qui fait perdre la mémoire au personnage. Delon est venu me voir dans mon restaurant le Balzac, avant mon départ en Chine et, très discrètement, il m'a offert un Colt 45. En me disant : "De Costello à Costello." Avec, gravé sur un côté de la crosse "Johnny", et sur l'autre "Alain". J'ai trouvé cette démarche formidable. Delon est très fidèle en amitié et quelqu'un capable des choses les plus inattendues. »

La brume s'est levée. Petite promenade sur les quais (oui, *On the Waterfront*, Brando/Kazan).

Dans « Seul », vous chantez : « On se croit solide comme un roc/Seul on est partout et toujours. »

La solitude est ma meilleure amie, la seule femme qui ne me quittera jamais. On ne la partage pas.

Et la mort ?

J'y pense, comme tout le monde. Je me dis qu'un jour je vais mourir, ce qui m'énerve profondément. C'est vrai qu'on est bien sur Terre, j'ai envie de continuer. Je voudrais voir mes enfants grandir. Tout ce que j'espère, c'est d'être là le plus longtemps possible, en bonne santé surtout, et profiter au maximum des bons moments que je peux avoir. Ce qui me fait peur, c'est surtout de ne plus voir les gens que j'aime. Autrement, on ne se rend pas très bien compte. Quand on meurt, on meurt. C'est avant qu'on a peur, après, c'est comme si on s'endormait pour toujours.

Je profite d'un plan difficile pour filer chez J.J. Hat, le meilleur chapelier new-yorkais, m'acheter vite fait le Stetson d'Indiana Jones. Retour avec un chauffeur de taxi sénégalais (la notoriété des 504 et 604 en Afrique francophone n'était pas pour rien dans la mode des Peugeot taxis jaunes) qui n'en revient pas que Johnny soit « in town ». J'ai dans l'idée de faire baver Johnny. Une règle de Sinatra : « Utiliser vos deux mains pour mettre un chapeau correctement : relever légèrement l'arrière, l'avant doit se caler 5,1 centimètres au-dessus du sourcil droit. » Johnny essaye illico le chapeau, file deux gros billets au taxi pour aller lui en chercher un fissa.

Lendemain aux aurores orangées.

Et qu'est-ce qu'une bonne chanson ?

Une chanson est bonne quand on ne se force pas. Je me suis souvent forcé. On cherche toujours quelques chansons pour compléter un album. Si l'on ne gardait que celles qui vous satisfont complètement, on pourrait attendre longtemps avant qu'il soit terminé.

La chanson que vous avez chantée qui vous a le plus ému ?

Bizarrement, une chanson de Brel : « Ne me quitte pas. » Il avait un petit avion et, lorsque j'étais en tournée, il faisait des sauts de puce, m'emmenait bouffer dans un bon restaurant et me raccompagnait ensuite dans la ville où je devais chanter. C'était un personnage très étrange. Il n'allait, le soir, que dans des bars à putes. Simplement pour discuter avec elles. Ça durait parfois jusqu'au petit matin… Sur scène, c'est la seule personne qui m'ait fait pleurer. « Ces gens-là », c'est quand même quelque chose.

« Faut vous dire, Monsieur/Que chez ces gens-là/On n'cause pas, Monsieur/On n'cause pas », ça me fait penser à « Ballad of a Thin Man » de Dylan : « Because something is happening here/But you don't know what it is/Do you, Mister Jones ? »

Oui, même époque. En 65, j'étais allé voir Dylan à l'Olympia. Il habitait au George V. Il était très amoureux de Françoise Hardy. Il ne supportait plus l'hôtel et me demande s'il peut s'installer chez moi. Il était venu pour un soir ou deux et il est resté deux semaines. Assis par terre, il écoutait ses disques et ses maquettes toute la nuit. La journée, je ne le voyais pas parce qu'il dormait. Et, un jour, il a disparu.

Et Hendrix ?

Je l'avais rencontré à Londres, dans une boîte de nuit. Il était avec Otis Redding. C'est Chas Chandler, le bassiste des Animals, qui me l'a présenté. Hendrix est donc parti avec moi sur la tournée qui s'est terminée par ce fameux Musicorama à propos duquel tous les critiques ont écrit : « Pourquoi Johnny nous a-t-il infligé ce Noir qui mange sa guitare plutôt que de savoir en jouer ? » Un an plus tard, il sortait « Hey Joe » et les mêmes critiques criaient au génie. C'était un garçon extrêmement gentil. Si j'allais à Londres, j'allais chez lui. S'il venait à Paris, il descendait chez moi. Pendant presque deux ans, on s'est vus pratiquement une semaine sur deux. Il est ensuite parti pour les États-Unis. Carrière américaine au sommet. Puis overdose.

Johnny, fidèle en amitié ?

Oui, je suis assez fidèle en amitié.

Une grande qualité. Et vos défauts ?

Je suis surtout menteur. Menteur professionnel.

Jadis et Jagger

Je les ai vus six fois en concert et les quatre dernières, je croyais que je ne les reverrais plus jamais.

La première fois en septembre 1965, à Munich. Après le traditionnel séjour linguistique de juillet en Angleterre pour parfaire l'usage de la « langue de Shakespeare », sans que les résultats soient probants – j'ânonnais quelques phrases avec l'accent à couper au couteau de Maurice Chevalier, du reste nous n'apprenions pas au lycée à parler anglais mais à en conjuguer les verbes – j'avais atterri à Munich début septembre pour pratiquer la « langue de Goethe ». Idiome qui n'avait pour moi aucun intérêt, ni pour le flirt, ni pour la musique. En revanche, une aubaine, les Stones s'arrêtaient au Zirkus-Krone-Bau (reconstruit après-guerre) où Hitler haranguait ses supporters bavarois durant les années 20 (« le putsch de la brasserie » munichoise de 1923 lui valut un an de prison dans la forteresse de Landsberg, au cours duquel il écrivit *Mein Kampf*). Je me souviens de Jagger esquissant un salut nazi pour saluer la foule hystérique et des riffs de « Satisfaction » qui me semblèrent résonner à l'infini dans la nuit des longs couteaux.

La deuxième fois dans un Palais des Sports encerclé comme la Sorbonne en 1968 par un déploiement record de CRS. 22 septembre 1970. Quatre jours plus tôt, Jimi Hendrix se noyait dans son vomi barbiturique, douze jours plus tard Janis Joplin succombait à une overdose d'héroïne, c'était un peu plus d'un an après la noyade de Brian Jones dans sa piscine – inaugurateur du fameux « Forever 27 Club » des rock stars mortes à vingt-sept ans célébré à Hyde Park par un lâcher de milliers de papillons blancs qui mourraient avant la nuit sur le gazon anglais. Jumpin'Mick – Peter Pan et Peter Townsend[1] dans un même corps, membres élastiques et bouche simiesque – révolutionnait les canons de beauté, comme Belmondo et son nez cassé avait renvoyé les jeunes premiers dans les cordes. « Laisseriez-vous votre sœur sortir avec un Rolling Stones ? », la une du *Melody Maker*, inspirée par leur manager Andrew Loog Oldham, avait produit l'effet escompté. Leurs trognes de repris de justice détrônaient les aimables Beatles qui se séparaient. « Whoo, whoo… pleased to meet you. » Ce mélange détonant de blues noir et de soul blanche, de rock minéral et d'effervescence pop, d'énergie suicidaire et de rébellion affichée. Une acmé. Jagger survolté, captant l'air du temps au point de faire monter sur scène un porte-parole de la gauche prolétarienne pour exiger la libération de ses militants embastillés (après l'emprisonnement de Michel Le Bris, Jean-Paul Sartre était devenu directeur de *La Cause du peuple* pour que le journal puisse continuer de paraître car « On n'arrête pas

1. Peter Townsend, as de la Royal Air Force, héros de la Bataille d'Angleterre, fut écuyer du roi Georges VI puis d'Élisabeth II et amant de la princesse Margaret. La reine refusa que sa sœur épouse un homme divorcé. Après cette « love affair » à scandale, la « princesse rebelle » devint une figure de la jet-set londonienne et entama une liaison avec Jagger.

Voltaire », disait de Gaulle). « On a raison de se révolter », proclama le poing levé Serge July, sous les huées d'une partie de la foule. Pas grave, ces abrutis avaient aussi sifflé Buddy Guy qui jouait en première partie, ignorant la révérence des Stones à un des bluesmen auxquels ils devaient tant d'emprunts.

La centaine au bas mot de « mao-spontex », bravant les barrages policiers, était entrée en force. Agrégat anarcho-maoïste décidé à en découdre et s'installant, « le pouvoir aux mendiants ! », aux meilleurs fauteuils du *Beggars Banquet*, occupés par Saint Laurent et sa bande de loulous. « Place au peuple ! », nous les avions dégagés manu militari. Dehors le grondement des combats, dans l'enceinte les braises de « Brown Sugar », les vapeurs sataniques du « Midnight Rambler », le déhanchement feu follet (inspiré par James Brown) de Mick et sur un ampli, la pharmacopée personnelle de Keith : deux bières, une bouteille de Bourbon, du Coke pur sucre. « Street Fighting Man » en rappel, la nuit s'annonçait bien.

La fois suivante, je les ai vus en juin 1976 aux Abattoirs de la Villette avant une entrecôte saignante au « Bœuf couronné » (rendez-vous des bouchers, de « la haute » et des canailles depuis un siècle). Toujours « Street Fighting Man » en rappel.

Retrouvailles, le 3 juillet 1995 à l'Olympia. Retour surprise aux origines, Jerry Hall au balcon et son fils aspergeant de Coca les privilégiés de la fosse. Cette fois avec « Jumpin' Jack Flash » en rappel.

Encore, le 27 juillet 1998, à la veille de l'anniversaire de Mick (cinquante-cinq ans). Après la Coupe du monde de foot, les Stones inaugurent les concerts au Stade de France. Dans le carré VIP, Mylène Farmer se déhanche. « Brown Sugar » en rappel.

Enfin le 19 octobre 2017. Les Stones inaugurent l'ignoble Arena de Nanterre. Keith, les doigts rongés d'arthrose, assure le minimum syndical, Charlie Watts est impérial et Ron Wood, le remplaçant du remplaçant, est enfin (ouf?) devenu un Stones. « Street Fighting Man » pour les braves et « Satisfaction » en rappel.

En fait, dès le Palais des Sports 70, pour les Stones, la fin était proche. Après la période Decca/London des singles incendiaires « Paint It Black » et « The Last Time » qui sortaient avant qu'un album ne les compile, après la trilogie fabuleuse (*Beggars Banquet/Let It Bleed/Sticky Fingers*), le bien nommé *Exile on Main St.*, en mai 1972, serait le dernier opus sans faute. Depuis, quelques tubes épars et deux ou trois albums corrects. Voilà plus de cinquante ans que le « plus grand groupe de rock du monde » fait la tournée des stades en réactivant son vieux répertoire pour les générations qui passent. Déjà dans les années 80, les Stones ne voulaient plus entendre parler des années 60. Et du reste ne s'en souvenaient pas. Jagger : « Ceux qui ont la nostalgie des années 60 ne les ont pas vécues. »

Ce constat, Mick me l'a confirmé. La première fois à 18 000 mètres d'altitude et mach 2 (fois la vitesse du son) car au milieu des années 80, avec mon frère Max, nous avions lancé *Mach 3*, le premier magazine de l'air et de l'espace à la télé. Une coproduction TéléLibération/France 3, de cinquante-deux minutes mensuelles, attribuée, tant le journal a la cote, à deux journalistes de *Libé* également pilotes. Les reportages de *Mach 3* effectués ou inspirés par les encartés du quotidien (Daney, Delacroix, Hatzfeld, Homéric, Joffrin, Bayon...) donnaient lieu parallèlement à des papiers dans le journal. À l'époque où *Thalassa* se tournait sur un plateau de plantes vertes, nous présentions le magazine en action, dans la troisième dimension. Pour le lancement, cela se fit en chute libre, une première mondiale, nous jetant dans le vide à 4000 mètres d'altitude, tombant à 200 km/h comme des pierres qui roulent. Deux minutes de vol avant de retrouver le plancher des vaches. Musique de générique : « Maximum G » de Certain General ; dessins humoristiques de Jano et Margerin. La télé est reine dans la patrie du premier vol humain, de Blériot et Saint Ex, d'Hélène Boucher (à vingt-six ans, en 1934, s'écrase au cours d'un vol d'essai après avoir battu le record du monde de vitesse toutes catégories et pour la première fois, le cercueil d'une femme est exposé aux Invalides) et de Jacqueline Auriol (pilote d'essai, femme la plus rapide du monde, blessée grièvement en 1949, trente-deux opérations au visage, déclarait « Je ne descends jamais d'un avion avant de m'être refait une beauté »), d'Ariane, d'Airbus et du Mirage. À nous les reportages les plus fous (passagers du show intégral de la Patrouille de France, catapultés de porte-avions, déposés en hélico au fin fond de l'Amazonie…).

Cette fois-ci, un aller et retour dans la journée à New York en Concorde. Un jour du calendrier pris au hasard afin de rencontrer des passagers lambda pour répondre à la question « Qui prend le Concorde ? », les images parlent toutes seules. Nous sommes trois, le cameraman, le preneur de son et moi, plus le responsable de la communication d'Air France, sorte de commissaire politique, chargé de vérifier que l'équipe de *Libé* se tient correctement. Décollage à onze heures et demie, déjeuner, atterrissage trois heures et trente minutes plus tard à Kennedy Airport soit neuf heures à Manhattan, service héliporté jusqu'au pied de l'ONU à la 45th Street pour attaquer la journée. Du cinémascope fastoche. Le Concorde est fin : deux rangées de deux sièges. À l'aller, Rostropovitch et son Stradivarius, sur deux places côte à côte, « Je ne me sépare jamais de mon violoncelle ». Derrière lui : « Monsieur Petrossian, comment trouvez-vous le caviar servi au déjeuner ? – Excellent, c'est moi le fournisseur » et, ouvrant son sac de voyage, où s'empilent une dizaine de boîtes de la maison, « quelques provisions pour des amis ».

Après quelques heures en ville, retour sur le tarmac. Et là, une apparition, Jagger en jogging jaune poussin, décontracté, prêt pour la sieste. J'aborde le sire de Fourchette, châtelain tourangeau à Pocé-sur-Cisse depuis 1980 (Sir Mick ne sera fait chevalier « pour services rendus à la musique populaire » qu'en 2002 par la reine Élisabeth II, choquée de l'idylle secrète du chanteur avec sa sœur cadette, la princesse Margaret). L'incongruité de la situation, sa courtoisie et le sésame de *Libération* me valent son consentement :

« Avec plaisir. Mais vite, s'il vous plaît [*dans la langue de Molière*].

— Mick, *Who's Driving Your Plane* ?

— Ah, Ah !

— Is it your *Flight 505* ?

— Ah, ah, ah !

— Where is your *Parachute Woman* ?

— Ha, ha, ha !

— Are you *2000 Light Years From Home* ? »

La bouche iconique se fend d'un immense sourire :

« Ah, stop, tout ça, c'est des vieilles chansons des Stones. C'est fini tout ça, dit-il en français avec un accent formidable.

— Merci, Mick. Une dernière question. Vous prenez souvent le Concorde ?

— Oui. C'est très vite. Mais très cher. »

— Merci, Mick. Bonne sieste. »

Au-delà de la perfection, le sujet résumé en six mots, qui feraient un slogan publicitaire inouï pour Air France car pourquoi prend-on le Concorde, sinon pour ces deux raisons. Et là, le dircom de la compagnie nationale me prend à part : « Bravo. Mais pourriez-vous couper "très cher". » Ah ! Si on mettait les cons en orbite, celui-là n'aurait pas fini de tourner ! Ne pas désespérer Billancourt.

Depuis toujours, Jagger n'aime pas se livrer. Des Glimmer Twins, il est le business man cynique, le sportif qui contrôle les excès, entretient son corps pour durer quand Keith incarne à jamais le rebelle destroy. Comme McCartney, on le soupçonne de pingrerie et de goûter fort les honneurs. Pour garder le masque, il a constamment refusé de publier son autobiographie – contrairement à Keith, qui ne l'a pas ménagé dans la sienne –, le Stones lippu manie savamment la langue de bois.

Je le rerouve deux ans plus tard, en 1987. Jagger a quarante-cinq ans. Keith est fâché avec lui depuis que le chanteur a sorti son premier album solo, *She's the Boss*, comme un pied de nez d'une gonzesse à son mec. Il persévère avec *Primitive Cool* et accorde un entretien au « journaliste volant » de *Libération* dont il a gardé un bon souvenir.

La question de la fin des Stones n'a guère d'importance depuis, par exemple, « Peace, peace he is not dead, he doth not sleep », la lecture par Jagger d'*Adonais* (le poème de Shelley écrit pour Keats) en hommage à Brian Jones lors du concert de Hyde Park, ou bien depuis la nuit tragique d'Altamont (Meredith Hunter, un jeune Black, poignardé à mort par un Hell's Angel sous les yeux de Jagger) qui, sous le signe de « Sympathy for the Devil », enterra les sixties. Je poserai la question à la fin de l'entretien, pour le principe.

Les questions attenantes, « *Primitive Cool* est-il un album de Jagger sans les Stones ? Une leçon de Jagger aux Stones ? Un joker du jogger ? » n'ont pas plus d'intérêt.

Mais alors ? À peine entré dans sa suite au George V, l'impression immédiate (et la mémoire de la grâce) de me retrouver face au chanteur (à l'âme ?) des Stones dont chaque disque opéra naguère comme mètre étalon d'un rock noir impeccablement sali par des petits Blancs. Avant que l'insolent gang ne s'essouffle à courir après son ombre, entre shooteuse et survêt, néo-dinosaure d'un rhythm'n'blues peu à peu aseptisé en disco-funk-reggae à force de recentrages déplacés. Mais quand même ? La voix. Investissement Pierres. Si Mick Jagger le fossile, soudain, reprend vie, c'est parce qu'il évacue le couplet « grandeur et décadence » pour reprendre le simple poil de la bête du « primitif », où l'instinct de survie force le respect. Quand le culot de durer « coûte que coûte » devient la beauté du geste plutôt que de se retirer au sommet « en pleine force de l'âge ». Apostasie régénératrice, à tous points de vue.

« Ici même, au George V, en 1969, vous cassiez l'appareil d'un photographe du *Figaro*. Le referiez-vous aujourd'hui ?

— C'était moi, vraiment ? C'est un acte sans aucun sens, de gamin. Mais je peux vous démontrer la technique. Vous cassez le flash et le tour est joué. Sortez-moi votre appareil.

— À quelle époque les Stones sont-ils devenus "le plus grand groupe de rock and roll du monde ?"

— Je regrette totalement ce titre. Je n'en ai pas la moindre paternité. Je hais ces formules toutes faites. C'est de la merde.

— Qui peut prétendre aujourd'hui à ce titre ?

— Tout le monde.

— Vous êtes trop aimable…

— Non. Car je ne suis pas sûr d'en trouver un seul. Quel a été le plus grand chanteur de blues au monde ? C'est une question incommensurable : mais quel intérêt ? En 69, c'était un merveilleux compliment et puis ça a perdu tout son sens. Le plus grand ! le super ! ce sont des mots d'enfants.

— Quand êtes-vous devenu le Super-Stones ?

— C'est ridicule. Désolé. Je n'ai rien à dire. Ce n'est pas que je ne veux pas y répondre… Je ne peux pas.

— Pendant une décennie, de "Not Fade Away" à "It's Only Rock and Roll", vous avez décroché au moins un tube gigantesque par an. Depuis, si ça vous est arrivé une ou deux fois en passant…

— Il faut se battre, rien d'autre à espérer. On aspire à avoir du succès. Et ça vient ou non. La vie c'est comme ça.

— Depuis quand le succès des Stones tient-il plus à son aura qu'à sa créativité musicale ?

— Depuis le premier jour. On peut dire que c'est une combinaison des images, de la musique et du mythe créé par le public, le groupe et les chansons. C'est le sacré triangle.

— Infernal ?

— Sais pas.

— Pensez-vous déjà avoir atteint le sommet de votre carrière ?

— Je fais ce qui me plaît. Certains aiment l'époque des Stones de 64 à 65 exclusivement. Certains préfèrent le 69. C'est comme les vins. Pour moi, c'est une question de palais [*il rit*]. Et certaines personnes écoutent aujourd'hui les disques des Stones comme moi quand j'écoutais Muddy Waters. Alors qu'il faut goûter la vie présente. À moins qu'on savoure davantage le passé…

— Quel est votre cru idéal ?

— Ah ! Ah ! Le premier disque des Stones, et puis *Aftermath*, et ces deux que nous avions faits en même temps, *Beggars Banquet* et *Let It Bleed*.

— Parlant de cette période, jeune homme, vous disiez de Marianne Faithfull que vous viviez avec un Renoir. Vous qui semblez systématiquement en pleine forme, pensez-vous qu'une femme soit plus vulnérable à la vieillesse ?

— Ah ! Cette phrase est une invention française ! Elle est très belle mais pas comme un Renoir, que je connais mal d'ailleurs. Ce sont les adolescents qui sont très vulnérables. Il faut trouver comment vieillir le plus dignement. Deviner à quel moment ne plus commettre d'erreurs physiques. On peut stopper le dépérissement mental et cela requiert aussi de l'exercice. On est coupable si l'on n'exerce plus son esprit. Et chaque personne est seule face à ça.

— C'est différent pour une star ?

— Je hais ce terme. Même si vous ne me croyez pas, pour moi, c'est de la merde. Quand on fait des tournées, il faut faire appel à son égoïsme de star. Mais sorti de là, c'est superflu.

— C'est facile de faire la coupure ?

— Comme bonjour. Il faut accomplir les choses quotidiennes pour elles-mêmes. Avoir de l'argent, un chauffeur, soit, mais aller soi-même faire ses courses dans les magasins, chercher ses journaux, multiplier les petits rituels quotidiens. Sans que ce soit un jeu. Et ainsi, on ne coupe pas le contact avec la réalité, le mode de vie des autres, la communauté. Au lieu d'éviter d'aller acheter soi-même son canard pour se borner à le lire dans son sofa. Il faut marcher dans les rues, tout seul. Les gens s'approchent, sont agressifs, amicaux. Il faut prendre des risques mais c'est facile. À la portée de n'importe qui.

— Depuis quand la question de la séparation des Stones vous est-elle devenue insupportable ?

— Depuis vingt-cinq ans. »

God Save the Punk

Dans un coin tranquille d'un restaurant japonais de la rive gauche, j'attendais John Lydon alias Johnny Rotten. Octobre 2014, quasi quarante ans après son premier concert des Sex Pistols, le héros (de l'an zéro) du « No Future » avait débarqué à Paris pour promouvoir la publication de ses Mémoires. Il voulait déjeuner « frugal », un lieu « zen », pour l'entretien.

Pile à l'heure, à peine ébouriffé, empâté mais les yeux perçants, cinquante-huit ans et toutes ses dents, lui qu'on appelle encore souvent Johnny Rotten s'assied. Un thé vert, pas de saké.

« À l'époque où j'ai intégré les Pistols, à la seconde où j'ai souri, j'ai entendu : "Oh, mon Dieu, matez-moi ces dents !" C'est Steve Jones qui a fait : "Oh beuuurk, t'es tout pourri !" Du coup, tout le monde m'appelait Rotten, "pourri", et le surnom m'est resté à vie ! » raconte-t-il dans ses Mémoires, *La rage est mon énergie*. En VO « Anger is an Energy », refrain de « Rise », un tube de PiL (Public Image Limited), le groupe qu'il forma en 1978 après avoir dissous les Sex Pistols pour en finir avec l'icône punk qu'il était devenu et retrouver son identité. John Lydon, né dans une famille de prolos irlandais – de « sans-dents », selon l'expression mise en vogue par François

Hollande –, avait vécu dans un taudis, « un vrai trou à rats », à Finsbury Park, un quartier du nord de Londres, en des années où les coupures d'électricité étaient monnaie courante et où les sacs-poubelle jonchaient les rues. Depuis tout petit, il avait toujours eu de sales dents. « Je me disais : inutile de m'ennuyer à me brosser les dents, puisque plus tard un dentier tout neuf m'attendra chez le dentiste et que je pourrai le perdre, comme mes parents, sur la piste de danse. »

À sept ans, il contracte une méningite et passe un an à l'hôpital. Lorsqu'il se réveille du coma, il n'a plus aucun souvenir, ne reconnaît pas ses parents, ne sait plus ni marcher ni parler. « Le médecin a dit à ma mère de me mettre en colère, et que cette colère me donnerait l'énergie de retrouver ma mémoire. "Anger is an Energy" était un titre prédestiné pour mes Mémoires ! J'ai mis quatre ans à me reconstruire. Et je rends grâce aujourd'hui à ma maladie de m'avoir permis de savoir à un très jeune âge qui j'étais et qui je suis », nous dit John, avec un sourire en briques de Lego. Car lui qui chantait « Je suis un antéchrist/Je suis un anarchiste » (dans « Anarchy in the U.K. », premier single des Pistols) est toujours en rage contre les gouvernements et la religion. « Je n'ai jamais oublié que, lorsque ma mère faisait des fausses couches, les curés l'accusaient d'avoir commis un horrible péché et que les bonnes sœurs me traitaient d'abruti congénital qui avait le diable au corps. »

Et contre la monarchie et ses privilèges. Ironie de l'histoire, à l'été 2012, lorsque les Pistols sont invités à jouer pour la cérémonie de clôture des jeux Olympiques de Londres, Lydon exige de jouer son « God Save the Queen » : « C'était ça ou rien. » Au finish, les organisateurs en passent un court extrait lors de la soirée inaugurale en présence de la reine. La BBC, qui avait banni le titre des ondes en 1977, l'utilisait en ouverture des JO ! Les Sex Pistols et la reine Élisabeth II, même combat patrimonial ? Drôle de revanche pour le punk (littéralement « voyou » en anglais), dernière rébellion musicale avec le rap. Car le punk, recyclé aujourd'hui jusqu'à l'écœurement par la mode et la couture, fut bien un mouvement insurrectionnel de jeunes prolos, et Rotten, l'apôtre de laissés-pour-compte prêts à faire sauter les verrous du « shitstem ». « Nous, quand on chantait "No Future", c'est parce qu'il nous fallait d'abord exprimer notre colère, pour en avoir un, de futur ! »

En Angleterre, au milieu des années 70, le chômage flambe. Au printemps 1975, John, dix-neuf ans, entre deux bastons de hooligans (il a toujours été un supporter d'Arsenal), deale des amphètes à la petite semaine avec son pote Sid Vicious et zone de squat en squat. Il s'est coupé les cheveux très courts, les a teints en vert (avec un produit Crazy Color). « Mon père m'a dit : "Fous le camp de la maison, tu ressembles à un chou de Bruxelles !" » Il traîne au 430, King's Road, dans la boutique de Malcolm McLaren et Vivienne Westwood. « Elle dessinait tous les vêtements et Malcolm assurait le côté blabla – il arrivait avec des bobards d'intello pour justifier tout ça. Vivienne était une commerçante née, de la trempe d'une Margaret Thatcher. »

John, tignasse de hérisson fou, débarquait avec des tee-shirts moulants couleur lavande découpés au niveau des tétons, des bottines Doc Martens, un jean cigarette et un gros ceinturon doré, des bracelets de force et un collier de chien. « Dans un monde de pattes d'eph qui me débectaient, j'aimais les uniformes des employés du gaz. Je me suis mis à les personnaliser. Je me disais : “L’idée est là, mais le style est merdique. Essayons d’arranger ça.” D’abord couper les revers. “Oh nan, merde, c’était mieux avec. Et si je virais les manches ? En fait, non, ça rend mieux si je les remets…” Entrée en scène des épingles à nourrice ! »

McLaren a repéré la petite gouape aux cheveux verts. Et lui propose d’intégrer les Sex Pistols, le groupe qu’il produit, après avoir vainement essayé de manager les New York Dolls. John, d’un seul jet, écrit les paroles de « God Save the Queen ». « Je me suis lancé dans l’écriture. J’écrivais sans arrêt. Les mots sortaient tout seuls. Ces trucs réprimés, que je ne pouvais diriger nulle part, atteignaient enfin leur cible. » Le premier concert a lieu en novembre 1975. Résolument anti-hippie, contre les plages interminables du psychédélisme, les épopées heavy metal et les langueurs du rock progressif, des morceaux courts, des paroles radicales. Sus à la virtuosité, halte aux mélodies ; de l’adrénaline à fond la caisse. Bientôt, une bande de fans, le Bromley Contingent, les suit partout. Provocation, vandalisme, violence. Les Pistols vomissent sur scène, reçoivent des douches de crachats de l’assistance et le lui rendent bien. « Plus la réaction du public était négative, plus la mienne était positive. »

« Anarchy in the U.K. », leur premier single, sort en novembre 1976. « No Future ! » Le 1er décembre 1976, en direct, Rotten et sa bande éructent en rafale des insultes jamais entendues à la télé. « L’obscénité et la fureur » titre le *Daily Mirror*. « Anarchy » est boycotté. Scandale, censure, outrage : le royaume se met à pogoter. Le 27 mai 1977, les séditieux Pistols sortent un nouveau titre à la veille du jubilé de la reine : « God save the Queen/The fascist regime/They made you a moron/Potential H-Bomb. » Traduction : « Ils ont fait de toi un connard/Une bombe H en puissance. » La pochette officielle détourne le portrait de la reine et lui plante une épingle à nourrice dans une narine. Le brûlot grimpe à la vitesse du son au sommet des charts. Le *Sunday Mirror* titre : « Punissez les punks ». Le 13 juin, une bande de fachos attaque Johnny à la machette et au rasoir, lui sectionne les tendons de la main gauche (il est gaucher). En novembre 1977, le 33 tours *Never Mind the Bollocks* (« On s'en fout des couilles ») avec sa typo de lettre anonyme, fait l'objet d'un procès pour obscénité en vertu d'une « loi sur la publicité indécente » datant de 1889. Les Pistols se déchirent (embrouilles de dope, querelles de royalties…). Johnny les plaque, définitivement brouillé avec McLaren, « un manipulateur avec un véritable complexe Andy Warhol », et avec les musiciens du groupe auquel il reconnaît rétrospectivement un vrai talent, hormis à son pote Sid. « Il n'avait pas du tout l'oreille musicale. En concert, la plupart du temps, il ne branchait même pas sa basse. »

Lydon la teigne, qui n'a rien perdu de son humour cinglant, aligne aujourd'hui tout ce qui passe à portée de tir. D'abord lui-même, qui passe depuis vingt-cinq ans une bonne partie de son temps en Californie : « Le look punk, c'est bon pour les climats plus froids. Quand t'es en tongs et en short, c'est très dur d'avoir l'air révolté. » Ou, à propos de la pâleur de sa peau : « C'est ce qui a dû plaire aux Japonais, mon teint livide. Blanc comme un cadavre, vidé de son sang. Je doute que les amphétamines m'aient beaucoup aidé à cet égard. Mon seul problème avec les amphètes, c'est de ne pas avoir eu le temps d'en prendre assez. Ça me laisse un goût d'inachevé. »

Pas plus tendre avec ses acolytes : « Leur rêve était d'être un parfait boys band. » Ni avec ses alter ego, les Clash : « Au début, j'adorais Joe Strummer, mais ça n'a pas duré quand il s'est mis à prendre trop au sérieux son discours gauchiste estudiantin pseudo-radical. Au fond, les Clash avaient une attitude très classe moyenne et leur public aussi. C'est à cause d'eux que le punk s'est transformé en stéréotype, surtout avec l'aide des médias. » Et quand on lui demande s'il a des héritiers : « Des petits groupes qui ont tous adopté les mêmes clichés, il y en a eu des dizaines qui ont fait des tombereaux de merde. Les Libertines, pas mal, "Smells Like Teen Spirit" de Nirvana, j'aimais beaucoup le morceau. Quant à Daft Punk, ça fait longtemps qu'ils essaient de travailler avec moi, je les aime bien mais ça ne m'intéresse pas. » A-t-il alors parfois l'impression d'être un dinosaure ? « Oui, mais un "Tyrannosaurus rex" ! Comme un grand cru, je me bonifie avec l'âge. »

Après la tournée de promotion de son livre, et entre deux concerts, il part enregistrer un nouvel album de PiL qui devrait sortir en janvier. PiL, toujours à la croisée du reggae, du disco, du rock et de l'Afrique. « Je resterai toujours loyal à l'ambiance multiculturelle dans laquelle j'ai grandi. C'est une juxtaposition de musiques entendues à Finsbury Park : jamaïcaines, africaines, grecques, turques. Ces bruits, ces sonorités qui m'ont influencé, avec leur côté chaotique mais aussi le plaisir qu'ils procuraient. » Il avoue aujourd'hui avoir été membre du fan-club d'Alice Cooper, avoir aimé la musique classique, le comique de Captain Beefheart, la simplicité de Status Quo, le krautrock de Can, Dr Feelgood, le premier album de 10cc et les absurdités glam de Bolan et Bowie (« Le glam-rock éveillait une curiosité sexuelle démente, c'était un terrain hyper-propice à l'apparition du punk »).

Et que reste-t-il en vous de Johnny Rotten ? « C'est mon surnom. Je reste fidèle à moi-même et je déteste le mensonge. Quand j'étais petit et que j'avais perdu la mémoire, j'étais comme une éponge et les mensonges auraient pu me détruire. J'ai toujours haï les menteurs. »

L'heure de la récré a sonné. Son manager débarque en trombe, commande un hamburger (la bonne blague) et une bière. Et me questionne, façon de se foutre gentiment de la gueule des « Froggies ». « Oui, en France, vous avez un Johnny, mais le seul Johnny Guitare, c'est lui, mon pote "le pourri" ! » Ravi, Rotten embraye : « Celui qu'on aime, c'est "Charlie's no good" [*un jeu de mots sur Charles Aznavour*] » et les deux lascars d'entonner en chœur « She », le tube en anglais du grand Charles, puis « La Bohème », version Liza Minnelli : « Bohemia, bohemian/We crying famine/And we posed nude. » Eh, eh, toujours mordant.

Le trapéziste de Led Zep

Voilà quarante-quatre ans que Led Zeppelin s'est dissous, le 4 décembre 1980, trois mois après que son batteur John Bonham fut retrouvé mort à l'aube, étouffé dans son vomi, dans la maison du guitariste Jimmy Page ; et les espoirs d'une improbable reformation du « plus grand groupe de rock du monde » (trois cents millions d'albums au bas mot) n'ont jamais cessé. Les trois survivants (Jimmy Page, le chanteur Robert Plant, le bassiste John Paul Jones) ne se réunirent qu'une seule fois, le 10 décembre 2007 à l'O2 Arena de Londres, pour un concert en hommage à Ahmet Ertegun – le fondateur du label Atlantic qui fit tant pour leur carrière aux États-Unis. On avait alors tiré au sort vingt mille privilégiés sur les deux millions de demandes !

On conçoit qu'au printemps 2014, la sortie des versions définitives des trois premiers albums de Led Zep, avec inédits, et au premier chef leur fameux concert à l'Olympia de 1969, était un événement mondial. Plus question pour une star du calibre de Jimmy Page d'enquiller des interviews. Les journalistes du monde entier avaient rendez-vous à Londres aux mythiques studios Olympic (où le groupe avait enregistré son premier album) pour une écoute confidentielle de morceaux choisis et d'extraits du concert à l'Olympia, suivie d'une conférence de presse avec le *guitar hero* et maître d'œuvre de cette édition ultime.

Dans cet aréopage international en ébullition, quelques-uns pouvaient ensuite poser quelques questions. Un ballet médiatique réglé comme pour un Premier ministre britannique en exercice.

Selon les parts de marché respectives de leur pays, les journalistes avaient obtenu le lendemain une audience en tête à tête avec Page, réputé taiseux et qui, comme toutes les vaches sacrées du rock des sixties, par ennui ou par amnésie, ne se souvient plus de rien.

J'ai une botte secrète, je suis le seul critique présent à avoir assisté en chair et en os au concert de l'Olympia 69, à quelques jours de la sortie de leur deuxième album.

Le 9 novembre 1968, Page avait baptisé son groupe Led Zeppelin, en se souvenant d'une suggestion de Keith Moon, batteur des Who, au cours d'une séance d'enregistrement de « Beck's Bolero » avec Jeff Beck où ils avaient envisagé de former un « super-groupe » : « J'aimais le jeu de mots [*"lead" signifie "plomb" et "diriger" en anglais*], et cette idée paradoxale d'un dirigeable de plomb, partagé entre envol et pesanteur. » Le premier album, enregistré en une trentaine d'heures, sortit le 12 janvier 1969, le deuxième dix mois plus tard et le troisième en octobre 1970. En moins de deux ans, Led Zep avait inventé le hard rock, électrisé la planète avec son alchimie de blues, de folk anglais et de musique orientale et tissé sa légende, en allant de stade en stade à bord de jets privés, saccageant les hôtels, poursuivis par des hordes de groupies dans une débauche de drogues.

Après une nuit agitée (le rock critique bourrin ne déroge pas à la mythologie), j'ai rendez-vous à Kensington avec un gentleman de soixante-dix ans dans les salons élisabéthains du Gore Hotel, où se tint le « Beggars Banquet » des Stones en 1968 (la soirée orgiaque dégénérant en bataille de tartes au lemon curd). Les cheveux blancs retenus par un catogan, mince (revenu de tous les excès), Jimmy Page a troqué le patte d'éph' fuchsia de velours frappé qu'il portait en 1969 à l'Olympia pour un jean noir, et sa veste de satin rose pour un cuir sobre. Lorsque je lui dis que j'étais dans la salle et que nous avions dû patienter jusqu'à minuit pour les voir, après avoir assisté à un récital de Nana Mouskouri – Bruno Coquatrix n'étant pas à une bizarrerie près dans sa programmation –, il rit et me révèle (lui qui avait été un guitariste de studio stakhanoviste, enregistrant pour les Kinks, les Who, Donovan ou Johnny Hallyday) – qu'il avait également joué sur un album de la chanteuse grecque.

Ce 10 octobre 1969 à l'Olympia, je me rappelle les riffs terribles de « Communication Breakdown » et les coups d'archet sur votre guitare lors d'une version épique de « Dazed and Confused ». Le groupe dégageait une impression de puissance inouïe. Je n'avais jamais rien éprouvé de tel, même aux concerts des Stones et des Who. Étiez-vous conscient de cette puissance ?

Oui, j'ai ressenti cette puissance irrésistible dès la toute première répétition du groupe (Robert Plant, John Bonham, John Paul Jones et moi), dans un local minuscule. Nous avions décidé de nous faire la main sur une reprise de « Train Kept A-Rollin' », que je jouais depuis mon adolescence et que j'avais interprété avec les Yardbirds. Aucun autre membre du groupe ne connaissait le morceau, et pourtant cette puissance s'est imposée d'emblée, avec une cohésion et une musicalité incroyables. Il s'agissait d'une puissance collective : le groupe était plus grand que la somme de ses membres. Et nous avons peu à peu réussi à canaliser cette puissance en une véritable dynamique qui intégrait des moments de finesse et de fragilité, ce que reflète bien le concert de l'Olympia. Il ne s'agissait pas d'un simple bombardement sonore, mais l'intensité était permanente.

Parleriez-vous d'une communion ou d'une alchimie entre vous quatre, qui vous permettait d'accéder à une autre dimension musicale ?

Le terme d'alchimie me semble absolument exact pour décrire le mélange d'influences musicales qui nous insufflait cette dynamique. C'était une inspiration, au sens presque mystique du terme. Et nous accédions effectivement à une autre dimension. La communication entre nous s'apparentait à de la télépathie. Et cette communion d'esprit s'est imposée d'emblée, avant même que le groupe s'aguerrisse. Le plaisir profond que nous prenions à jouer dans ce groupe venait aussi de sa plasticité. La veille ou le lendemain, nous n'aurions pas donné le même concert, les morceaux auraient été complètement réinventés. On créait des distorsions temporelles, le temps devenait élastique. C'était exaltant de communiquer cette perception au public. En concert, vous ne jouiez jamais un morceau deux fois de la même façon. Effectivement, il y avait toujours des différences plus ou moins marquées, même si nous disposions d'un cadre fixe à l'intérieur duquel improviser en repoussant les limites musicales.

Led Zeppelin était-il avant tout un groupe de scène, et vous sentiez-vous frustrés de perdre en studio cette spontanéité de l'improvisation ?

Non, nous préservions cette spontanéité en studio. Nous étions intrépides, toujours prêts à prendre des risques. Lorsque Robert Plant réenregistrait ses parties vocales, il essayait toutes sortes de possibilités. De même, tous mes solos de guitare étaient improvisés. Nous étions tellement pris dans la magie de l'instant que nous parvenions instinctivement à canaliser notre créativité pour trouver la solution musicale parfaite. Du coup, nous passions peu de temps en studio, du moins les premières années. Pour le premier album, on a procédé comme il se doit : nous avons répété notre répertoire, puis nous l'avons rodé lors d'une tournée en Scandinavie, et aussitôt après nous l'avons enregistré en moins d'une semaine. Nous contrôlions les morceaux au lieu de nous laisser contrôler par eux. Aujourd'hui, il faut parfois un ou deux ans à un groupe avant qu'il se décide à faire un disque. Alors qu'en studio il faut préserver la même spontanéité que sur scène : l'enregistrement est un moment unique, au même titre qu'un concert.

Vous disiez vouloir que la musique de Led Zep offre à la fois de la lumière et de l'ombre. Qu'entendiez-vous par là ? Une combinaison de sauvagerie et de spiritualité ?

Là encore, c'était une affaire de dynamique. Il s'agissait de caresser l'auditeur pour l'attirer dans la chanson avant… non pas de le violenter, mais de le surprendre par une brusque montée d'intensité, au moment du refrain ou du solo par exemple. Personne auparavant n'avait structuré ainsi ses compositions. « Babe I'm Gonna Leave You », sur le premier album, en est un parfait exemple. Le début est très doux, et l'on est introduit progressivement dans le morceau par ce motif séduisant, quasi flamenco, jusqu'au solo qui marque moins une rupture qu'un paroxysme d'intensité. Aujourd'hui, on assimilerait ce solo à du métal, en tout cas à du hard rock. Et puis on revient à ce paysage fragile et éthéré. Nous étions les seuls à tenter de telles constructions musicales, mais nous savions instinctivement qu'elles étaient justes.

Avec Eric Clapton et Jeff Beck, vous avez été l'un des trois piliers des Yardbirds. Lorsque j'avais demandé à Jeff Beck de décrire votre jeu de guitare, il vous comparait à un trapéziste parvenu à la maîtrise de tous ses effets[1]. Est-ce ainsi que vous vous définiriez?

Je fréquentais beaucoup Jeff à nos débuts, lorsque nous étions des musiciens de studio. Il connaissait mon éclectisme, ma curiosité musicale. Je lui faisais écouter mes découvertes, qui allaient de la musique classique à

1. En 2010, j'avais demandé à Jeff Beck, dont les expérimentations soniques au sein des Yardbirds (feedback, distorsion, fuzzbox) avaient impressionné Hendrix lui-même, de définir le jeu de ses deux camarades : « Le phrasé d'Eric est une synthèse de B.B. King, Buddy Guy et Robert Johnson. Je peux reconnaître immédiatement un de ses solos à son phrasé, impeccable. Jimmy, lui, me fait penser à un trapéziste. Il distord et allonge les notes, puis joue ces riffs puissants qui faisaient la force de Led Zep. Pour moi, Jimmy est plus la composante d'un groupe qu'un soliste à proprement parler, même si sa spécialité était d'arrêter une chanson pour se livrer à des morceaux de bravoure. Mais il n'y avait pas beaucoup de spontanéité dans ces éclats qui étaient sans doute mûrement réfléchis. Quant à moi, je suis prêt à tout essayer... Mais je me sentais vraiment bien au sein des Yardbirds. Quand ils sont venus me chercher, ça ne pouvait être qu'un progrès par rapport à mon boulot de peintre automobile ! »

Ravi Shankar. Ce qui m'intéressait, c'était la résonance des cordes, qu'il s'agisse d'une guitare (acoustique, électrique, flamenco), d'un sitar ou d'un oud, voire de violons d'orchestre. Jeff pouvait constater l'impact émotionnel que ces musiques avaient sur moi. Et par-delà la classification en genres, toute grande musique se définit par sa puissance d'émotion. J'aime beaucoup cette image du trapéziste, mais elle s'applique également à Jeff. Il transcende sa propre technique, et aujourd'hui encore ne cesse d'explorer des territoires nouveaux, en pionnier aventureux. Eric est un maître du blues, et Jeff est un génie. Ce qui est troublant, c'est que nous venons tous trois de la même région d'Angleterre, le Surrey, comme tant d'autres guitaristes doués. Une petite scène locale qui accède à l'universel…

Et vous, comment définiriez-vous le jeu d'Eric et de Jeff ?

Eric a toujours voulu se concentrer sur le blues. Mais, surtout, il comprend intimement le blues et son esprit, par-delà la technique. Il a été le premier guitariste blanc à maîtriser de façon convaincante l'art du trémolo. Jeff était déjà brillant au sein des Yardbirds, et n'a cessé de progresser depuis. Il est impressionnant, intimidant.

Et Jimi Hendrix ?

Il était au-dessus de tous. Il nous décourageait presque de jouer de la guitare. C'était une force surnaturelle, que reflètent ses disques en studio et en concert. Malheureusement, je n'ai jamais eu l'occasion de jouer avec lui, et je ne l'ai rencontré qu'une fois, de manière fugitive.

Votre vocation de guitariste est née, dites-vous, à l'écoute de « Baby Let's Play House » d'Elvis Presley. Et vous avez fini par le rencontrer.

Oui, c'était vers 1975, ou un peu avant. Nous avons été invités à le rencontrer dans sa suite après l'un de ses concerts. Lorsqu'il est apparu, superbe, c'était extraordinaire d'être face à l'homme qui avait fait connaître au monde la musique noire, et le blues rural en particulier, qui l'avait sortie de sa clandestinité à une époque de racisme intense. Je possède un juke-box des années 50, et les morceaux de rhythm and blues y sont catalogués comme de la « race music »… Le voir en chair et en os était donc une expérience incroyable. J'avais d'emblée été sensible au versant rockabilly de ses premiers enregistrements pour Sun Records, dont « Baby Let's Play House » constitue un parfait exemple. Quand Elvis est entré dans la pièce, tout le monde était nerveux et intimidé. Et là, je rends grâce à John Bonham : au lieu de dire à Elvis qu'il avait changé notre vie, que sans lui nous ne serions jamais devenus musiciens et à quel point nous le respections, il lui a demandé quel modèle de dragster il conduisait dans le film *Loving You* (*Amour frénétique*) ! Cette question a brisé la glace, et on s'est mis à parler à bâtons rompus de voitures et de musique.

Led Zeppelin menait une vie sulfureuse. Vous pensiez à l'époque mourir avant trente ans. Y a-t-il une limite d'âge pour être une rock star ?

C'est vrai qu'à l'époque j'avais l'impression d'un compte à rebours : je ne pensais pas atteindre les trente ans, puis les quarante, puis les cinquante… Maintenant que j'en ai soixante-dix, cette naïveté juvénile me fait sourire ! Mais je pense effectivement que le rock est la musique de la jeunesse. Pourtant, beaucoup d'adolescents d'aujourd'hui adorent Led Zeppelin. C'est la grande fierté de ma vie. Mais je me vois avant tout comme un passeur : je transmets une musique, de la même façon que je l'ai reçue de Scotty Moore (le guitariste d'Elvis), Little Richard, Jerry Lee Lewis, Robert Johnson, Son House… La liste est sans fin. La seule différence, c'est que j'ai appris la guitare en autodidacte, en écoutant des disques, alors qu'aujourd'hui on enseigne ma musique à l'université ! Moi, au lycée, on me confisquait ma guitare !

Lou, y es-tu ?

On l'a connu apôtre de l'homosexualité, travesti Cabaret, nazillon peroxydé, hétéro-végétarien, défricheur de la musique industrielle, motard kamikaze, junkie repenti, remarié, artiste avec un A surdimensionné, pointant aux Alcooliques anonymes, compositeur d'opéra (avec Bob Wilson), envoyé spécial à Prague (interviewant Václav Havel, président de la révolution de Velours et fan de la première heure), acteur austère pour Paul Auster (*Brooklyn Boogie*), photographe de New York, « le cœur et l'âme de mon écriture »… Sans jamais démentir sa réputation de paranoïaque.

Pour la sortie sur les écrans de *Berlin* (le film de Julian Schnabel) en mars 2008, Lou Reed accepte une interview au téléphone. La réputation exécrable de l'icône underground lors de cet exercice est légendaire. « Just a New York conversation, gossip all of the time », l'article aura au moins un titre, fastoche : « New York Telephone Conversation ».

« Allô, Lou ! Lester Bangs avait-il raison de dire que "le Velvet est le plus grand groupe de rock qui ait jamais existé" ?

— Les critiques ne m'ont jamais compris.

— OK. Prenons un artiste, David Bowie. Lui disait que “Lou Reed a propulsé le rock dans l'avant-garde”.

— J'ignore ce qu'il entendait par là.

— Vous connaissez la formule de Brian Eno : “Si seulement un millier de personnes ont acheté le premier disque du Velvet, elles ont chacune formé un groupe de rock.” Avez-vous des héritiers ?

— Je reviens du festival South by Southwest, qui a lieu chaque année à Austin, au Texas. Ils organisaient un hommage à Lou Reed [*sic*], et pas moins d'une quinzaine de groupes jouaient mes chansons. C'était merveilleux, et totalement inattendu. Mais posez-moi plutôt des questions sur *Berlin*… »

Le film sort en salles cette semaine-là. Lou Reed a attendu trente-trois ans pour jouer son chef-d'œuvre sur scène. En décembre 2006, lors de cinq soirées au St. Ann's Warehouse de Brooklyn, il interprète pour la première fois l'intégralité de son concept-album. Pour filmer cette résurrection, le peintre Julian Schnabel, réalisateur du *Scaphandre et le Papillon*, lui aussi natif de Brooklyn. Schnabel tourne le concert comme un huis clos des « sœurs obscures de l'amour que sont la jalousie, la rage et la perte », injectant dans le décor une vingtaine de ses toiles et les apparitions spectrales d'Emmanuelle Seigner.

Quand *Berlin* sort en 1973, Lou Reed est enfin reconnu. Son album précédent, *Transformer*, produit par un Bowie en dévotion, lui a apporté la reconnaissance publique. Et un tube : « Walk on the Wild Side ». Triomphe en demi-teinte. La nouvelle star glam quitte sa femme, tente de mettre fin à ses jours. Plus que jamais défoncé à la méthédrine et aux cocktails en tout genre, il invente la descente aux enfers à Berlin de deux amants, Jim et Caroline. Lou ose chanter son suicide : « And this is the room where she took the razor/And cut her wrists that odd and fateful night » (« Voilà la chambre où elle a pris le rasoir et s'est tranché les veines cette étrange et fatidique nuit »). L'échec est cinglant. Les ventes, misérables. La critique, odieuse. Pour *Rolling Stone* : « C'est le disque le plus déprimant de la décennie. Un désastre entraînant l'auditeur dans un demi-monde distordu et dégénéré. »

À l'époque, Lou Reed n'a jamais mis les pieds dans la ville déchirée. « J'étais passionné par les cinéastes allemands qui avaient préfiguré le film noir, Murnau et Fritz Lang. Je n'avais pas vu *Cabaret*, mais j'aimais Kurt Weill. Et j'étais fasciné par les peintures de Grosz. »

Dans le film de Schnabel, on guette un signe, l'ébauche d'un sourire de Lou. Bouche pincée, joues creusées, veines saillantes, front soucieux, lunettes de prof, il garde une froideur marmoréenne. Mal rasé, ridé. Mi-archange, mi-Frankenstein. Et sa voix d'outre-tombe, identifiable entre toutes, vous saisit.

« Comment la définiriez-vous ?

— Je ne peux faire aucun commentaire à mon sujet. Ça me met très mal à l'aise. Me demander de décrire ma voix, c'est comme me demander de décrire ma coupe de cheveux.

— Et votre jeu de guitare ?

— J'ai beaucoup travaillé pour parvenir à un style que je qualifierais de punk-soul. Je crois au punk-rock, si par punk on entend ce qui vient de la rue et qui n'est pas fondé sur le blues. Je voulais trouver un jeu de guitare qui ne soit pas fondé sur le blues. »

Sobre définition, Lou, quand on sait que la prétention du Velvet a été d'accomplir la fusion de la littérature, de l'art et du rock ! En effet, en quatre albums (1967-1970) émaillés de trahisons et d'exclusions, le Velvet a imposé son style sévère et convulsif, sa beauté glaciale pour devenir le mythe fondateur du punk. Sans le Velvet, pas de Television, Joy Division, Talking Heads ou Nirvana. Le premier album du Velvet sonnait comme un manifeste à contre-courant de l'air ambiant. 1967 : l'heure est aux couleurs psychédéliques, aux utopies chatoyantes, aux vibrations *peace and love* et à la libération sexuelle. Le Velvet suinte le venin. Une œuvre au noir exhalant les fleurs du vice, parfums d'angoisse et de dégoût, sadomasochisme et violence morbide. « Un mariage secret entre Bob Dylan et le marquis de Sade. » Andy Warhol produisait ce premier disque du Velvet et signait sa pochette à la banane (peler doucement pour découvrir la chair rose).

Comment le pape du pop art était-il devenu le mentor du jeune Lou ? Sa première guitare vaut 35 dollars. Il est né en 1942, à Brooklyn. Famille juive, middle class. Scène originelle : au cours de l'été 1958, ses parents lui font subir vingt-quatre séances d'électrochocs pour le guérir de ses pulsions homosexuelles. Insomnies, dépression. Faculté. Lou aime Ornette Coleman et William Burroughs, Bo Diddley et Søren Kierkegaard. Rencontre décisive en 1962, à l'université de Syracuse, avec son professeur Delmore Schwartz, poète beat, essayiste, alcoolique. L'année suivante, à Harlem, il se shoote à l'héroïne et attrape une hépatite. Il passe une licence de lettres, compose

« Heroin », gratte dans les bars du Village, découvre la Dream House, les expériences radicales de La Monte Young, pionnier de la musique minimaliste, grâce à John Cale. C'est avec lui qu'il fonde le Velvet Underground (d'après le titre du livre de Michael Leigh sur les pratiques sexuelles transgressives). Le groupe se rode au Café Bizarre. Repéré par Warhol, il est recruté à la Factory, scène explosive où la musique s'entrechoque aux films expérimentaux, light shows, improvisations théâtrales, défilés d'égéries et à la danse du fouet.

« Lou, qu'est-ce qui a radicalement changé chez vous en quarante ans ?

— Vous plaisantez ? Je ne peux prendre cette question au sérieux. Ce qu'on peut dire, en tout cas, c'est que dans l'intervalle le mur de Berlin est tombé et que j'ai arrêté de fumer depuis trois ans…

— Lou, m'entends-tu ? Hubert Selby, Tennessee Williams, Edgar Allan Poe ? Quels livres de vos écrivains adorés emporteriez-vous sur une île déserte ?

— Je voudrais composer une anthologie où figureraient aussi des passages de Delmore Schwartz, de Raymond Chandler… Je l'intitulerais "l'Encyclopédie de la joie, proposée par Lou Reed". Ça ferait un bon titre pour votre papier !

— Merci Lou. Le dernier livre que vous avez aimé ?

— *The Shock Doctrine*, de Naomi Klein.

— Ah, justement, votre ami Paul Auster me l'a recommandé il y a quelques mois.

— Ah bon ? Alors celui-là, ça m'étonnerait que vous le

connaissiez. C'est un ouvrage consacré au tai-chi, le mouvement de l'énergie. Vous voyez ce que je veux dire ?

— Je crois, Lou. J'ai été en 1975 l'un des premiers Blancs à être admis au monastère Shaolin.

— Le monastère Shaolin ! Sans blague ? *You're kidding, my friend !* Les arts martiaux, c'est mon idée du bonheur. Quand je viendrai à Paris pour mon concert (en juin, je crois, mais je suis fâché avec les dates), il faudra que je vous rencontre.

— Pas de problème, Lou. Et le dernier disque que vous avez aimé ?

— J'écoute beaucoup la reprise par Bettye LaVette de "Choices", une chanson country de George Jones. Mais j'avoue que ce que j'écoute le plus, c'est l'un de mes disques, la musique d'accompagnement pour tai-chi que j'ai enregistrée avec un ami. J'ai pensé l'appeler "Magic Music", car elle aide à faire circuler l'énergie.

— Dernière question, Lou, votre définition du rock'n'roll ?

— La pureté spirituelle, avec le rythme en plus. Le rythme du cœur. »

Ce n'était pas un concert en juin mais une lecture en octobre. Le Seuil publie *Traverser le feu*, l'intégrale de ses chansons. « C'est intéressant en tant qu'auteur de voir ces paroles de chansons – de les lire attentivement et de résister à l'impulsion de les refaire toutes », écrit-il en quatrième de couverture. Sérieux comme un pape, dans la salle du Centquatre (rue d'Aubervilliers), devant un millier d'idolâtres en silence recueillis, Lou Reed déclame ses vers, sans musique. Sa voix de basse transporte. Une heure et demie de méditation transcendantale (il n'a posé son livre que trois fois, pour tremper ses lèvres dans un verre de lait de soja).

L'adepte du tai-chi m'avait fait dire de le retrouver, qu'il avait quelque chose pour moi. De mon côté, j'ai quelqu'un pour lui, j'avais emmené le chanteur Christophe qui voulait le connaître.

La rencontre se fait dans les coulisses : je lui présente Christophe qui ne parle pas anglais. Ils se disent quelques mots dans leur langue respective. Puis les deux s'embrassent. Lou donne un livre de son maître de gymnastique chinoise à Christophe (qu'il avait prévu de me donner ?). Miracle des forces invisibles.

Et chacun de suivre sa voie.

Canon masculin

Automne 1987 à Paris, saison idéale pour rencontrer un esthète piégé entre « quête désespérée de nouveauté » et souci de perfectionnisme. Bryan Ferry passe à l'improviste dans la capitale alors que sort *Bête noire*, un album qui s'insinue comme un poison noctambule. Cinq ans qu'il a quitté Roxy Music (1972-1982), quinze ans de carrière solo (depuis 1973) en dents de scie, chamade de femmes fatales, marqués par l'artifice stylé et la pochette surprise. Crooner provocateur ou romantique blasé. Cocktail chic d'art rock, de soul glamour et de dandysme réactionnaire. Le gentleman rocker de quarante-deux ans est descendu dans un hôtel discret de Passy.

C'est ma sœur, Emmanuelle O'Sullivan – elle crée les bijoux pour Christian Lacroix et il vient d'ouvrir sa maison de haute couture –, qui m'avertit. Elle connaît la femme de Ferry, le mannequin Lucy Helmore (on la voit de dos tenant un faucon, portant un casque de Viking sur la couverture d'*Avalon*, dernier album de Roxy Music) qui doit faire des photos pour Lacroix.

Je ne la verrai pas. Son mari est seul au bar.

Bloody Mary puis ballons de muscadet. Pour le muscadin mondain, de la tenue : manteau poil de chameau à chevrons fondus Chester Barrie, veste de cachemire noire Comme des garçons, chemise Viyella pied-de-poule vert moutarde et gris, poignets déboutonnés, cravate dénouée de soie noire à pois rouges, jean à revers sur pantoufles en daim. Les sombres mèches rebelles, les yeux bleu outremer, le regard souvent de biais, ferme et perdu à la fois, des silences longs.

Votre définition de l'élégance ?

Une affaire de proportions, de choix qui se dévoile à travers femmes, fleurs, vêtements… Les personnes les plus élégantes que je connaisse sont des hommes efféminés. J'ai toujours eu beaucoup d'amis homosexuels avec qui je partage un certain sens de l'esthétisme. Adolescent, j'avais déjà un goût très développé pour des vêtements singuliers – vous savez, ce vocabulaire visuel qui vous dessine une personnalité. Aujourd'hui, je vis moins dans ce monde artificiel façon Oscar Wilde. Je suis plus humble, plus responsable.

Les chaussures compensées, les revers peau de léopard, le blouson lamé zébré et tout l'attirail du Roxy glam rock reflétaient-ils ce « bon goût » ?

Bon goût en musique, vulgarité dans la présentation. Les amazones agressives des pochettes[1] constituaient un bon appel pour une musique qui ne pouvait pas se vendre si facilement. J'ai exploré le bon goût aussi loin que j'ai pu ! Un look trop subtil pour le grand public – quoiqu'il se soit un peu éduqué ces dernières années. L'ironie appartient à

---

1. Amanda Lear, Jerry Hall, Lucy Helmore, Kate Moss… mannequins et égéries défilent sur les pochettes de Roxy et Ferry.

l'Europe même si l'Amérique peut fasciner. Peut-être parce qu'elle peut vous rendre riche, ah, ah !

Malgré cette profession de foi européenne, votre fils se prénomme Otis (en souvenir d'Otis Redding ?)

J'ai certainement une sensibilité européenne – ou blanche – mais j'ai toujours eu un intérêt profond pour la musique noire, américaine. Une résonance depuis le premier jour où j'ai écouté Billie Holiday, Big Bill Bronzy ou tous ceux qui chantaient à travers leur instrument, comme Parker, Coltrane. J'enregistre avec beaucoup de musiciens noirs. Nous improvisons souvent. Mais trop de spontanéité, c'est ennuyeux. J'aime structurer plus froidement toute cette émotion. La sculpter dans un projet plus avancé.

À propos de sculpture, vous aviez emprunté le titre de votre album *The Bride Stripped Bare* (*La mariée mise à nu*) à l'artiste Marcel Duchamp. La peinture – votre formation – offre-t-elle plus d'évidence que la musique ?

La peinture a perdu le contact avec l'homme de la rue. Elle s'est refermée sur elle-même. Pas le disque, un produit directement accessible. Je n'étais sans doute pas assez discipliné pour travailler la peinture en solitaire. J'aurais rêvé que ma musique marie un peu la folie de Goya avec le monumentalisme glacé (et l'énergie du matériau) de Richard Serra. Duchamp, c'est grâce à mon professeur de peinture à l'université que j'avais pris conscience de son génie.

Roxy était un pionnier de l'art rock. Où les nécessités du rock sont-elles passées ?

Je ne sais plus ce qu'est un teenager. J'écoute toujours de la musique classique, par principe. Le rock actuel ne comporte plus assez d'angoisse.

Le glam rock de vos débuts est rapidement devenu une route comme une autre vers le succès pour bien des groupes. Vous êtes-vous senti dépossédé ?

Quand vous êtes beaucoup imité (et en général de façon vulgaire parce que superficielle), cela a l'avantage d'accélérer votre fréquence de renouvellement. Mais je n'ai jamais été préoccupé par les copieurs. Je suis unique.

Qu'avez-vous en commun avec Bowie, l'autre grand héros du glam rock 72 ?

Très peu. Il est peut-être de la même taille que moi.

Pas même le calcul commercial ?

La différence est qu'il a amassé un bon paquet de fric, ah, ah !

En 1973, Bowie avec *Pin Ups* et vous avec *These Foolish Things* enregistrez au même moment des albums de reprises des années 60. En 1977, vous composez « Tokyo Joe », lui « China Girl », puis…

On pourrait multiplier les exemples. C'est son talent de s'inspirer par-ci, par-là, en rendant ses emprunts plus directs. Il investit un maximum d'énergie dans la mise en valeur de sa carrière. Il a cette obsession de soi chevillée au corps, comme Prince ou Jagger. Ce n'est pas très élégant de ma part d'en parler, car comme tout artiste je possède un capital conséquent de vanité, mais ceux-là... ils ignorent le doute. Je me hais et me flagelle sans doute davantage.

Après que Jerry Hall vous a quitté (pour Mick Jagger), avez-vous cultivé le « look du loser » ?

Non, j'ai toujours détesté que ma vie privée se mélange avec ma musique. Je charrie de gros nuages noirs et ma relation avec Jerry s'émiettait quand elle a trouvé quelqu'un de tellement plus... riche et célèbre que moi.

Votre corps vous obsède-t-il comme Mick Jagger ?

Non. Je fume et je bois, ce qui est dommage pour ma voix. Mais chanter n'est qu'une partie de ma vie. J'aimerais faire plus de sport. Je suivais avec passion le Tour de France, Jacques Anquetil. J'aime jouer au tennis... plus que le regarder, bien que j'adore Roland Garros à la télévision, pour tous les mouvements de caméra au cours des breaks sur les jolies femmes, les ombres sur leurs visages. C'est tellement français !

Au cinéma, vous pourriez exploiter votre ressemblance avec Christopher Lee/Dracula.

Ah, ah ! Très bonne idée. On m'a déjà dit que j'avais l'allure d'un prédateur. Un rôle caricatural serait tout à fait dans l'air du temps.

Vous avez la morgue d'un aristocrate. Vous êtes le fils d'un mineur. Est-ce du dandysme ?

Mon père travaillait à la mine, mais c'était d'abord un fermier. Il s'occupait de chevaux. Nous vivions dans le

Nord-Est, cette région où l'on trouve un puits de mine tous les 15 kilomètres. Quand la Dépression est arrivée, mon père a dû descendre à la mine. C'était déplorable pour un homme qui aimait la nature comme personne. Il n'était pas de son siècle, il ne savait pas se servir d'un téléphone ou d'une voiture. Mais il était magique avec les animaux et les plantes. Pour moi, c'était un saint. Un gentleman étrange, beaucoup plus intéressant que moi. Je me sentais préservé au sein de ma famille comme une orchidée délicate perdue dans cette terre blafarde [*il rit*].

Aujourd'hui, je connais les deux pôles du spectre social. Il est clair que l'environnement oppressif, les différences de classe outrancières produisent de nombreux talents. Les meilleures idées procèdent des classes laborieuses – parce qu'elles ont besoin de prouver quelque chose.

La tentation Madonna

Face à l'Obélisque, fin février 1998, à l'heure du thé, plusieurs centaines de groupies s'agglutinent derrière les barrières métalliques qui encerclent l'Hôtel de Crillon. Rue Boissy d'Anglas, postés devant les portes dérobées de l'aile ouest du palace, une trentaine de paparazzis guettent leur proie. La femme la plus célèbre du monde et son clan, vingt-sept personnes dont un professeur particulier de yoga (« Grâce au yoga, je me sens en meilleure forme aujourd'hui qu'à vingt ans »), une diététicienne et douze musiciens ont débarqué hier de Londres pour un mini-show à la télé.

La suite habillée d'or et de gris où Marie-Antoinette venait prendre des leçons de piano et où se tint la Conférence de la paix de Paris au printemps 1919 (« Que voulez-vous, je suis bouddhiste ! » rétorqua Clemenceau « le Tigre » à « l'idéaliste » Woodrow Wilson en redécoupant les frontières de l'Europe à sa guise) domine la Concorde. Du balcon, en août 1944, des snipers arrosaient la place, embusqués derrière les colonnes corinthiennes. « Attention, la Cinquième Colonne ! » Le général Georges Buis, hussard (arrivé le premier au nid d'aigle du Führer, il trinqua au champagne avec ses hommes dans les coupes gravées A.H.) qui avait libéré Paris aux commandes de son char, racontait que lorsqu'un soldat lança ce cri, un tireur fit pivoter la tourelle de son char et explosa la cinquième colonne de la façade (reconstruite en 1945, elle reste d'une teinte plus foncée que les onze autres).

C'est *Ray of Light*, son treizième album, qui conduit Madonna sous nos latitudes. Treize chansons introspectives (sa mère, sa fille, ses amours enfuies) et kabbalistiques sur une musique mêlant sonorités électroniques, parfums orientalistes, cordes et guitares éthérées. Une ambiance za-zen au carrefour du trip-hop et de la variété. L'album de la maturité ? La star aura quarante ans le 16 août. Déjà le temps des bilans pour Madonna Veronica Louise Ciccone, née le lendemain de l'Assomption, à Bay City, une banlieue grise de Detroit, « the motor city ».

Son père Silvio « Tony » Ciccone, immigré italien de première génération, catholique très pratiquant, travaille chez Chrys(t)ler. Sa mère, d'origine franco-canadienne, passe la dernière année de sa vie à l'hôpital. Madonna, la fille aînée, a cinq ans et demi quand sa mère meurt à Noël d'un cancer du sein. Elle s'occupe de ses six frères et sœurs mais accepte difficilement le remariage de son père trois ans plus tard. Catholique fervente, élève appliquée, elle suit des cours de piano et de théâtre à l'Adams High School de Rochester, mais c'est la danse qu'elle préfère. À quatorze ans, par sa rigueur et son ardeur, elle est devenue la disciple préférée de son professeur Christopher Flynn. C'est lui qui l'entraîne le premier dans les discothèques et les boîtes gays de Detroit. Boursière à l'Université de Michigan, elle fait la pom-pom girl, suit son mentor à Ann Harbor, puis, à dix-sept ans, part pour New York chercher fortune. Elle débarque à Times Square avec 37 dollars en poche. Se nourrit de pop-corn, fait des petits jobs, vend des donuts, pose nue, squatte un taudis dans l'East Village, travaille avec la danseuse Pearl Lang, disciple de Martha Graham, entre dans la troupe du chorégraphe noir Alvin Ailey, suit six mois à Paris la troupe disco de Patrick Hernandez (et parle deux mots de français), revient vivre dans une synagogue abandonnée dans le Queens, chante et joue des baguettes dans le Breakfast Club, un groupe new wave, devient l'amie du peintre Keith Haring, partage les nuits de Jean-Michel Basquiat. En 1982, elle donne une cassette de ses compositions à Seymour Stein, le président de Sire Records, qui signe son contrat sur un lit d'hôpital. Un destin de rêve comme l'Amérique les aime : le succès à la force du poignet.

Elle invente son look pop-punk (avec Maripol, styliste française) : cheveux en broussaille, dentelles de la culotte dépassant de la jupe à volants, leggings coupés au-dessous du genou, bustier en guise de chemisier, soutien-gorge et mitaines ajourés, bracelet de chien et chapelet de nacre retenant un crucifix sur le nombril du monde (un esprit saint dans un corps sain). « Like a virgin/Touched for the very first time » : 1985, année de la déferlante Madonna, la bad girl apparaît dans le clip en robe de mariée virginale, lors du show des MTV Music Awards, elle l'assortit d'une ceinture dont la boucle s'orne de « Boy Toy ». Démon blanc, vierge noire. La croix, au cœur de son image. Érotisme de sacristie. Reliques adorées, rosaire caressé de « La Isla Bonita », baisers au Christ Noir et stigmates dans la chapelle ardente de « Like a Prayer », pénitence de « Oh Father », nue devant une croix de lumière dans son sex-book. Credo d'une *spiritual star* et métamorphoses d'une *material girl*.

En 1991, le rabbin Cooper du centre Simon-Wiesenthal à L.A. réclame que l'album *The Immaculate Collection* soit retiré des bacs pour incitation à l'antisémitisme quand le cardinal O'Connor demande au pape d'excommunier la pécheresse pour ses performances blasphématoires.

La machine Madonna ne s'arrête jamais. Son corps est une arme (« Mon corps est sous contrôle total »), ses propos incendiaires (« Je porte des crucifix parce qu'il y a un homme nu dessus », « Je suis la réincarnation d'Eva Peron. Comme moi, on l'a traitée de pute »), ses provocations, une bénédiction : la culotte culte rouge brodée « Kiss » lancée à la foule du concert « chic et sympa » selon Chirac au Parc de Sceaux en 1987 ; ses seins dévoilés lors d'un défilé Jean-Paul Gaultier à Los Angeles au profit de l'association AIDS ; les photos de son livre *Sex*, à poil dans une pizzeria ou au bord d'une autoroute en auto-stoppeuse, ses baisers lesbiens. Madonna n'a jamais cessé de fasciner les médias et de les manipuler. Son chef-d'œuvre ? Marilyn, Marlène, Louise Brooks, Betty Boop, Avida Dollars, Joan Crawford et Jean Harlow confondues en une seule personne.

En 1997, l'année de la mort de Lady Di, la reine caméléone a fait davantage de couvertures de magazines que la princesse fatale. À la veille de ses quarante ans, l'artiste la plus controversée de ces vingt dernières années attend un accueil critique à la hauteur de son succès.

Comment la distraire des « rock critics » de saison ? Que peut-on demander à un fantasme universel ? Comment aborder un monstre sacré au pic de sa beauté ?

Impossible d'anticiper la femme bionique qu'elle deviendra dans les années 2020. Jean-Baptiste Mondino, qui réalisa en 1990 « Justify My Love », son plus célèbre clip (« bondage chic » à l'hôtel Royal Monceau), achevé sur le message « Poor is the man whose pleasures depend on the permission of another » (Malheureux celui dont le plaisir dépend de la permission d'autrui), me dira un jour : « Quoi d'autre que la monstruosité quand on a été la plus belle pour aller danser ? »

Comment éviter, ne serait-ce qu'un instant, la langue de bois professionnelle des stars américaines ? Une heure privilégiée d'entretien gagnée aux enchères (*Le Nouvel Observateur*, premier news magazine français, vend alors 550 000 exemplaires chaque semaine) ne garantit pas que la prima donna réponde aux questions. Un défi : confesser la diva sur le divan ! Jouer la carte de la séduction française, cette touche désuète -- galante et romanesque –, à une Américaine pour qui le verbe « seduce » possède une connotation immédiate de prédation sexuelle et dont le « you » méconnaît le délicat passage du vouvoiement au tutoiement. Imaginer que le pays de Bardot et de Beauvoir, de Jeanne d'Arc (vierge pour servir Dieu et le roi) et de Marianne (guidant le peuple la poitrine découverte), exerce un attrait suffisant pour qu'une maîtresse en société du spectacle succombe à ses charmes. Vieux jeu contre nouveau monde, je souris par avance de la grotesque prétention d'un mâle blanc de quarante-cinq ans, trop poli pour être honnête.

Côté ouest du Crillon, l'ambassade des États-Unis, la bannière étoilée ondule doucement sous le ciel pommelé, comme s'il s'accordait au blond vénitien de la coiffure botticellienne de Madonna. Je porte une cravate en popeline (à l'origine « papeline », un tissage de soie et laine créé au XVe siècle en Avignon, la cité des papes), qui me semble indiquée pour la papesse de la pop et un costume taillé sur mesure. L'exactitude est la politesse des reines. J'attends depuis un quart d'heure qu'elle entre dans la pièce. J'entends son pas dans mon dos, je ne bouge pas. Inversion maligne du royal « J'ai failli attendre ». Étonnée, elle tousse légèrement, pour marquer sa présence. Elle s'avance. Je me retourne. Je m'incline et lui baise la main, comme un vassal à son suzerain, en effleurant sa peau dans les règles de l'art. Elle rosit, rit. Elle me présente Lourdes Maria, petite brindille aux anglaises brunes – « Lola, ma fille » –, l'abandonne à la nurse après une révérence et s'assoit, jambes nues repliées sur une bergère Louis XVI. Sa jupe noire et son chemisier noir dentelé de rouge enchâssent son mètre soixante. Ses pieds sont chaussés de sandales à talons hauts. Ses ongles sont vernis couleur prune. Des boucles encadrent le pâle ovale de son visage rehaussé par un rouge à lèvres coquelicot. Elle me fixe de ses grands yeux bleus, me propose une tasse de thé au gingembre de chez Mariage Frères (précise-t-elle), et, quand je décline son invitation (« Non merci, jamais pendant le service ») en masquant mon trouble, me dit aimablement que le gingembre possède de nombreuses vertus. Puis de ses mains énergiques tatouées au henné d'un entrelacs de feuilles, s'en verse une tasse.

Comment se sent-on quand on est la femme la plus célèbre au monde ?

Vous voulez dire : à présent que la concurrente [*Lady Di, morte six mois auparavant*] a disparu, c'est ça ? Ce n'est pas une situation très enviable, je peux vous l'assurer. J'aimerais parfois me réveiller en étant une parfaite inconnue, faire ce dont j'ai envie sans tenir compte de ce qu'on attend de moi.

Qu'avez-vous sacrifié à votre célébrité ?

Ma vie privée, l'absence d'instants et de lieux d'intimité, une certaine liberté de choix. Je n'ai pas le droit à l'erreur, les gens vous attendent au tournant. C'est plus facile d'être créatif, d'expérimenter quand personne ne vous connaît. L'influence qu'on peut avoir sur les autres oblige à faire des sacrifices, car on devient une cible exposée à l'envie, la jalousie ou même la colère. Impossible d'être une pionnière ou d'exercer quelque influence culturelle que ce soit sans ennemi et beaucoup de souffrance. Ça fait partie du jeu.

« I traded fame for love/Without a second thought » (« J'ai échangé la célébrité contre l'amour/Sans aucune hésitation ») sont les premiers mots de votre album. Retourneriez-vous à l'anonymat pour de l'amour ?

Oui. Sans aucun doute. Mais cela ne signifie pas qu'il n'y a pas d'amour dans ma vie. Simplement, je me rends compte aujourd'hui de ce que j'ai dû sacrifier pour être célèbre. Il m'est arrivé de prendre pour de l'amour ce qui n'était que le produit de la célébrité. J'ai mis longtemps à apprendre à séparer le vrai du faux dans ce domaine.

Dans « My Girl », vous chantez « From my mother who haunts me ». Votre mère vous hante-t-elle toujours ?

Oui. Je continue de sentir sa présence, et cette sensation est plus grande encore maintenant que j'ai un enfant.

De quoi avez-vous peur dans la vie ?

De la même chose que tout le monde : de la mort, de me retrouver seule, abandonnée…

Vous êtes-vous déjà sentie désespérée ?

Oui, complètement. J'ai ressenti cela plusieurs fois dans ma vie, au moment par exemple de la mort de ma mère. En me rendant compte qu'elle ne serait plus jamais là pour me réconforter, que je ne pourrais plus jamais me confier à elle. Mais cela m'a forcée à prendre en main mon existence.

Vous portez son prénom. Un prénom autant chargé de symboles doit faire un effet particulier.

C'est simplement quand je suis devenue célèbre que je me suis rendu compte à quel point il était singulier…

Enfant, il devait vous valoir certaines moqueries.

Personne ne se moquait de mon nom. J'allais à l'école catholique… le fait que je ne me sois jamais posé la question en dit long sur mon caractère.

Vous vous occupiez de vos frères et sœurs quand vous étiez jeune ?

Oui… Ça ne finit jamais.

Cette expérience vous sert-elle pour élever votre fille ?

Oui. Je crois que j'ai été pour eux une sorte de parent de remplacement. Je suis restée un peu la gardienne de la famille, celle qui s'occupe de tout, et ça m'a certainement aidée à développer mes aptitudes de mère.

Élèverez-vous votre fille dans la religion catholique ?

Elle a été baptisée mais… je n'ai pas encore réellement décidé.

Son éducation sera-t-elle à l'opposé de celle que vous avez reçue ?

Elle sera différente. Elle sera élevée par sa mère. J'ai été élevée par mon père. Et puis mon père était d'une génération qui pensait qu'il fallait se marier, avoir des enfants, et tout sacrifier à sa famille, y compris ses rêves les plus chers. Alors, bien souvent, lorsque les parents ne réalisent pas leurs rêves, ils reportent sur leurs enfants toutes leurs ambitions, ou les empêchent d'accomplir ce qu'ils n'ont pu réussir… J'ai pu accomplir mes rêves et cela transforme n'importe qui. Je l'encouragerai à en faire autant, quels que soient ses choix. J'ai reçu une éducation catholique très stricte qui m'a donné une bonne dose de discipline mais a eu aussi sur moi des effets très négatifs.

En déterminant particulièrement votre attitude par rapport à la sexualité…

Quand vous êtes élevée dans la pure tradition chrétienne, tout ce qu'on vous apprendra sur le sexe aura une connotation honteuse, liée à la notion de péché. Et quand une chose vous est systématiquement présentée comme interdite, elle en devient forcément érotique et d'autant plus attirante.

Je la quitte, prends le métro avec un sentiment d'irréalité. Je veux croire que j'ai recueilli quelques accents de sincérité inédits.

Deux semaines plus tard, l'entretien est en kiosque. Le lendemain, vendredi, à six heures du soir, place de la Bourse, le journal prépare son week-end. Au deuxième étage, le bureau des assistantes est déjà déserté. Un téléphone sonne longuement (les portables n'existent pas) dans le vide. Olivier P., rédacteur en chef du service Société, finit par prendre l'appel.

Une voix, un accent américain :

« Pourrais-je parler à François Armanet ?

— À cette heure-là, ça m'étonnerait. Qui le demande ?

— Madonna.

— *The real Madonna ???* »

Olivier sonne le cor.

Je retiens mon souffle, prends le combiné.

« Je voulais vous remercier pour la fidélité de mes propos. »

Hormis quelques paranoïaques répertoriés qui réclament la relecture de leurs entretiens, aucun artiste ne lit ses propos, sans parler de remercier un journaliste pour sa peine.

Interloqué et flatté, je balbutie quelques remerciements.

« Venez-vous à Los Angeles ? Je serais ravie de vous revoir.

— Non, rien de prévu. »

Les dix journalistes de *L'Obs* rameutés sont collés contre la porte vitrée du bureau. Un quart d'heure de célébrité. Rien de comparable avec le siège parisien de la Warner, sommé par le secrétaire de Madonna de trouver le moyen de me joindre : « L'émoi était à son comble. Certains ont prié la Madone que quelqu'un réponde au journal », me racontera Laurence L., qui dirigeait le label. Car ses désirs étaient des ordres.

Le King de Hong Kong

Hammer Hill Road, Hong Kong, janvier 1985. Sur un bar massif laqué noir trône un magnum de Dom Pérignon, les tabourets du night-club sont plaqués or, les cloisons en papier de riz coulissent sans bruit et s'ouvrent sur un couloir glauque où geignent, dans des cachots aux barreaux nickelés, otages et traîtres. En surplomb, une mezzanine donne sur une porte recouverte de signes cabalistiques. Le QG d'un chef de gang qui affiche sa puissance par la peur et la violence. Rassurez-vous, la scène vécue ne résulte pas d'un égarement dans les ruelles de Wall City, mais d'un rendez-vous dans les studios de la Golden Harvest, la compagnie mise en orbite par Bruce Lee.

Jackie Chan est la star de *My Lucky Stars*, que réalise son vieux complice Samo Hung. Une *kung-fu gangster comedy*. Le sujet aurait pu être particulièrement brûlant pour la Golden Harvest qui avait essuyé au printemps précédent une tentative de racket du Gang des Bambous (Chuk Luen Bong). La plus grosse triade de Taiwan, expulsée de Hong Kong en 1956, avait décidé d'y étendre à nouveau ses tentacules. Les « incorruptibles » de la Hong Kong Police Force avaient exécuté le 29 mars 1984 une gigantesque rafle du gang, réuni pour se partager le gâteau du territoire. Ce qui devait être un retour en fanfare prit l'allure d'un sauve-qui-peut. Seule trace de la triade : l'attentat à l'explosif aux studios de Hammer Hill Road (les bureaux de la compagnie à Taïwan furent l'objet d'une attaque similaire). Un objectif symbolique pour le Chuk Luen Bong – qui avait déjà revendiqué en 1973 la mort de Bruce Lee –, rappelant les liens ancestraux des triades avec les milieux de l'art martial et du spectacle (comme les yakusas au Japon).

Autour de la scène, une quinzaine d'acteurs, simili-Borsalino sur la tête, costume rayé « Scarface » années 30 et chaussons noirs de kung-fu aux pieds, s'agglutinent bruyamment. Une silhouette familière en survêtement rouge vole et retombe assez lourdement sur le dallage (du vrai, du dur), se frotte les reins avec une grimace et reprend ses marques. Son adversaire s'apprête à le projeter pour la septième fois (jusqu'à ce que l'enchaînement soit parfait). Sans un mot, le survêtement rouge à la tignasse de jais (coupe Beatles 64) fait face. La doublure, un des cascadeurs de la Jackie Chan Team (dont trois temporairement indisponibles pour cause d'accidents du travail), a intérêt à se montrer stoïque malgré les protections (dissimulées) qui entourent ses membres, ceinturent ses reins et enrobent son postérieur. Car le king du kung-fu est là avec deux gweilos[1], des « longs-nez » qu'il traite avec considération. En l'occurrence mon frère Max et moi, envoyés spéciaux du quotidien *Libération* pour un reportage sur les dernières révolutions du cinéma de la concession de Sa Gracieuse Majesté. Ce n'est pas

1. Composé de deux caractères chinois. Le premier signifie fantôme et évoque le mauvais esprit et la couleur pâle de la peau ; le second signifie individu et, vulgairement, plouc ou larbin.

la première fois que nous rencontrons Jackie, qui a été séduit par notre bagage de sino-cinéphiles et par notre capacité à analyser une chorégraphie martiale que nous devons à notre pratique de la boxe Shaolin et de l'art martial du monastère Wo Meï.

« Alors, les frères, toujours d'accord pour une petite cascade ?

— Oui, c'est au cadet de faire ses preuves devant la caméra », fais-je en désignant Max qui a déjà exécuté quelques figures avec Jackie lors de précédentes rencontres.

Jackie sourit. Nous voulions du journalisme de terrain, sa proposition de tester son équipe sur le plateau de son nouveau film nous avait réjouis. À peine débarqués de Paris le matin même, nous étions servis.

Ne pas perdre la face.

Max, s'inclinant avec un salut respectueux : « Ce serait avec plaisir, mais irrespectueux de prendre la place de l'aîné ! »

Plus question de tergiverser.

Jackie opine du bonnet, explique le mouvement de jambes à venir, donne une consigne au cascadeur en survêt. Deux mots et une calligraphie gestuelle.

J'enfile les chaussons de kung-fu. M'échauffe cinq minutes. Rotation de la tête, du tronc, respirations, une vertèbre un peu bloquée (le décalage horaire ?). Jackie fait signe à un second couteau de venir me tapoter le dos.

Clap. On tourne. J'ajuste mon couvre-chef. Je lance un pied vers sa rotule. Enchaînement instinctif, ma semelle glisse vers l'aine. Sa jambe se dévisse sur-le-champ. Il s'affaisse.

Et se relève pour demander l'approbation du maître.

Jackie rit. Tout le monde rit aussi. Mais il faut reprendre…

À Hong Kong, nous étions « comme deux poissons dans l'eau ». En créant la chronique hebdomadaire « Ciné Kung-Fu » dans *Libération* à partir de 1981, nous avions fait découvrir ce cinéma jusqu'alors largement ignoré ou méprisé par la cinéphilie, et avions surtout imposé le terme, car à l'époque *Pariscope* classait ces films dans une rubrique « Films de karaté » ! Pour réparer ce contresens infamant, il avait fallu arpenter à longueur d'année la douzaine de salles parisiennes consacrées exclusivement au cinéma d'art martial made in Hong Kong[2], puis organiser les deux premiers festivals « Ciné Kung-Fu » en 1983 et 1984 au Trianon et à La Cigale[3].

Hong Kong était le seul territoire au monde à vivre officiellement un compte-à-rebours vers le communisme. Alors dans cette ville sablier, dont la population avait fui les exactions des gardes rouges de Mao, chaque seconde valait une minute et chaque minute une heure. Plus on se rapprochait de la date

2. Appeler les films chinois de Hong Kong « films de karaté », du nom de l'art martial japonais (lui-même dérivé de la boxe chinoise via l'île d'Okinawa), était aussi aberrant que de nommer une bouillabaisse de l'appellation choucroute. Pour les Chinois, les Japonais sont l'ennemi séculaire. Le souvenir de l'occupation, des actes de barbarie et des massacres de masse commis par les soldats de l'Empire du Soleil levant est encore brûlant. Un seul exemple révélateur : dans *La Fureur de vaincre*, l'action se déroule au début du siècle à Shanghai, alors sous la coupe des nations colonisatrices, en particulier du Japon et de la Russie. Bruce Lee fait avaler aux Japonais la pancarte « La Chine est le malade de l'Asie », démolit le panneau « Interdit aux chiens et aux Chinois », ridiculise les Nippons et leur dojo.

3. Nous avons programmé ultérieurement deux grandes rétrospectives à la Cinémathèque française : « 40 ans de cinéma de Hong Kong » en 1989 et « Hong Kong. Les dix dernières années » en 1996, à la veille de la rétrocession de Hong Kong à la Chine.

fatidique de 1997, où la ville passerait de la souveraineté lointaine de la Couronne d'Angleterre à la férule continentale, plus le film de kung-fu, non content de réinventer soigneusement le passé chinois (son histoire et ses légendes), témoignait de l'affolement de cette ville unique en son genre : une cité imaginaire, une vraie ciné-ville. La production, destinée à alimenter à l'origine les Chinatowns du globe et, dès les années 70 avec l'ouragan Bruce Lee, les salles du monde entier, était phénoménale (jusqu'à deux cents films par an). Le public de la colonie était le plus assidu et versatile au monde, il fallait réinventer les clés du succès à une vitesse défiant toute concurrence. C'est cette énergie prodigieuse qui imprégnait la « perle de l'Orient ».

Quand le milieu du cinéma avait vu débarquer à l'aube des années 80 deux boxeurs cinéphiles, deux Occidentaux toqués de culture extrême-orientale, on nous avait regardés avec étonnement puis avec un certain respect. Nous avions vu beaucoup de films du genre, avions élaboré filiations et hiérarchies au fil du temps. Pour cette ville sans avenir, deux journalistes à la découverte de son patrimoine filmique, considéré alors comme un marché ou un divertissement mais en aucun cas comme la marque d'une page culturelle, étaient une curiosité. Rapidement, les portes s'étaient ouvertes, Sir Run Run Shaw (des Shaw Brothers) accueillait « les frères Armanet » dans sa salle de projection privée avec, suprême honneur, une tasse du redoutable Milk Tea hongkongais, et le roi Jackie Chan nous avait à la bonne[4].

4. À notre invitation, Jackie Chan vint inaugurer la première rétrospective à la Cinémathèque en 1989 et fut fait chevalier des Arts et des Lettres par le ministre de la Culture, Jack Lang. L'événement fit la une des journaux à Hong Kong, témoignant de la fierté de voir un artiste chinois anobli par la France, ce que n'avait jamais daigné faire l'Angleterre.

Si Bruce Lee, le « Petit Dragon », première star « jaune » (et du tiers-monde) avait placé Hong Kong sur la carte du cinéma mondial, Jackie Chan, pour lui succéder, avait eu l'intelligence de ne pas empiéter sur son terrain de jeu. « Bruce Lee était un combattant, je suis un comédien. Les jeunes aiment la force à condition qu'elle ne se prenne pas trop au sérieux », nous explique-t-il en mimant un coup de poing de Bruce Lee avec son miaulement culte, puis redonnant le même coup de poing s'achevant par un « ouille ouille ouille, ça fait mal », grimace à l'appui.

Jackie Chan, à trente et un ans, était l'homme-orchestre du cinéma hong-kongais (acteur, réalisateur, producteur, et philanthrope), mélange de Belmondo + Buster Keaton + Bruce Lee + Gene Kelly. À l'âge de sept ans, il avait été placé dans la monacale école de l'Opéra de Pékin, dirigée par Maître Yu Chim Yuen, qui subvint à ses besoins. C'était une drôle d'école, mi-académie, mi-cirque ambulant. Jackie y apprit les bases de son métier, mime, chant, littérature, acrobatie et kung-fu. Autour de lui, un clan de sept durs s'était formé rapidement sous le nom de Qi Xiao Fu, les sept petits garçons modèles. Dans cette nouvelle famille, on trouvait Samo Hung et Yuen Biao (qui furent à Jackie Chan les équivalents de Bruno Cremer et Jean Rochefort pour Belmondo au Conservatoire), futurs piliers du cinéma de Hong Kong, ainsi que Wu Ming-Tsai (qui dirigerait les combats de *Raining in the Mountain* de King Hu).

En 1971, alors que Bruce Lee règne en maître et impose son style dur et agressif au cinéma, Jackie Chan décroche son premier rôle. Il a dix-sept ans et devra attendre dix ans pour connaître la consécration. C'est la Golden Harvest, la compagnie qui a révélé Bruce Lee, qui en sera l'artisan. Pourtant, lorsque Jackie entame sa course aux lauriers, peu de choses le séparent de la cohorte des prétendants au trône du Petit Dragon. Mais son jeu est d'emblée plus souriant et moins tendu. Dans *Spiritual Kung-Fu* (1977), où il se coule dans la peau d'un cancre turbulent de Shaolin réduisant à sa merci de facétieux fantômes pour plaire à sa belle, on devine les trois directions qui furent la clé de ses premiers succès : la revendication de l'héritage de la comédie cantonaise, avec le personnage de l'élève irrévérencieux ; le parti tiré des techniques acrobatiques de l'Opéra de Pékin ; enfin son mimétisme outré des techniques animales qui lui permettait d'exploiter un domaine très riche en effets comiques[5]. Jackie, dans le droit fil des bateleurs, tranchait par son autodérision et sa propension à inventer des techniques défournées ou totalement imaginaires laissant une bonne part à l'improvisation. Dans *La Hyène intrépide* (1979), il innove dans l'utilisation comique du corps en interprétant un large registre d'émotions comme autant de techniques de combat : la joie lui permet de surprendre son adversaire, le chagrin de le mystifier, le bonheur de l'intriguer, le hurlement de la hyène de l'effrayer. Mieux, il donne des leçons en tortillant des fesses, et travesti en donzelle effarouchée, à un géant obsédé qui lui susurre « Vous

---

5. Aux cinq styles de boxe (emblématiques de chacun des cinq éléments de la cosmogonie chinoise) inspirés par les animaux guerriers – dragon (poing fermé), tigre (griffes, paume ouverte), léopard (deux premières phalanges repliées), serpent (tranchant de la main), cigogne (doigts joints en forme de bec) – s'ajoute classiquement la technique du singe (le Roi des singes est celui qui accompagne et protège Bouddha dans son Voyage vers l'Occident).

savez le kung-fu ? », il répond « Quelques passes » avant de l'assommer à coups de mamelles.

Deux films imposent Jackie Chan : *The Big Brawl* (*Le Chinois*), qui réédite en Occident le triomphe qu'avait connu Bruce Lee pour *Opération Dragon* et *The Young Master (La Danse du Lion)*, premier film qu'il écrit, dirige et interprète. Aux recettes de *kung-fu comedy* s'adjoint le talent d'endurance masochiste de Jackie qui finit momifié sur un lit d'hôpital. Le goût du risque devient la signature du nouveau seigneur de Hong Kong : « J'aime exécuter les cascades dangereuses et me faire rouer de coups. Le public voit qu'il est dur de gagner, même avec beaucoup de chance. Je veux qu'il rie afin d'oublier toute la violence qui précède. Quand j'étais jeune, je me battais dans les rues, j'étais un caïd pour mes amis. Dès que j'ai fait du cinéma, j'ai préféré chercher la beauté du geste, accomplir la danse la plus coulée. Je m'entraîne tous les jours, mais chercher à être le plus fort ne sert à rien. Si je vous bats aujourd'hui, vous pouvez revenir demain armé d'un revolver. Aussi je dis à mes assistants, que j'entraîne à devenir bons cascadeurs : le kung-fu, c'est un sport. Un sport particulièrement formateur, qui développe l'habileté, la précision, le sens de l'espace. »

Jackie Chan le perfectionniste a mis au point une équipe de cascadeurs unique dans le cinéma mondial, empruntant à la fraternité des combattants, à la dévotion traditionnelle au maître (une subtile hiérarchie mixe l'échelle des joueurs de kung-fu et celle du box-office) et à la bande de potes prête à tout pour épater et pour qui Belmondo, depuis son tournage sur place des *Tribulations d'un Chinois en Chine* en 1965, est une référence absolue : « Le public croit aux cascades si elles sont humainement possibles. Si je ne les exécutais pas, si c'était une doublure que le public applaudissait, je n'éprouverais aucune satisfaction. J'ai une troupe de douze cascadeurs qui exécutent toutes les répétitions selon mes directives. Le premier commence à tâtons et voit jusqu'où on peut aller. Enfin j'y vais. J'ai gardé toute mon énergie pour me concentrer sur la réussite de l'action. À Hong Kong, les cascadeurs n'ont pas peur de se blesser. On utilise peu les sécurités qui entravent la sensation de l'action. Et puis, avec ou sans sécurités, seul Bouddha décide quand votre compte est bon. »

Depuis *Project A* (1983), Jackie Chan a inventé un gimmick qui force la sympathie. Après le générique de fin, Jackie dévoile les loupés, par exemple celui où, tel Harold Lloyd, il vrille sa chute de deux étages, dérape, rebondit douloureusement avant de s'écraser sur le dos devant une équipe tétanisée. Les brancardiers accourent mais Jackie se relève sans un mot en tâtant ses abattis. En montrant dorénavant à chaque film les rushes de ses déconfitures les plus spectaculaires, Jackie trouve une signature universelle qui en inspirera beaucoup d'autres. Jackie risque sa peau, Jackie ne triche pas, Jackie rit de lui, et le public entre en connivence. Bruce Lee fascinait, on aime l'ami Jackie Chan à la folie.

« Le kung-fu est un langage international. Comme le muet, Keaton ou Chaplin. Il est immédiatement accessible aux spectateurs. C'est grâce à lui que j'ai réussi dans la comédie. Quand vous dansez, votre timing est donné par un tempo. Filmer du kung-fu demande la même précision du timing, mais c'est à vous de créer votre tempo. La musique n'est pas là pour vous le donner. Tout est question de rythme dans un bon combat filmé. Filmer un combat, c'est d'abord le voir se dérouler les yeux fermés. Puis penser comment l'action va s'exprimer en mouvements de caméra, les coups qui prennent leur signification en gros plan, ceux qui expliquent l'histoire. »

À Hong Kong, on filme en muet et on ajoute les sons après. Les bruitages sont faits pour ça, les sons recréés pour ponctuer le combat et accentuer ce qui est capital. « Le combat de rue est très différent du combat filmé, décomposé étape par étape, à l'intérieur de chaque scène. Quand on manque de temps, on filme le combat en entier, on le visionne et on recommence uniquement les passages ratés. Mais cela augmente le risque d'accidents. »

Jackie Chan nous montre des story-boards aussi découpés qu'une bande dessinée de Milton Caniff : « À l'intérieur de chaque scène, je trace la chorégraphie d'un enchaînement mais je ne l'exécute pas d'un seul tenant. Si je dois réaliser un gros plan sur un chassé, je fais un chassé, c'est tout. Et si dans la scène suivante c'est celui qui le reçoit qu'on cadre, je déplace la caméra et je le redonne. Cela demande qu'on prenne des marques extrêmement précises. En tournant, je pense sans arrêt au montage, je sais déjà comment la séquence sera montée. »

Le miraculé de la cascade a étendu le champ de la chorégraphie martiale. Avant lui, dans l'empire du kung-fu, seul le mouvement des corps était réglé comme une horloge, à l'exclusion des objets. Désormais, ils sont pris dans le tourbillon, impeccablement mis à leur place, soutenus par un cadrage et un montage rigoureux.

Jackie Chan nous emmène alors visionner les rushes. Ma scène de combat manque d'un contrechamp. Poubelle.

Il est onze heures du soir et Samo Hung tourne encore. *My Lucky Stars* est programmé pour le nouvel an chinois (le

20 février), seule date de l'année où l'activité ralentit un peu et où la ville envahit sans relâche les salles obscures.

Dîner sur le pouce dans un coin du plateau (brioches à la vapeur), hors champ mais bruyant, ce qui ne ralentit pas une minute le tournage (en muet). Six privilégiés (trois filles, trois garçons) du fan-club japonais de Jackie, venus expressément de Tokyo, assistent de loin au repas de l'idole et trépignent sur place en gloussant. L'une d'elles, plus culottée, agrippée à son sac Vuitton, s'approche, demande un autographe et, quand Jackie signe « From A Lucky Star », s'évanouit.

En Asie, la popularité de Jackie est à l'aune de ce que fut la Beatlemania en Angleterre. Il ne peut pas mettre un pied dehors sans provoquer un attroupement hystérique. S'il prend l'air, c'est généralement à partir de minuit pour un jogging dans les ruelles désertes du quartier huppé du Peak.

Il est bientôt une heure du matin. Jackie, en hôte parfait, nous propose de l'accompagner faire un tour. Devant nos mines réjouies (voilà plus de vingt-quatre heures que nous sommes debout), Jackie demande qu'on nous trouve des baskets à notre taille. C'est parti. Jackie (nul besoin d'un garde du corps) et nous trottons quand, au détour d'un bosquet, surgissent de l'obscurité une horde de groupies japonais (des deux sexes). Jackie accélère, nous aussi, on les entend crier… et en éclatant de rire dans sa course, nous traduit : « Ils prennent Max pour David Carradine ! »

Puis : « Vas-y Max, montre-nous ta foulée, ils vont t'arracher ton blouson. »

Oui, le journaliste ne se paye pas de mots mais paye de sa personne.

IV

DÉPÊCHES

Amos Oz & Eric Hobsbawm

« JUIF »

AMOS OZ

*Le romancier et poète israélien, auteur d'*Une histoire d'amour et de ténèbres, *cofondateur du mouvement La Paix maintenant, publie* Scènes de vie villageoise *et débat à Paris avec Jean Daniel du conflit israélo-palestinien.*

Israël ne peut être qu'une déception dans la mesure où il s'agit d'un pays né d'un rêve. Or tout ce qui naît d'un rêve ne peut qu'être décevant. La seule manière de préserver un rêve, de le garder intact, c'est de ne pas le vivre. Cela s'applique aussi bien aux fantasmes sexuels, à l'écriture d'un livre qu'à la naissance d'un pays. Mais cette déception n'a rien à voir avec la nature même d'Israël. Toute utopie est un rêve, même si Israël est né d'une fédération de rêves et non d'un rêve unique. Il y avait les marxistes, des juifs qui voulaient créer en Israël un paradis communiste sur terre devant lequel même Staline s'agenouillerait en signe de respect. Il y avait des juifs religieux qui voulaient rebâtir le royaume de David et de Salomon. Des sociaux-démocrates qui voulaient faire d'Israël une nouvelle Scandinavie. Des séfarades qui voulaient recréer à l'identique le mellah marocain. Et puis les juifs tolstoïens, des anarchistes semi-religieux qui ne voulaient pas bâtir un État ou une nation, mais qui souhaitaient une confédération peu contraignante de villages où les gens connaîtraient une expérience religieuse en travaillant la terre et en menant une vie simple dans laquelle ils partageraient tout. Israël est le produit du choc de tous ces rêves contradictoires et souvent conflictuels. Aujourd'hui, certains de ces rêves sont oubliés, d'autres se sont transformés en cauchemars, et quelques-uns parviennent malgré tout à survivre, même s'ils sont abîmés.

Je suis né en Palestine britannique. Les premiers mots que j'ai appris à prononcer dans une langue étrangère étaient « British go home ». Mes parents étaient de grands polyglottes, mon père lisait seize langues et en parlait onze, mais toujours avec le même fort accent russe. Ma mère, elle, en parlait cinq. Mais ils ne m'ont appris que l'hébreu, non pas par chauvinisme, mais parce qu'ils craignaient pour ma sécurité. Dans les années 40, ils pensaient que si j'apprenais ne serait-ce qu'une seule langue étrangère, je partirais en Europe et n'en reviendrais pas vivant.

Propos recueillis le 4 février 2010

ERIC HOBSBAWM

L'historien britannique, auteur de L'Ère des empires *et de* L'Âge des extrêmes, *communiste depuis 1932, publie à quatre-vingt-huit ans son autobiographie. Rencontre à Londres.*

Converti au communisme, adolescent, dans le Berlin de 1932, j'appartiens à une génération liée par un cordon ombilical à l'espoir de la révolution mondiale, dans sa version originelle, la révolution d'Octobre. Si, sur le plan intellectuel, je me suis politiquement aujourd'hui, à quatre-vingt-huit ans, émancipé de cette foi (le goulag a été l'équivalent moderne de l'esclavage), je reste émotionnellement attaché à cet engagement. Ceux qui n'ont pas fait l'expérience de « l'âge des catastrophes » du XXe siècle en Europe ont du mal à comprendre ce que signifiait de vivre dans un monde – la république de Weimar – qu'on ne s'attendait pas à voir durer. Dans le Berlin de 1931-1933, nous étions sur le *Titanic* et tout le monde pressentait qu'on allait heurter un iceberg. Pour mes parents, la Première Guerre a marqué la fin de la paix. Quand on disait « en temps de paix », on voulait dire « avant 1914 ». Après cela, on vivait dans un temps de ni guerre ni paix, dans un monde en train de se déglinguer. Il était impossible, même pour un adolescent comme moi, de ne pas s'engager radicalement. Certains ont choisi le nationalisme allemand et le fascisme. Mais pour un Engländer – un Anglais immigré – et un juif comme moi fasciné par le rêve de la révolution d'Octobre, que restait-il d'autre que la tentation communiste ?

Après l'excitation de Berlin, la découverte de l'Angleterre en 1933 en tant qu'émigrant d'Europe centrale fut un choc et une grande déception. Enfant, j'avais absorbé à Vienne la forme autrichienne de la culture allemande. Ma famille baignait dans un monde multinational et multiculturel, même si on parlait surtout allemand à la maison (j'étais anglais de naissance mais de culture viennoise). À cette époque, la Grande-Bretagne demeurait une île autosuffisante. Elle était insulaire à tous les sens du terme. Les Britanniques avaient quelques décennies de retard par rapport à ce qu'on avait vécu en Allemagne. C'est à l'école que j'ai découvert cette culture qui s'est ajoutée à la culture allemande, puis française. Entre les deux guerres, la culture française était une composante indispensable de n'importe quelle personne éduquée. On l'a bien oublié aujourd'hui. Dans un certain sens, notre installation à Londres fut un déclassement pour ma famille. La vie juive à Vienne ou à Berlin était une vie bourgeoise, tandis que ma famille anglaise était composée de petits employés ou d'artisans peu éduqués.

Au fond, ce n'est qu'en arrivant à Cambridge que j'ai renoué avec une vie intellectuelle digne du Berlin de 1933. Dans l'Angleterre de cette première moitié du siècle dernier, passer d'une classe sociale à une autre était une forme d'émigration. Obtenir une bourse pour Cambridge signifiait pour moi émigrer dans un nouveau pays. À cette époque-là, les étudiants n'étaient pas de vrais intellectuels, mais des fils de la grande bourgeoisie et de l'aristocratie. J'arrivais comme boursier dans un collège qui avait été fondé en 1440. Je n'étais donc pas tout à fait à l'aise. Puis, peu à peu, j'ai eu un certain succès à Cambridge, pas seulement aux examens, mais comme « personnage » membre du Parti communiste, grand amateur de jazz, rédacteur en chef de l'hebdomadaire des étudiants, puis, en 1939, membre de la société quasi secrète des apôtres de Cambridge, bref le temple de « l'aristocratie intellectuelle ». Au fond, il y a trois contributions de Cambridge dans ma vie. D'abord intellectuelle. J'ai été recyclé comme un intellectuel anglais. Mais j'ai beaucoup plus appris en discutant avec les autres étudiants qu'avec mes professeurs. La deuxième est politique. C'est le Parti. La troisième est esthétique. J'étais subjugué par la beauté de Cambridge. Encore aujourd'hui quand j'y retourne, ça me coupe le souffle. Dans les années 30, dans ce « Cambridge rouge », les étudiants les plus vifs et intelligents étaient attirés par le communisme, qu'ils soient scientifiques ou littéraires. Bien sûr, la majorité étudiante était conservatrice, mais il était quand même extraordinaire que dans l'établissement réservé à l'élite du pays 20 % des étudiants fussent socialistes ou communistes et ardemment antifascistes.

Propos recueillis le 10 novembre 2005

Robert Stone, Robert Crumb & Tariq Ali

« BEAT »

ROBERT STONE

L'écrivain des Guerriers de l'enfer *a été officier dans l'US Navy, compagnon de route de Jack Kerouac et Ken Kesey, et correspondant de guerre au Vietnam en 1971.*

Le gonzo, j'en ai eu une certaine expérience avec mes amis les Merry Pranksters, avec Neal Cassady [*compagnon de Kerouac, héros de* Sur la route] et Ken Kesey [*auteur de* Vol au-dessus d'un nid de coucou] dans les années 60. J'ai connu de près tous les voyageurs de l'épopée du « magic bus » qu'a racontée Tom Wolfe dans *Acid Test*. Quand j'étais dans la Navy, ma mère m'avait envoyé *Sur la route* de Kerouac. Jamais au grand jamais je n'aurais imaginé côtoyer un jour ces gens-là. Et voilà que dix ans après, au Mexique, je me retrouve avec Kesey, avec Kerouac. Nous avions tendu nos hamacs dans une grande maison sans toit près d'une plage merveilleuse de la côte ouest du Mexique, qui était à l'époque presque déserte.

Je me souviens de ces matins brumeux où résonnaient brutalement les cris des singes et des perroquets. On entendait au loin les cornes de brume de la marine mexicaine qui ressemblaient un peu au Capriccio italien de Tchaïkovski ou aux trompettes tragiques d'Alamo. Ken Kesey était à l'époque en cavale. La femme du propriétaire de la maison nous qualifiait d'existentialistes avant de se rendre compte que la plupart d'entre nous éprouvaient quelques difficultés à se reconnaître avant trois heures de l'après-midi. Mais elle ne nous a pas dénoncés. Et ce n'est que lorsque des gamins du quartier ont commencé à nous tourner autour pour savoir ce qu'on trafiquait que nous avons attiré l'attention des autorités. On s'est dit qu'il était grand temps de partir. Neal Cassady perdait la tête. La drogue le rendait fou. Et le comble, c'était son perroquet Rubiaco. Rubiaco passait tout son temps avec lui, tant et si bien que, lorsque Rubiaco ou Cassady entrait dans une pièce, il était impossible de savoir qui était qui. Une drôle de voix disait « La dernière fois que j'étais à Denver… j'ai vu ces flics qui m'ont poursuivi, ces flics… » Vous vous retourniez : qui était-ce, Cassady ou son perroquet ? Flippant, non ? Cassady avait une autre habitude. Celle de mettre du LSD ou de la méthédrine dans tout ce qu'on pouvait boire ou manger. C'était épuisant parce que l'effet durait huit heures. Et vous vous retrouviez en train de sourire bêtement pendant des heures. Vos mâchoires vous faisaient tellement souffrir que vous vous demandiez : « Bon Dieu, mais qu'est-ce qui me fait grimacer comme ça ! » Et vous ne pouviez pas empêcher Cassady de sévir à moins d'acheter secrètement de la nourriture et de la conserver hors de sa portée. Un jour nous avons repéré de superbes cochons de lait au marché. Nous nous sommes dit : « Chouette, nous allons les faire rôtir avant que Cassady ne les voie ! » Raté. Il les a trouvés, et les a « farcis » avec une seringue de LSD et de méthédrine. Quand on s'est assis avec nos assiettes en papier et notre tequila, on a pigé très vite en voyant danser dans nos têtes les diablitos que Cassady avait encore frappé. Il s'est enfui et on a ratissé toute la plage pour essayer de le lyncher. C'est à ce moment qu'on a décidé de mettre les voiles. On est retourné en Californie, puis en Oregon. Ken Kesey s'est constitué prisonnier et a écopé de quelques mois de détention. Après avoir publié *Vol au-dessus d'un nid de coucou*, il est devenu un héros pour les gens, pour les jeunes. Il est devenu un personnage culte. Et après il a voulu s'identifier au personnage et a oublié d'être un créateur. Il avait un tel talent d'amuseur qu'il aurait pu réussir à vivre son rôle. Mais c'est impossible. C'était le problème de Cassady. Il se détruisait en essayant d'incarner ses propres personnages. N'empêche que c'était un type génial, surtout pas un corrupteur de la jeunesse. Et dans un certain sens, un éducateur.

Propos recueillis le 10 juin 2004

ROBERT CRUMB

Le génie de la BD américaine, créateur de Fritz the Cat *et* Mr Natural, *de la pochette psychédélique de* Cheap Thrills *de Janis Joplin en 1968, a vécu à San Francisco à l'ère du Flower Power.*

J'ai pris pour la première fois du LSD en juin 1965, à l'âge de vingt-deux ans. Cela eut une influence immédiate sur mon travail. Chaque fois que j'en ai pris (quinze à vingt fois en tout), cela a été une expérience visionnaire extrême, mêlant effroi et extase. L'effet sur mon dessin fut positif quelque temps, lui donnant une force spirituelle et une énergie incroyable. Mais cet effet s'est vite épuisé. C'est le problème de toutes les drogues : le bon côté se dégrade toujours, vous laissant naufragé, à moitié mort, lessivé, perdu et confus… Du reste, je ne suis pas sûr d'avoir retrouvé tout mon équilibre à ce jour (dernier trip : 1973). Cela dit, j'étais déjà flippé avant de prendre quoi que ce soit. Enfin, je ne saurai jamais vraiment ! J'ai eu quelques visions horrifiantes, paranoïaques, apocalyptiques avec le LSD, qui m'ont marqué d'une crainte profonde. La « Crainte sans nom », quelque chose est « là », quelque chose de maléfique, de prédateur et plus puissant que tout. Il se peut que ce soit juste Kali, la déesse de la destruction, ou simplement un « mauvais trip », qu'en sais-je ?
Mes personnages Mr Natural, Flakey Foont, The Old Pooperoo, Angelfood McSpade, Shabno the Shoehorn Dog sont tous nés de visions sous LSD. Mr Snoid, Eggs Ackley ? Un moine bouddhiste m'a dit un jour que ces personnages

étaient des « entités » venant du « monde astral » que j'avais croisées pendant mes crises hallucinatoires. Ça sonnait vrai…

Ce n'est pas que je n'aie pas vécu la « vie de hippie », mais plutôt que j'étais incapable de l'apprécier pleinement ou de devenir un « esprit libre », comme les hippies l'étaient ou prétendaient l'être. Cette liberté totale de l'esprit était un idéal, mais beaucoup étaient loin de l'atteindre. Quant à moi, j'étais bien trop timide pour me mettre à poil au milieu d'un groupe de gens. Impossible ! J'étais trop coincé dans ces situations typiques de l'époque. Et puis je n'aimais pas ce qu'ils mangeaient. Tout ce riz macrobiotique et ces lentilles bio, pouah ! J'aimais les hamburgers et les hot-dogs. Par ailleurs, je ne me suis jamais fait à cette musique rock psychédélique, qui m'ennuyait prodigieusement. Je m'endormais au Fillmore Auditorium à San Francisco pendant les concerts de Jefferson Airplane, des Doors ou du Grateful Dead ! Leurs improvisations nombrilistes et interminables sont toujours restées un mystère pour moi. Je me suis parfois entendu avec certains hippies branchés « vieux folk », genre banjo-violon des Appalaches. Sincèrement, j'ai essayé d'être un hippie mais je n'ai pas pu, trop coincé que j'étais dans le passé, trop habitué à ma vie pré-hippie. Malgré tout, je sympathisais entièrement avec les idéaux des années 60 : rejet de la consommation de masse, du militarisme et de l'impérialisme américain. L'idée du retour à la terre m'attirait : une vie plus simple, l'autarcie. Cela jetait une lueur d'espoir sur le monde atrocement sombre de l'après-guerre, sur l'horrible possibilité de la destruction nucléaire, sur le sordide conformisme de notre enfance banlieusarde. C'était effrayant d'être un enfant dans les années 50.

Propos recueillis le 17 juillet 2008

TARIQ ALI

L'intellectuel anglo-pakistanais, un des leaders de l'extrême gauche britannique depuis les années 60, éditeur de la New Left Review, *publie* Un sultan à Palerme.

Des années 60, quand j'étais un des leaders du mouvement étudiant britannique, mon souvenir le plus dur est celui de Hanoi sous les bombes, entre décembre 1966 et février 1967. J'y avais été envoyé par Bertrand Russell et Jean-Paul Sartre. Tous les jours, il y avait des bombardements ; on ne pouvait se déplacer que de nuit. J'ai vu des cadavres, des enfants mutilés… Ce traumatisme m'a marqué à jamais et a changé ma vie. La Grande-Bretagne n'avait pas la tradition révolutionnaire de la France, où le mouvement étudiant a eu un impact immédiat sur une société qui connaissait son histoire, et où même la droite a compris ce qui se passait. La grève générale de 1968 a été la plus massive de toute l'histoire du capitalisme. On n'a rien connu d'équivalent en Grande-Bretagne, mais plutôt, avec l'opposition à la guerre du Vietnam, une révolution culturelle où les musiciens de rock jouaient un rôle essentiel. Un jour, Mick Jagger m'a demandé s'il pouvait participer à une manifestation devant l'ambassade américaine, qui a été durement réprimée. Du coup, il a écrit « Street Fighting Man » et m'en a envoyé la version manuscrite pour la publier dans mon journal, *The Black Dwarf* (*Le Nain noir*), car la chanson était interdite d'antenne à la BBC ! En octobre 1968, nous avons fait paraître les paroles de la chanson à la une, avec en regard un texte d'Engels !

Je n'ai connu John Lennon que plus tard. Nous avions publié, dans *The Red Mole* (*La Taupe rouge*), une critique négative de sa chanson « Revolution ». Il m'a appelé, furieux, exigeant un droit de réponse. Nous nous sommes donc rencontrés pour en discuter. Il m'a dit regretter de ne pas avoir manifesté contre la guerre du Vietnam : leur producteur, Brian Epstein, avait défendu aux Beatles de participer au mouvement de peur qu'ils ne soient interdits d'entrée aux États-Unis. Il nous a accordé une longue interview, même si cela l'intimidait parce qu'il ne se considérait pas comme un intellectuel. Nous sommes devenus assez proches. Peu de temps après sa libération de prison [*en septembre 1970*], Régis Debray est passé à mon bureau et a déchiré le poster « Libérez Régis ! » en s'écriant : « Enfin ! » C'est alors que Lennon a appelé pour me montrer une nouvelle chanson. J'ai emmené Régis au studio et nous avons assisté ensemble à l'enregistrement d'« Imagine » ! Lennon nous a lu les paroles de la chanson à haute voix. Je lui ai dit qu'il avait l'approbation du Politburo ! Nous sommes restés en contact jusqu'à son départ pour les États-Unis : il reprochait à la presse britannique son attitude raciste envers Yoko, accusée de la séparation des Beatles et d'avoir sur lui une influence négative, en tant qu'artiste d'avant-garde. Il trouvait l'Angleterre étouffante et provinciale.

Propos recueillis le 8 février 2007

Salman Rushdie & Ian McEwan

« TÉNÈBRES »

SALMAN RUSHDIE

Hors saison, le grand écrivain, condamné par une fatwa de l'ayatollah Khomeini en 1989, nous parle de l'islam, de l'Orient et de l'Occident, du choc des civilisations, du métissage et du pouvoir de la littérature.

J'ai beaucoup relu récemment les auteurs des Lumières. Le grand combat du XVIIIe siècle ne se livrait pas contre l'État mais contre l'Église. C'était déjà vrai de Rabelais. Or nous vivons une époque où l'on prétend censurer non seulement les idées, mais l'imagination artistique elle-même. C'est encore pire qu'au siècle des Lumières, où l'Église se contentait d'attaquer les concepts dont l'expression lui paraissait hérétique. Aujourd'hui, même les histoires que l'on raconte, et la façon de les raconter, sont menacées de censure. C'est moins leur philosophie que l'acte de création qui est remis en cause. À l'époque, le pape se souciait peu de savoir si Diderot était un bon ou un mauvais écrivain : ce qu'il contestait, c'était le contenu de *La Religieuse*. Si les idées des Lumières demeurent plus que jamais pertinentes, il existe une différence majeure entre notre époque et le XVIIIe siècle : en ce temps-là, les écrivains pouvaient supposer que de nombreux lecteurs partageaient leurs conceptions, habitaient le même univers, comprenaient leur vision du monde. Aujourd'hui, on constate une prolifération de visions du monde inconciliables, qui se disputent le même espace. Nous vivons dans un monde éclaté, fracturé. Ce sujet a toujours été central pour moi.

Je ne suis pas croyant, et entre la raison et la foi je choisirai toujours la raison. Mais la raison pose problème, y compris à un adepte de la pensée rationnelle : que nous soyons croyants ou athées, nous ne pouvons pas nous contenter d'une vision de l'homme comme créature rationnelle. Nous sommes aussi des rêveurs, ce qui ouvre sur une autre dimension. Comment donc intégrer cette idée qu'il y a autre chose que la réalité de chair et de sang, autre chose que 2 + 2 = 4, sans pour autant recourir à la superstition ou à la religion ? Tel est le problème insoluble qui se pose à la littérature.

En ces jours sombres d'obscurantisme, un peu de lumière ne ferait pas de mal ! Mais en tant qu'écrivain je suis forcément attiré par les ténèbres. Plus mes personnages sont noirs, plus je les aime, comme le méchant de *Shalimar le clown* par exemple. De même que je préfère la part d'ombre de mes personnages « positifs ». Presque tous sont d'ailleurs ambivalents. En littérature, et particulièrement dans la fiction, le plus grand danger, c'est de trop expliquer. La fiction vire alors au didactisme. C'est le pire crime contre la littérature. Car cela ne laisse aucune place au lecteur.

L'Occident n'a pas à s'adapter aux sensibilités musulmanes. Si nous voulons débattre sérieusement de nos valeurs respectives, nous devons les assumer pleinement. On ne peut pas faire semblant de ne pas penser ce qu'on pense. Ce serait une impasse, fondée sur des mensonges. Pourquoi renoncer à ce qui est acceptable, et même monnaie courante, en Occident depuis deux siècles : la satire, l'irrespect envers les religions, la libre opinion, si brutale soit-elle, la caricature ? Le problème, c'est que nous vivons dans une culture de l'outrage, de l'offense : être offensé est devenu une part importante de l'identité communautaire. On n'arrive pas à se définir en tant que groupe tant qu'on ne sait pas par quoi on se sent insulté. Ce phénomène n'est pas propre à l'islam : il s'applique à tous les groupes d'intérêts en Occident, y compris à des groupes pour lesquels on peut avoir des sympathies politiques : féministes, défenseurs des droits des homosexuels, partisans de l'émancipation raciale. Cette obsession de l'insulte est en train de devenir une part essentielle de la culture mondiale, et je le déplore. Il faut y résister.

Propos recueillis le 21 décembre 2006

IAN McEWAN

*Le romancier anglais couvert de prix, auteur d'*Expiation, *publie* Samedi, *qui raconte une journée lors des manifestations contre la guerre d'Irak, et nous parle de Rushdie.*

En 1989, au moment de la fatwa, mon ami Salman Rushdie s'est réfugié chez moi. Il avait passé les premières nuits à l'hôtel à Londres, sous protection policière, en emportant tout juste une brosse à dents et un pyjama. C'était à la fois terrifiant et irréel. Malgré sa stupéfaction, Salman était capable d'analyser la situation avec lucidité et éloquence. Je n'oublierai jamais le premier matin qu'il a passé chez moi : dans la cuisine, pendant le petit déjeuner, nous avons appris à la radio que le Hezbollah s'engageait solennellement à le tuer. Sa réaction a été d'une dignité magnifique. Pendant les sept ans qui ont suivi, il ne s'est pas contenté de se défendre, il a pris la défense d'autres écrivains dans la même situation que lui. Mieux, il n'a jamais cessé d'écrire. L'« affaire Rushdie » a été le premier chapitre de ce qui nous arrive. La gauche a tendance à se montrer complaisante envers l'islam dans l'espoir de faire cause commune contre les États-Unis. On voit à présent des groupuscules gauchistes proposer des salles de prière séparées pour les hommes et les femmes ! C'est le monde à l'envers… La fatwa a coïncidé avec la fin de la guerre froide et a marqué à notre insu le passage d'un totalitarisme à un autre. J'admire l'attitude de Salman mais, hélas ! je ne crois pas que les valeurs qu'il défend aient beaucoup progressé. Salman est à mes yeux un authentique héritier des Lumières.

Propos recueillis le 7 décembre 2006

Wole Soyinka & André Brink

« CONTINENT »

WOLE SOYINKA

Le romancier nigérian, poète et militant des droits de l'Homme, premier écrivain d'Afrique à recevoir en 1986 le prix Nobel de littérature, publie Climat de peur, *un essai sur le fanatisme et le terrorisme.*

Comme tous les enfants, j'avais très peur du noir, de l'inconnu, du monde des esprits qui nous apparaissaient comme très réels. Il y avait des endroits dans la forêt où nous n'osions pas aller de peur que les esprits ne nous enlèvent.

Quand j'ai été emprisonné une première fois en 1967 pour avoir dénoncé le génocide au Biafra, durant les deux ans enfermé dans une minuscule cellule, je n'ai pas connu vraiment la peur. J'ai seulement eu peur de perdre la raison lorsque j'ai commencé à avoir des hallucinations. C'était d'ailleurs le but recherché en m'enfermant au mitard. J'ai décidé de secouer cette inertie mentale en me confectionnant de quoi écrire, notamment de l'encre. Un jour, j'ai entendu un corbeau croasser au-dehors, et le lendemain une plume a atterri dans ma cellule : c'était providentiel ! J'ai immédiatement su quoi en faire. Je puisais l'espoir dans les petites choses : apercevoir par-dessus le mur d'enceinte un enfant parmi les manguiers me redonnait confiance. J'écrivais des poèmes sur du papier hygiénique, des paquets de cigarettes. Et lorsque j'ai réussi à communiquer avec l'extérieur, grâce au geôlier qui m'apportait mes repas, j'ai pu obtenir des livres alors qu'on m'avait confisqué les miens. Je n'avais le droit de parler à personne. Mais j'aime la solitude et je suis habitué des périodes d'isolement prolongé. C'était l'impossibilité de lire et d'écrire qui me rongeait.

Le goût de la solitude contribue à vous blinder et vous apprend à compter sur vos propres ressources. J'aime disparaître dans la forêt pour chasser, et en pareil cas je suis presque toujours seul. Et c'est un plaisir. Je suis certain que ça m'a aidé à affronter la prison. Et il y a bien sûr des moments de frustration où l'on a terriblement envie de discuter avec quelqu'un et je me suis parfois surpris à parler tout seul, à haute voix.

J'ai été arrêté au moins neuf fois. Mais je n'ai jamais eu peur lors de mes arrestations. Cela aurait peut-être été le cas s'il s'était agi d'une arrestation secrète. Mais chaque fois, soit je m'y attendais, soit mon entourage ou l'opinion était au courant. Ce qui fait peur, c'est l'idée d'une disparition, comme actuellement pour les otages d'Irak. J'ai lu le témoignage d'un ancien otage du Liban qu'on forçait régulièrement à effectuer des trajets dans le coffre d'une voiture, ou même dans un cercueil. Je ne peux rien imaginer de plus effrayant. Être à la merci de gens sans visage…

Propos recueillis le 25 août 2005

ANDRÉ BRINK

*L'écrivain sud-africain, auteur d'*Au plus noir de la nuit *et d'*Une saison blanche et sèche, *pionnier de la lutte anti-apartheid, disciple de Camus, publie* L'Amour et l'Oubli, *son autobiographie fictive.*

Je me souviens qu'à Gibraltar j'observais, un jour très clair, se dessiner au loin les côtes du Maroc. Un Noir, lui aussi, regardait l'horizon. « Que faites-vous ? », me demanda-t-il. « Je regarde mon continent. Je suis africain. » Il se jeta alors dans mes bras. « Moi aussi », dit-il en pleurant. Ce moment de fraternité intense est difficile à expliquer en termes rationnels. Enfant, ma mère étant malade, c'est une nourrice noire du Sotho qui s'est occupée de moi les trois premières années de ma vie. À trois ans, je parlais le sotho. J'ai tout perdu, sauf la mémoire des rythmes de la langue et le souvenir d'un petit enfant blanc bercé par l'amour de sa nourrice. Avec elle, j'avais un sentiment de sécurité absolue.

L'amour des femmes m'a permis de résister au cauchemar de l'apartheid. En raison de l'*Immorality Act*, avoir une relation sexuelle avec une Noire était particulièrement dangereux, surtout pour un Afrikaner. Les autorités considéraient toute relation interraciale comme un acte de trahison. Ce qu'on pardonnait à un Britannique, on ne le pardonnait pas à un Afrikaner. Toute transgression amoureuse et sexuelle était vécue comme un acte personnel de rébellion, de résistance et d'affirmation de sa propre liberté. Et puis, quoi de plus bouleversant que la communion physique entre deux êtres ? La découverte renouvelée de l'érotisme comme voie de l'exploration du monde a toujours ouvert ma perception des possibles. Les femmes sud-africaines, noires ou pas, ont apporté à la lutte contre l'apartheid une lucidité et un courage que beaucoup d'hommes n'avaient pas. Elles nous ont éclairés. Amour et politique étaient vraiment indissociables.

J'ai toujours hésité à déranger Mandela. Je reste bouleversé par les cinq rencontres que j'ai eues avec lui. La dernière fois – il était encore président –, nous avons passé toute la matinée en tête à tête. Un dialogue inoubliable sur ce qu'ont en commun les Noirs et les Blancs, surtout les Afrikaners, et la sorte de sympathie, de tendresse même, qu'il ressent envers eux. Il est plutôt réticent à exprimer ses émotions. Mais il m'a beaucoup parlé de ses lectures en prison et combien il avait aimé des écrivains blancs, des Afrikaners. Au début, pour mieux comprendre son ennemi. Puis comment il s'est imprégné de la pensée des Afrikaners. Dans « Afrikaners » justement, il y a le mot africain et la reconnaissance de notre africanité commune. Il a pris ma main dans la sienne, en me disant : « Quand j'étais en prison, c'est ton roman *Une saison blanche et sèche* qui m'a fait voir le monde d'une autre façon. » Il voulait ainsi dire que la lecture des auteurs Afrikaners lui avait appris l'existence d'une autre Afrique du Sud. Je suis sûr qu'il dirait la même chose à Nadine Gordimer, Tom Hooper ou d'autres. Il voulait mettre en lumière l'importance de la littérature.

Propos recueillis le 11 mai 2006

John Updike, John Irving & Jeffrey Eugenides

« SEXE »

JOHN UPDIKE

Le grand romancier fait ses adieux à son héros emblématique Rabbit avec Solos d'amour, *ultime épisode de sa série des « Rabbit » pour laquelle il est le seul écrivain à avoir reçu deux prix Pulitzer.*

Rabbit et moi avons tous deux été agréablement frappés, au cours des cinquante dernières années, par le recul du puritanisme dans le domaine des lois, des mœurs et des modes féminines. À l'époque de *Cœur de lièvre* [*1959*], l'avortement était illégal dans tous les États d'Amérique ; pour les femmes, c'était, au mieux, une affaire risquée, entreprise en secret et, la plupart du temps, quelque chose d'impossible. En 1959, un film hollywoodien n'avait toujours pas le droit de montrer les ébats d'un couple marié au lit ni un plan ou deux sur l'entrejambe d'une femme. Les photographies de nus étaient strictement réservées à la pornographie ou au grand art.

La fiction sexuelle réaliste était proscrite à Boston et ailleurs, bien qu'*Ulysse* et *Lolita* aient fini par être publiés, après maints esclandres. Tout cela a changé rapidement. À l'époque de *Rabbit rattrapé* qui se situe en 1969, les femmes pouvaient acheter des monokinis (mais on en voyait peu sur les plages), la cohabitation hors du mariage était courante, des films pornos étaient projetés dans quelques salles de cinéma en mal de public, et les homosexuels cherchaient à affirmer leur droit à vivre leurs relations plus équitablement. Avec l'arrivée d'une nouvelle génération, les mœurs anciennes parurent étonnamment barbares. La mixité raciale dans chaque rue, les vêtements plus décontractés, les femmes accédant en plus grand nombre à toutes les professions, l'homosexualité reconnue, sinon comme modèle, du moins comme état de fait, tout ceci a rendu le pays plus conforme à sa profession de foi dans l'égalité pour tous.

J'ai l'impression qu'aujourd'hui le sexe s'expose si abondamment qu'à l'âge de vingt et un ans les jeunes sont blasés. Les enfants des années 30 et 40, tels Rabbit et moi, étions facilement stimulés. Chaque voile qui tombait nous laissait émerveillés et reconnaissants ; il ne reste plus beaucoup de voiles à soulever pour les adolescents qui ont accès à la pornographie et à la drague sur internet. Quant aux suites traditionnelles de la sexualité (les enfants, la famille), elles ont moins d'attrait dans une économie plus incertaine, moins dynamique que dans les années 50, lorsque ma génération entra dans l'âge adulte. Mes amis plus jeunes (femmes et hommes) m'affirment qu'ils travaillent trop pour même songer à l'adultère.

Propos recueillis le 8 septembre 2005

JOHN IRVING

L'auteur du Monde selon Garp *publie* À moi seul bien des personnages, *un roman dont le héros se bat pour assumer sa bisexualité.*

Je connais beaucoup de gays et de lesbiennes qui ont des enfants. Et ils doivent tellement lutter pour cela que ces enfants sont forcément et profondément désirés et aimés. Ce prétendu souci des enfants n'est qu'un prétexte pour s'opposer à l'égalité des droits. De même que les partisans de la ségrégation raciale avaient toujours des raisons à faire valoir pour justifier que les Noirs utilisent d'autres toilettes que les Blancs ou s'assoient ailleurs dans le bus. Mais aucune ségrégation n'est compatible avec l'égalité. On invoque le danger encouru par cette grande institution exemplaire : la famille hétérosexuelle. De qui se moque-t-on ? Regardez les grands classiques de la littérature : qu'y a-t-il d'exemplaire dans la famille d'Œdipe ou de Hamlet ? Et aimeriez-vous être l'enfant de Charles et Emma Bovary ? Nous avons derrière nous des siècles de preuves des ravages causés par le mariage hétérosexuel et le modèle familial. Alors prétendre que les hétéros constituent un exemple à suivre, c'est de la foutaise ! Il y a d'innombrables enfants de couples hétérosexuels qui ont eu leur vie foutue en l'air par une famille dysfonctionnelle. Mais, pour un enfant, ce qui est contre nature, ce n'est pas d'avoir deux pères ou deux mères, c'est de venir au monde sans être désiré et d'en pâtir, de se sentir un fardeau, de grandir avec des parents absents ou dans une ambiance pathogène, au lieu de se sentir constamment aimé et désiré. Comment oser prétendre que les hétéros sont plus aptes à élever un enfant ? Sur la base de quelles preuves ? Certainement pas celles qu'offre la littérature !

Propos recueillis le 2 mai 2013

JEFFREY EUGENIDES

L'auteur de Virgin Suicides *a pris une année sabbatique à vingt et un ans pour aller en Inde comme bénévole au foyer créé par Mère Teresa pour les mourants.*

Ce fut une expérience brève mais mémorable. Je voulais me mettre à l'épreuve en m'exposant à un contexte difficile. Je n'avais jamais rien vécu de tel, jamais eu à m'occuper de quelqu'un, jamais vu personne mourir. Je voulais mieux me connaître, savoir si j'étais capable de surmonter mon narcissisme et mon égoïsme, de faire preuve de dévouement envers un inconnu misérable et agonisant. Cela n'a pas été totalement concluant : j'étais sujet à l'auto-apitoiement, et il y avait une part de narcissisme à relater ensuite cette expérience en la dramatisant. Mais je me suis montré tout de même moins indigne que je ne le craignais. À cet âge, j'étais totalement inexpérimenté, je me demandais ce que je ferais de ma vie, et j'étais en quête d'une expérience extrême. Or il me semblait plus radical et plus rebelle de m'intéresser à la religion et de rejoindre Mère Teresa que d'arborer une crête punk verte comme certains de mes camarades de fac ! Je n'ai fait qu'apercevoir Mère Teresa à la messe, je l'ai surtout connue par personnes interposées. Apparemment, elle avait un côté très carré, très brut. Une jeune Américaine de dix-neuf ans, qui avait passé pas moins de six mois à travailler dans ce foyer, lui a demandé la permission de prendre une semaine de vacances en Thaïlande. Et Mère Teresa a répondu : « La charité ne prend pas de vacances ! »

Propos recueillis le 4 juillet 2013

George Steiner, Françoise Héritier, Michel Tournier, Simon Leys & Erri De Luca

« DIEU »

GEORGE STEINER

Le philosophe du langage, critique littéraire et romancier publie Maîtres et disciples *et* Éloge de la transmission.

Les théories d'une fin de l'Histoire me semblent absurdes. Nous sommes des animaux très tenaces. Nous subissons des catastrophes, c'est exact, mais après les 100 millions de morts en Europe et en Russie de l'Ouest entre août 1914 et mai 1945, la chose étonnante est que nous soyons là, assis ensemble et plus ou moins indemnes, et que la vie continue. Donc dire « c'est la fin » est un non-sens, évidemment. Quant à l'idée reçue de l'accélération de l'Histoire, pourquoi notre cerveau, qui se développe à un accelerando fantastique dans la science et la technologie, avance-t-il si lentement sur le plan moral ? Au début de sa carrière, sabre au clair, Winston Churchill livrait la grande charge de cavalerie à la bataille d'Omdourman au Soudan. À la fin de sa vie, il signe un document sur l'inspection de la bombe à hydrogène. Le même homme. L'évolution est formidable. Particulièrement, hélas, dans les armes, et dans la communication. Mais, en même temps, ceux qui meurent de cancer continuent de mourir de cancer. Le rhume est parfaitement intraitable, comme il l'était pour Jules César, qui avait des rhumes notoires. Qu'est-ce qui a changé, et à quel moment ? Autre exemple : en 1911, un brillant ironiste anglais voit Vanessa, la sœur de Virginia Woolf, entrer dans un salon. Il aperçoit une tache sur sa robe et il dit : « Sperme. » On pourrait dire que c'est le moment énorme du changement. C'est la fin de l'ère victorienne, le début de la modernité. Et pourtant, quand avec mes élèves je lis un chant d'Homère, un poème de Pindare, une comédie d'Aristophane, nous pouvons rire aux éclats ou avoir les larmes aux yeux. Alors les changements ne se produisent-ils qu'en surface sans métamorphoser l'âme humaine ? On pense que la télévision nous gouverne, mais regardez Harry Potter. C'est un livre de 600 pages, un texte difficile, et les jeunes enfants, même chez les Esquimaux, se détournent de la télévision pour le lire et le relire. L'Histoire nous réserve constamment des surprises.

D'après les meilleures estimations, il n'y avait au Golgotha pour la crucifixion du Christ que quinze personnes ; pour la première de la *Missa solemnis* de Beethoven, neuf cents. Et il y en a eu plus de deux milliards pour la Coupe du monde de foot ! En tête de l'orgueil national anglais, M. Beckham passe loin devant Shakespeare, Darwin et Newton. Pas d'hypocrisie ! Ce ne sont pas eux qui donnent au quidam, le soir, en rentrant du boulot, la joie, l'orgueil de voir gagner son équipe. Vous vous souvenez comment

M. Maradona a gagné la Coupe du monde ? Jamais je n'oublierai l'instant où, courant vers le but et touchant le ballon avec sa main, il a hurlé : « C'est la main de Dieu. » C'est le plus grand métaphysicien du siècle ! C'est à la fois de l'humour, de la métaphysique ambiguë, de la théologie implicite… et le ballon est entré dans le filet, vous le savez.

Propos recueillis par Didier Jacob et François Armanet
le 18 septembre 2003

FRANÇOISE HÉRITIER

La grande anthropologue, autrice de Masculin/Féminin *et* De l'inceste, *rappelle que la différence anatomique et physiologique entre l'homme et la femme est à l'origine de notre système de pensée.*

Il y a ce que j'appelle des « butoirs de la pensée » qui font que les hommes de notre préhistoire, du paléolithique supérieur, se sont posé des questions. Il y a un certain nombre d'éléments qui sont toujours les mêmes parce que nous ne pouvons pas les modifier. Ces éléments qui sont toujours les mêmes, comme les alternances du jour et de la nuit, du chaud et du froid (même de façon relative), sont des aiguiseurs pour la pensée. Ces « butoirs de la pensée » sont des considérations anatomiques et physiologiques – et cosmologiques – qui concernent toutes le corps. On observe un certain nombre de faits et de constantes sur lesquels les hommes ne peuvent pas agir.

La première constante, c'est la différence sexuée que l'on remarque dans toutes les espèces animales connues, ce qu'on appelle les « animaux vrais ». Il a donc fallu trouver une réponse : pourquoi y a-t-il des différences de forme dans les espèces, toutes marquées par cette même césure essentielle mâle et femelle. Il y a deux sexes, et les deux sexes doivent s'appareiller pour se reproduire.

La deuxième constante, c'est que les parents naissent avant les enfants (ça paraît subtil, mais c'est fondamental) : les générations s'enchaînent dans un ordre qui ne peut pas être renversé.

La troisième, c'est qu'il faut des relations sexuelles, des coïts, pour qu'il y ait procréation. C'est une grossière erreur de s'imaginer que les sociétés que l'on appelle primitives l'ignorent. Elles le savent très bien, même si on peut parfois habiller les naissances illégitimes par l'idée d'une procréation extraterrestre. Surtout, il y a l'idée que le sang est le porteur de la vie, de la chaleur et de la mobilité. C'est extrêmement important, parce que les femmes perdent du sang. Ce qui fait qu'elles sont nécessairement moins chaudes, moins vives, moins mobiles dans l'imaginaire.

La quatrième constante, c'est le fait, absolument renversant quand on y pense, que les femmes font non seulement leurs semblables mais ont la capacité de faire aussi des corps différents d'elles : du même et du différent. Alors que les hommes ne peuvent même pas faire du même. La vraie question n'est pas l'idée que les femmes font les enfants, c'est qu'elles font les fils des hommes. Et ça serait tellement mieux si les hommes pouvaient faire leurs fils tout seuls.

C'est ce que disent beaucoup de mythes. Le monde idéal, c'est un monde où les femmes feraient des filles et où les hommes feraient des fils. Donc le fait que les femmes font le même et le différent est une question qui est un « butoir de la pensée ».

Il y a eu énormément de réflexions autour de ces questions. Les réponses excluent que ça vienne d'un pouvoir exclusivement féminin. Puisqu'il faut le coït, si les femmes font des enfants, c'est parce que les hommes mettent des enfants dans les femmes. Il y a deux grandes variantes. La première, c'est que les hommes sont les vecteurs : par le sperme s'expriment les dieux des ancêtres, des esprits... Dans la seconde, on évacue les dieux, c'est le sperme de l'homme lui-même qui contient les enfants des deux sexes. Chose tout à fait étonnante, lorsqu'on a, aux XVIIIe-XIXe siècles, découvert les ovules et les spermatozoïdes, il y a eu une énorme querelle entre les « ovistes » et les « homonculistes », entre ceux qui disaient que tout l'enfant était déjà dans l'ovule et ceux qui affirmaient que tout l'enfant était dans le spermatozoïde, l'ovule n'étant que la ressource nourricière qu'il lui fallait pour proliférer. Ça a été extrêmement difficile de faire admettre que c'était partagé par les deux sexes. Parce qu'on prétendait que les femmes n'y étaient pour rien et que tout venait de l'homme.

Propos recueillis le 8 octobre 2009

MICHEL TOURNIER

L'écrivain de Vendredi *et du* Roi des Aulnes *s'est toujours passionné pour la philosophie, la littérature et les contes. Visite à Noël dans son presbytère.*

Je suis parti en Allemagne dès le lendemain de la guerre – l'Allemagne n'était qu'un monceau de ruines fumantes – pour y étudier la philosophie, et j'y suis resté quatre ans. J'ai des idées très classiques en philosophie, et je suis irrité tous les ans quand je vois les sujets du bac. Un vrai sujet de philo, qu'est-ce que c'est ? C'est par exemple l'argument ontologique de l'existence de Dieu par Leibniz. L'argument ontologique, la preuve de l'existence de Dieu, a été établi par saint Anselme, archevêque de Canterbury, accepté par Descartes, Leibniz, Spinoza, Malebranche, et il faut attendre Kant pour qu'il soit réfuté. Pour moi, c'est ça la philosophie. Comme le quadruple paradoxe du beau selon la *Critique du jugement* de Kant. Voilà un autre grand sujet de philosophie, admirable. Ce sont des choses qui vous bouleversent quand vous les découvrez. Mais des sujets tels que « Quel rapport y a-t-il entre l'amour et l'amitié ? », ça, c'est de la foutaise, c'est de la littérature de quatre sous. Quand j'ai été recalé à l'agrégation, on m'avait interrogé sur des sujets complètement imbéciles, du sous-Marcel Proust. La psychologie, la psychanalyse, c'est vraiment la chienlit de la philosophie. La philo, c'est d'abord et avant tout l'ontologie et la métaphysique. Je ne regrette donc pas d'avoir raté ma carrière de philosophe.

Je le dis souvent aux enfants quand on m'invite dans les

classes : « Vous savez, j'en suis un exemple. Ce n'est pas mal de commencer sa vie par un échec. Parce qu'on se remet sur pied et qu'on repart plus fort. » C'est ce que j'ai fait pour la littérature, et tout mon problème, c'est qu'au fond je suis philosophe et ne suis que cela. Il faut donc que j'aie l'air d'un romancier, que je raconte des histoires. Toute mon esthétique tient dans trois vers de Lanza del Vasto, d'origine sicilienne mais poète de langue française qui a écrit : « Au fond de chaque chose un poisson nage/Poisson de peur que tu n'en sortes nu/Je te jetterai mon manteau d'images. » C'est toute mon esthétique. Au fond de chacune de mes histoires il y a une vérité métaphysique qui nage. Vérité métaphysique, de peur que tu n'en sortes nue, je te jetterai mon manteau de petites histoires de forêts, d'animaux, de chasse, de pêche, de voyages, d'amour, etc. Voilà à peu près tout mon problème. C'est-à-dire que j'ai quelque chose à dire, mais je le dis en contrebande, déguisé. Et mon Dieu, ça marche souvent.

Le sommet, c'est le conte, beaucoup plus que le roman. Parce qu'avec le conte la chose est réduite au maximum. Généralement, ce qui marche le mieux, c'est une opposition. Dans *Pierrot ou les secrets de la nuit*, une des choses, à mes yeux, les plus réussies que j'aie écrites, à cause de ce mélange profond entre l'idée et l'image, vous avez l'opposition entre Pierrot, qui est timide, silencieux, tout en blanc, et Arlequin, qui est une grande gueule, qui a du toupet et qui est vêtu de couleurs violentes. Je n'hésiterai pas à dire que mon conte est une introduction à la philosophie de Spinoza. En effet, l'opposition entre la couleur d'Arlequin – superficielle et qui s'écaille – et celle de Pierrot – substantielle et nourrissante –, c'est l'opposition entre l'accident et la substance de Spinoza. Et cette opposition est comprise par les enfants. Oui, les enfants sont spontanément spinozistes ! D'ailleurs, cette opposition de Pierrot et d'Arlequin est une clé pour toutes sortes d'œuvres littéraires. *Le Misanthrope* : Alceste, c'est Pierrot, il est silencieux, il est grognon. Et puis il y a Philinte, qui est Arlequin, un séducteur par la parole. C'est une clé universelle, l'opposition de Pierrot et d'Arlequin.

Propos recueillis le 20 décembre 2007

SIMON LEYS

L'essayiste iconoclaste réunit dans Les Idées des autres *un florilège de citations inattendues de ses écrivains préférés. Nous lui avons demandé d'en commenter quelques-unes.*

« *L'essentiel de la biographie d'un écrivain consiste dans la liste des livres qu'il a lus.* » (Valery Larbaud)

À mettre en rapport avec la citation d'Emerson : « Les génies ont les biographies les plus courtes, car leur vie intérieure se déroule dans l'invisible et le silence. » Tant de biographies d'écrivains sont trop longues : elles contiennent une masse d'informations inutiles. Si elles nous fournissaient seulement un inventaire de la bibliothèque de l'homme en question, on se rapprocherait un peu de l'idéal suggéré par Emerson. Exemples : Paulhan, Queneau et Borges

– personnalités si différentes – partagent un trait important et significatif, ils admiraient Chesterton (Queneau relisait chaque année *Le Nommé Jeudi*). Gide s'est mis à lire Conrad (puis l'a traduit) sur le conseil de Claudel (cela nous les rend presque sympathiques l'un et l'autre). Et pendant les longues soirées de Cuverville, Gide lisait (en anglais !) à sa femme (à voix haute) Richard Henry Dana : *Deux années sur le gaillard d'avant* (qu'Edith Wharton lui a fait découvrir). Pareilles informations ne me semblent nullement oiseuses. L'absence de bibliothèque est également intéressante, mais elle n'a pas toujours la même signification. Chez Sartre, c'était un aspect de son génie ; lecteur vorace, il n'avait pas besoin de conserver de livres sous la main car il avait une mémoire éléphantesque. Même chose chez beaucoup de grands lettrés chinois qui ont intellectuellement survécu aux autodafés de la Révolution culturelle grâce à leur mémoire géniale. Ici, je voudrais faire un long excursus pédagogique – sur l'importance capitale, mais entièrement négligée dans l'éducation moderne, de l'apprentissage par cœur des textes, pages de prose et poésie. Wittgenstein, lui, lisait peu (surtout des magazines policiers, populaires, dont il faisait une énorme consommation et jetait après usage). Chez lui, l'absence de livres était corollaire de l'originalité radicale de sa pensée. (Le *Tractatus logico-philosophicus* doit bien être l'unique exemple d'une thèse de doctorat qui ne comporte pas une seule note, ni de bibliographie, ni de références à aucun autre ouvrage. Sa pensée avançait sans béquilles érudites, elle s'appuyait sur son seul génie.) Je voudrais bien savoir ce que lisait Céline. Lisait-il ? Simone Weil admirait Céline : autre rencontre révélatrice – tellement plus révélatrice que tant d'informations biographico-anecdotiques…

« *Pas de nouvelles de Dieu.* » (Léon Bloy)

Dans son prodigieux *Journal* (son chef-d'œuvre), il note au jour le jour rencontres, correspondance, incidents, réflexions. À une certaine date, un certain jour, il ne note que ces cinq mots. C'est bouleversant. Ça vient d'un homme habitué à recevoir des nouvelles de Dieu, et en état d'en attendre. Bloy est un personnage impossible à vivre, tonitruant, exaspérant, forcené, théâtral, excessif, parfois déséquilibré. Mais c'est un authentique prophète (mot galvaudé dans un âge qui en ignore la réalité). Les prophètes de l'Ancien Testament étaient eux aussi de mauvais coucheurs, des gens infréquentables. Mais il faut bien que les prophètes hurlent, puisqu'ils parlent à des sourds.

Propos recueillis le 24 novembre 2005

ERRI DE LUCA

L'écrivain italien qui fut un des dirigeants de Lotta Continua et ouvrier maçon, qui a appris l'hébreu pour lire dans le texte les Écritures saintes, publie Sur la trace de Nives.

Une grande partie de l'Écriture sainte est alpiniste. L'arche de Noé se pose sur le mont Ararat, Moïse disparaît sur le mont Nébo après qu'il était monté sur le Sinaï recevoir les tables de la Loi. Moi, j'escalade des montagnes en sachant qu'il n'y a personne et pas de rendez-vous avec un Dieu. En haute montagne, les pensées sont à court d'oxygène et les mots sont rares. Il ne faut pas les gaspiller. Accroché à une paroi, toutes nos paroles sont de toute façon dispersées par le vent. Là-haut, tous les mots ne peuvent être que nécessaires. J'écris des petits livres car je sais que je suis l'hôte du lecteur et de son temps. Par politesse, je dois faire court. Il faut quitter la table avant d'en être chassé. Je suis un invité. En haute montagne, je ne suis jamais un propriétaire. Uniquement un passant dans des lieux inhabitables et inhabités. C'est pour cela que je ne plante jamais de pitons dans la roche. J'aime emprunter les pitons des autres, pas ajouter les miens. C'est ce qui fait aussi mon écriture, qui suit les traces de bouts de vies passées, sans en inventer une nouvelle.

En montagne, je m'aperçois que la beauté du monde n'est pas décorative mais la raison d'être même de la vie. La vie n'existe que par sa force de beauté. Il ne faut surtout pas exploiter cette beauté, ce serait un travail de mort. J'aime l'idée qu'il y a une poussée irrésistible qui va du bas vers le haut et qui contredit les lois de la gravité. Les plantes, le moindre brin d'herbe ont une poussée verticale. Les marées, les vents ascensionnels montent. L'escalade obéit à cette loi de la nature. Le peuple de Babel qui a voulu inventer une montagne pour rejoindre le ciel a été châtié et dispersé. On ne peut inventer une montagne. On ne peut qu'obéir à sa surface, jusqu'au sommet. La haute montagne vous démasque. Là-haut, c'est l'épreuve de vérité. Chacun s'y révèle dans son propre dénuement. Parfois, des amis prisonniers politiques me demandent avant une expédition himalayenne : « Respire pour nous. » Je comprends leur demande mais je ne peux y répondre. Pourtant le verbe « demander » est au cœur de la vie. Il faut oser demander. Moi, je n'ose pas. Mon père était un maître de questions. Il était si curieux du monde et des gens. Je l'admirais pour cela. Admirer pour moi, c'est savoir ce dont je ne suis pas capable. L'admiration crée une distance infranchissable. C'est ce qui en fait un si beau sentiment.

Propos recueillis le 7 décembre 2006

V

MANCHETTES

Gentleman John

En haut d'une falaise déchiquetée qui surplombe la mer, John le Carré montre de la main, un sourire amusé aux lèvres, le large et la ligne d'horizon : « En face, c'est l'Amérique. » Nous sommes à la pointe des Cornouailles britanniques (Cornwall), dans le domaine très secret de celui qui n'est pas ici John le Carré mais porte son nom de baptême, David Cornwell. Il y a quarante ans, sur un coup de foudre, il a acheté une ferme qu'il a aménagée au fil du temps et où, au stylo à bille, il a écrit ses chefs-d'œuvre.

Nous sommes arrivés la veille au soir, mon camarade Gilles Anquetil et moi, à Penzance, terminus de la Great Western Railway (de Londres, six heures de train vétuste, dix-huit gares desservies, trois wagons de hooligans parqués par les flics). Dans la station balnéaire, non loin de l'auberge de l'Amiral Benbow où rôdent les ombres de Stevenson et de Long John Silver, une jolie demeure du XIXe (*Georgian gothic*), l'Abbey Hotel, dont la propriétaire est Jean Shrimpton, icône du Swingin' London, muse du photographe star David Bailey, pour qui fut inventé le titre de supermodel ; elle inspira le personnage de Vanessa Redgrave dans *Blow Up* (Antonioni avait d'abord pensé à faire jouer Bailey lui-même avant d'engager David

Hemmings). Je dors dans une chambre tapissée de tissu Liberty chez la « Shrimp », surnommée « la crevette » à cause de ses jambes immenses faites pour la minijupe. Je rêve de Lizzie Worthington, la jeune femme fantasque dont tombe amoureux le journaliste-espion « Jerry » Westerby dans *Comme un collégien*, deuxième tome de la trilogie de Le Carré (après *La Taupe* et avant *Les Gens de Smiley*) se déroulant à Hong Kong à la fin de la guerre du Vietnam, et qui m'avait tant marqué que, lors de mon premier séjour dans la colonie britannique début 80, je fis tout pour devenir membre du fameux Hong Kong Foreign Correspondents' Club.

L'itinéraire transmis par l'auteur d'*Un pur espion* pour atteindre sa demeure à partir du petit port de Penzance est digne d'une feuille de route codée et relève du défi (« The lane is marked as a cul-de-sac and has an ancient tomb on the left hand side of the road on a wide, grass verge… »). Il faut l'interpréter tel un jeu de piste, puis traverser des landes mystérieuses et suivre des chemins qui rétrécissent à mesure que l'on approche du cottage.

D'ici quelques jours, le 19 octobre 2013, David Cornwell aura quatre-vingt-deux ans et John le Carré, dont le premier roman, *L'Appel du mort*, parut en 1961, aura cinquante-deux ans. Sur son site officiel, il se définit ainsi : « Je déteste le téléphone. Je ne sais pas taper à la machine, j'écris à la main. Je vis sur une falaise des Cornouailles et déteste les villes. Trois jours et trois nuits dans une ville sont pour moi le maximum supportable. Je ne vois pas beaucoup de gens. J'écris, je marche, je nage et je bois. »

Nous avons révisé nos classiques. Après des études à l'université de Berne en Suisse et à Oxford au Royaume-Uni, John le Carré a enseigné le français et l'allemand au collège d'Eton.

Recruté en 1958 par le service de renseignement britannique, le MI5, il a rejoint en 1960 le MI6 et est devenu espion à Bonn puis à Hambourg. En 1963, *L'espion qui venait du froid*, son troisième roman, conçu comme un antidote au fantasme du superman James Bond (agent secret au MI6), lui apporte la gloire. Démasqué par l'agent double Kim Philby qui travaille pour le KGB, Cornwell doit démissionner des services secrets en 1964 et se consacre dès lors à plein temps à la littérature.

Jane, son épouse, nous accueille. David Cornwell alias John le Carré, habillé en gentleman-farmer – pantalon de velours lie-de-vin, gilet en tweed sur chemise Oxford bleue –, nous invite à une courte promenade dans son jardin, qu'il a dessiné lui-même, au-dessus de la falaise. Le ciel est d'un bleu intense et les reflets vif-argent du soleil dansent sur la mer. Puis, dans une véranda baignée de lumière, c'est le moment du long entretien qui doit faire la couverture de *L'Obs*. Mais prudence. J'ai gardé en mémoire, dans le texte qu'il m'avait envoyé de Penzance pour raconter sa journée du 29 avril 1994[1], l'avertissement : « Ma seconde résolution était de ne plus jamais accorder une seule interview : c'est ce que je me jure fidèlement chaque fois que j'en donne une. Plus d'interview, ne plus jamais discuter de son œuvre, publiée ou en gestation, ne jamais lire de critiques de ses livres. »

Dans un anglais précis, David-John se révèle un conteur éblouissant. Parfois, il n'hésite pas à imiter en virtuose les voix et les accents d'Arafat, de Primakov – ancien chef du KGB

1. Publié dans le hors-série « 240 écrivains racontent une journée du monde » pour les trente ans du *Nouvel Observateur*.

qui voulait absolument le rencontrer – ou encore de Richard Burton, qui interpréta *L'espion qui venait du froid.*

L'homme qu'on disait sauvage est le plus délicat des hôtes. L'entretien terminé, il nous invite à partager du champagne dans le jardin face à la mer. Fort disert, il ne cache pas qu'il est toujours en colère contre la politique étrangère de son pays selon lui trop inféodée au grand allié ou parrain américain. Suit un déjeuner très gai et raffiné où il s'amuse à raconter d'irrésistibles anecdotes. Ainsi celle avec son ami Alec Guinness qui, avant de jouer le personnage de George Smiley dans la série télévisée *La Taupe*, avait demandé à John le Carré de lui présenter un maître espion. L'écrivain organisa un dîner pour que l'acteur rencontre le chef des services secrets britanniques. Durant le repas Alec Guinness fut silencieux et fort observateur. Resté seul avec son hôte, il lui fit remarquer que l'espion en chef avait pour manie de tourner son doigt à l'intérieur de son verre avant de le boire pour vérifier un empoisonnement éventuel, qu'il avait trois grosses bagues aux doigts (dans laquelle se cacherait une pilule de cyanure ?) et qu'il portait des bottines de daim orange pour brouiller les pistes. Le Carré lui répondit que c'était juste des manies qui n'avaient rien à voir avec le métier d'espion. Mais le premier jour de tournage sir Alec débarqua avec trois bagues aux doigts, des bottines orange et une drôle de façon de toucher son verre…

La brume s'est levée. L'heure de partir. Je revois Jane et John sur le perron agiter doucement leurs mains et disparaître comme par enchantement. Sur la route, un brouillard à couper au couteau et le taxi s'égare à trois reprises.

Aujourd'hui, un agent secret n'est-il pas comme un pilote de drone, qui ne voit le terrain que comme une image satellite sur un écran ?

Il y a bien des types différents d'agents secrets. Mais il est malheureusement incontestable que la technologie de surveillance a déprécié leur rôle. Cela dit, durant la guerre froide, les États-Unis ne disposaient d'aucune source humaine au Kremlin. En Irak, le problème était différent : par précaution, Saddam liquidait régulièrement tout son personnel, qu'ils soient ou non des espions. Les services secrets britanniques et peut-être français avaient réussi à placer des agents, contrairement aux Américains, mais ils ne duraient pas. On a pourtant toujours besoin d'informateurs sur le terrain, capables d'interpréter les situations. La prolifération de la technologie oblige à faire confiance à des analystes subalternes pour sélectionner les informations qui leur paraissent importantes avant de les transmettre à des analystes plus haut placés, et ainsi de suite. On passe ainsi à côté d'éléments décisifs. À chaque attentat terroriste, on s'aperçoit rétrospectivement qu'on aurait pu le prévoir. Mais on n'arrive pratiquement jamais à l'empêcher en amont. La technologie a multiplié le nombre de personnes impliquées dans la collecte et l'analyse du renseignement sans en avoir la compétence. Or il vaut mieux un seul informateur intelligent qu'une foule de techniciens incompétents. Il suffisait de pouvoir compter sur le secrétaire personnel de Saddam Hussein pour être tranquille. Car il n'est pas nécessaire de savoir ce que dit l'ennemi, il faut savoir ce qu'il pense. Autrement, on peut se laisser abuser par une propagande mensongère. Mais seuls les Américains croient que la technologie peut résoudre le problème du renseignement. C'est dans leur mentalité. Alors que nous, anciennes puissances coloniales corrompues, savons bien qu'il faut toujours une source humaine.

Cela réclame également une culture historique, religieuse, linguistique…

Absolument. Il faut connaître les bases de la culture du pays espionné, savoir replacer l'information dans son contexte le plus large. Il faut avoir l'intelligence, l'argent et la patience nécessaires pour recruter des informateurs à un niveau très humble et attendre qu'ils montent en grade. Et il faut faire tout cela en temps de paix, hors des périodes de crise. Il y a une dimension presque pastorale dans le recrutement d'informateurs, et une complicité quasi affective. Un agent doit connaître la vie amoureuse de ses informateurs, leurs amitiés illicites, le nom de leurs enfants. On est leur confesseur, leur meilleur ami, leur tonton, leur papa. Il faut de la finesse pour organiser un réseau d'informateurs, comme pour mener à bien un interrogatoire. Je suis toujours consterné par la brutalité des scènes d'interrogatoire dans les films américains. Le prisonnier doit devenir un ami. Il faut savoir qui il aime, pour qui il s'inquiète, lui promettre de prévenir sa femme, sa maîtresse ou ses enfants… On doit instaurer une relation privilégiée, lui dire : je suis ton seul lien avec le monde extérieur, tu as besoin de moi. Le recours à la torture, comme les Américains l'ont fait en s'inspirant des méthodes chinoises, est contreproductif, car on n'obtient que des informations fausses livrées dans la douleur. Surtout, c'est dégradant pour ceux qui agissent ainsi. Une fois revenus en société, que sont-ils, ces tortionnaires, ces médecins qui collaborent aux interrogatoires ou qui remettent sur pied les prisonniers ?

L'un des thèmes de votre nouveau roman, *Une vérité si délicate*, est la privatisation de la guerre et du renseignement. En quoi cette délégation des responsabilités des États à des sociétés privées est-elle alarmante ?

La première question est de savoir comment cela a pu arriver. Certes, l'utilisation de mercenaires est une tradition ancienne. Il faut savoir qu'il est extrêmement onéreux de maintenir un service de renseignement à l'échelle mondiale. Un agent des services britanniques envoyé par exemple au Congo bénéficie d'un salaire mirobolant, d'une garantie d'évacuation en cas d'urgence, de prestations familiales, etc. Il est donc moins cher de s'adresser à un sous-traitant pour une somme forfaitaire. Par ailleurs, on peut toujours désavouer un sous-traitant, en prétendant que ses agissements n'étaient pas prévus dans le contrat, qu'il a outrepassé ses prérogatives. De plus, le renseignement, tous services confondus, emploie un personnel pléthorique, plus nombreux sans doute que les effectifs de l'armée de terre ou de la marine. Et tous ces agents, hormis ceux qui se sont élevés dans la hiérarchie, sont mis à la retraite d'office à quarante-cinq ans. Ils ont le profil idéal pour être recrutés par des sous-traitants : ils ont l'expérience, ils ont les contacts, ils sont disponibles. C'est ainsi que les États délèguent de plus en plus à des compagnies et des armées privées. Aujourd'hui, on assiste à un clivage croissant entre les initiés et les profanes : c'est à ces derniers qu'on fait gober toutes ces histoires inventées de toutes pièces. Vous seriez affolés de l'ampleur des contacts entre les services secrets et la presse, particulièrement les responsables des rubriques de politique étrangère. On dit que la meilleure table de Londres est la cantine des services secrets : la cuisine est exquise, la conversation passionnante ! Le renseignement constitue un monde en soi, un monde secret qui se voit conférer une dignité nouvelle par la « guerre contre le terrorisme ».

Le monde du renseignement serait donc passé de l'aristocratie à une sorte de mafia…

Ce qui est dangereux, c'est de confier à des sous-traitants « embarqués » tout le sale boulot. Ils risquent de se laisser griser, de n'y voir qu'une source de profit, de commettre des excès qu'il incombe alors aux gouvernements de dissimuler. Les États tendent à étouffer ces affaires, car fondamentalement ils sont complices. Je n'ai pas de solution simple à offrir, mais ce qui m'intéresse en tant que romancier, c'est l'enjeu éthique : jusqu'où un individu inféodé à un gouvernement est-il prêt à aller avant de dire non ? À quel stade refuse-t-on de colporter un mensonge ou de fermer les yeux ? Quand devient-on un lanceur d'alerte ? En Israël, un soldat en mission qui invoque une clause de conscience pour refuser d'obéir est censé ne pas encourir de sanctions. Il n'y a pas d'équivalent dans le monde du renseignement. Cela dit, on ne peut pas bâtir des services secrets en autorisant un individu à en révéler les secrets si sa conscience l'exige. Tout lanceur d'alerte prend donc un risque assumé. On ne peut pas instaurer de législation spéciale pour protéger les lanceurs d'alerte. Mais quand le mensonge révélé est vraiment monstrueux et représente un crime d'État, comme dans le cas de Daniel Ellsberg qui, en 1971, avait rendu public le dossier du Pentagone concernant le Vietnam, le crime du lanceur d'alerte s'en trouve amoindri car son but est noble [2]. Mais jamais un lanceur d'alerte n'aura droit à un procès équitable aux États-Unis : on préfère le traiter de traître.

À l'âge de trente ans, celui de Toby, le plus jeune des deux diplomates de votre roman, vous étiez vous-même espion. Face à un scandale moral et politique, auriez-vous démissionné ?

Je l'espère, mais j'en doute ! Voilà pourquoi chaque roman m'en apprend davantage sur moi-même. Toby vaut mieux que moi. J'aimerais être capable d'agir comme lui. Le problème dans le monde du renseignement, c'est qu'on ne connaît jamais le contexte de ce qu'on a en face de soi, ce qui rend impossible de dire : ceci est immoral. On ne dispose que d'un minimum d'informations, jamais d'une vision complète. Mais je sais que c'est une piètre excuse. Il y a des choses dont j'ai eu vent à l'époque, sans y être directement impliqué, dont je sais aujourd'hui qu'elles étaient inadmissibles, telle la tentative d'infiltration en RDA d'agents à peine formés pour cette mission, sans moyens de communication entre eux, sans protection ni solution de repli. Les pauvres bougres n'ont pas tardé à être démasqués, arrêtés, torturés… Le monde de *L'espion qui venait du froid* paraît rétrospectivement incroyable. Ainsi, on ne

2. Daniel Ellsberg, fonctionnaire américain employé par la RAND Corporation, a fourni en juin 1971 au *New York Times* 7000 pages d'un rapport gouvernemental top-secret sur la guerre du Vietnam connu sous le nom des Pentagon Papers. Il a été poursuivi pour vol, conspiration et espionnage. Il est considéré comme le premier lanceur d'alerte.

pouvait faire pénétrer un agent en RDA sans l'intervention, tôt ou tard, d'un agent ouest-allemand. Ils étaient omniprésents. Or le contre-espionnage ouest-allemand était complètement infiltré par les agents est-allemands, de la base au sommet de la hiérarchie. Et lorsque les Britanniques ont voulu creuser un tunnel entre Berlin-Ouest et Berlin-Est (l'« Opération Gold »), à peine avaient-ils construit le premier tronçon qu'ils ont été trahis en 1956 par l'un des leurs, George Blake, à Londres même ! J'étais à l'écart de telles opérations, mais ceux qui y ont participé doivent être frappés rétrospectivement par la futilité de leurs efforts.

Vous avez déclaré : « Je me rends compte aujourd'hui que tous mes romans sont une version codée de ma propre vie. » Est-ce parce que vous vous projetez dans vos personnages que vous refusez d'écrire vos Mémoires ?

Oui, mais j'avoue qu'aujourd'hui je suis tenté d'écrire sinon des Mémoires, du moins un récit autobiographique – ne serait-ce que parce que quelqu'un prépare depuis trois ans ma biographie ! À mesure que je lui raconte ma vie, je me dis que c'est un matériau trop passionnant pour le lui abandonner ! C'est ma vie, pas la sienne ! Mais je me concentrerai sans doute sur quelques épisodes, comme les dix jours que j'ai passés en 1982 auprès d'Arafat avant son départ de Beyrouth. Ma vie m'a permis d'assister à certains événements cruciaux, comme un journaliste, mais sans en avoir les responsabilités. Et puis il y a des éléments de comédie, comme le fait qu'on me prenne pour un grand espion, alors que dans l'organisation je jouais un rôle minuscule ! Un jour, Evgueni Primakov, ancien chef du KGB devenu ministre des Affaires étrangères, est venu à Londres en visite officielle. Son homologue Malcolm Rifkind lui a demandé s'il avait un souhait particulier, et Primakov a répondu qu'il voulait rencontrer le Carré ! Rifkind, qui doit me détester, a répliqué que ce serait difficile, mais qu'il pouvait lui procurer un de mes romans. Sur leur demande, j'en ai donc envoyé un exemplaire dédicacé au Foreign Office, où on l'a aussi examiné pour s'assurer qu'il n'était pas piégé… Entre-temps, j'avais été invité à dîner avec ma femme à l'ambassade soviétique. Nous étions les seuls Britanniques : il y avait Primakov et sa femme (une doctoresse estonienne très belle), l'ambassadeur qui nous recevait, l'ambassadeur de l'URSS en Syrie, un interprète et quelques gardes du corps. Mais Primakov parlait très bien anglais. Il m'a dit d'emblée : « Appelez-moi Evgueni, je vous appellerai David. » On a beaucoup bu et il a fini par parler de l'opération Tempête du Désert : « Saddam est un ami – vous voyez ce que j'entends par ami ? Il m'a téléphoné pour me dire : "Evgueni, débarrasse-moi de ce problème du Koweït." Alors je suis allé voir George Bush senior… » Il échange quelques mots en russe avec son interprète, dont « datcha » et « Checkers », et je comprends qu'il a aussi rendu visite à Margaret Thatcher dans sa maison de campagne. Et il reprend : « Cette femme m'a fait la morale, et là j'ai compris : ils veulent la guerre. » Jamais il ne m'aurait confié tout cela s'il ne m'avait pas pris pour un super-espion !

Dans le cas d'Arafat, je voulais le rencontrer. Je venais de faire la couverture de *Time Magazine*. Tous les jours, je me rendais en vain au siège de l'OLP à Beyrouth, un véritable bunker. Et un soir, enfin, dans le couloir de mon hôtel, un garçon d'étage m'a dit : « Notre "chairman" va vous recevoir. » J'ai cru qu'il parlait du directeur de l'hôtel ! Une Volvo jaune m'attendait, escortée d'une autre voiture. Je suis monté. Il y avait des jeunes gens avec des kalachnikovs. On m'a bandé les yeux et nous avons roulé, puis changé de véhicule. Me voilà, enfin avec Arafat, dans une pièce aseptisée qui ressemble à la salle d'attente d'un dentiste. Personne ne fume, car Arafat déteste ça. Et il me demande, d'un ton très théâtral : « Monsieur David, pourquoi êtes-vous venu ici ? — Je voulais toucher de ma propre main le cœur des Palestiniens. » Alors il me saisit la main et la plaque sur sa poitrine : « Il est là, il est là, ce cœur ! » De fil en aiguille, il a détaillé le dispositif militaire palestinien aux frontières d'Israël. Et pour finir, il m'a demandé si j'étais libre le 31 décembre et m'a invité à l'école des enfants des martyrs. On m'y a donc emmené, avec les mêmes précautions. Tout l'état-major de l'OLP était là pour assister au spectacle monté par les enfants, et Arafat m'a fait asseoir près de lui. Sur scène, des enfants de dix ans s'échangeaient des kalachnikovs et tapaient dans leurs mains en rythme, bientôt imités par le public. Tout le monde était très ému. On a fini par hisser Arafat sur la scène, et il nous a fait signe de l'y rejoindre. Il a retiré son keffieh, on a formé une chenille en se tenant par les hanches et on s'est tous mis à danser la conga ! Puis on a chanté en chœur l'hymne palestinien (même si je ne connaissais pas les paroles). Alors, Arafat s'est précipité du haut de la scène dans les bras de la foule qui l'acclamait. C'était un véritable homme de spectacle, doté en outre d'une extraordinaire capacité d'empathie. Il était avant tout guidé par ses émotions, plus qu'on aurait pu le croire. Mais on tend aussi à sous-estimer son immense intelligence : il avait le potentiel d'un grand homme d'État. Sa barbe était très douce et sentait le talc pour bébé. Il était très tactile, il privilégiait le contact physique et les gestes affectueux. La journaliste italienne Oriana Fallaci lui avait demandé s'il était homosexuel, à quoi il avait répondu : « Madame, je suis marié à la Palestine. »

De Somerset Maugham à Graham Greene et vous-même, beaucoup d'agents secrets britanniques sont devenus écrivains. C'est une tradition ?

Il me semble que ces deux activités ont bien des points communs. Qu'on soit espion ou romancier, il faut savoir observer, écouter, en ayant l'intelligence de garder un profil bas. Et ensuite, on fait part de ses observations. J'en ai parlé un jour avec Graham Greene. Il m'a dit que son seul problème lorsqu'il travaillait aux services secrets, c'est qu'il tendait à enjoliver ses rapports, pour les rendre plus intéressants ! C'est le processus de recrutement des agents secrets qui est le plus instructif à cet égard : on recherche quelqu'un de crédible, loyal, de bonne compagnie, qui ait du charme et en même temps un potentiel criminel… Un agent secret doit posséder une part de faiblesse, avoir un peu peur de ce dont il est capable, et le désir de mettre ce potentiel au service d'un pouvoir qui le dépasse.

Les services secrets de chaque pays renferment toute la psychologie d'une nation, avez-vous dit…

Oui. Dans le secret de ces locaux clandestins, de qui, de quoi avons-nous le plus peur ? Et quel est notre rêve le plus cher pour notre pays ? C'est un processus passionnant à étudier. De mon temps, les services secrets avaient leurs locaux dans Victoria Street. Une immense demeure pleine de couloirs, le lieu idéal pour une telle activité. Et dans le bureau du grand chef, il y avait un énorme coffre-fort dont lui seul avait la clef. Or, lorsque les services secrets ont déménagé vers de nouveaux locaux, le chef était mort. Et ses prédécesseurs n'avaient jamais ouvert le coffre. On les a convoqués, ainsi qu'un huissier et le meilleur perceur de coffres du pays ! Il a enfin réussi à l'ouvrir : à l'intérieur, il n'y avait qu'un vieux pantalon, qui avait appartenu à Rudolf Hess. Nul ne sait ce qu'il faisait là : peut-être voulait-on l'analyser pour savoir si Hess se masturbait ou était incontinent…

L'âme d'une nation se révèle effectivement dans ses services secrets. Au MI5, vers 1955-1956, on pouvait ainsi découvrir que la grande hantise des classes dirigeantes était l'éclatement d'émeutes dues à la pauvreté en Grande-Bretagne même, comme la grande marche des affamés qui était partie du pays de Galles en 1928-1929. Cette paranoïa était peut-être anachronique, mais elle subsistait. D'ailleurs, on tend à oublier le nombre de grèves et d'actes de désobéissance civile qui s'étaient produits pendant et après la Seconde Guerre mondiale. Il y avait une profonde méfiance envers la classe ouvrière.

Dans *Une vérité si délicate*, vous mettez l'accent sur l'intégrité comme une qualité majeure. Vous avez fait preuve de la même intégrité dans vos engagements politiques.

Cela vient sans doute de mon passé familial : mon père était un escroc qui avait fait de la prison et fréquentait des gangsters. La confusion morale dans laquelle j'ai vécu mon enfance a été finalement enrichissante, car elle m'a contraint à définir ma propre morale, à m'inventer un code de conduite à partir de ce chaos. Cela dit, les escrocs avec lesquels frayait mon père avaient aussi leur code de conduite. Bien des années plus tard, j'ai rencontré l'un d'eux par hasard à Corfou. Il m'a confié : « Nous étions tous des criminels, mais ton père l'était encore plus que nous. » Il dépassait les bornes.

Cela vous a contraint très jeune à mentir sur vos origines pour paraître respectable, à devenir une sorte d'agent double…

Mon père nous voyait, mon frère et moi, comme ses œuvres d'art. Son ambition était de nous refaçonner, de nous arracher à son mode de vie pour faire de nous des gentlemen. Et le système existait pour y parvenir. Il suffisait de nous envoyer dans des écoles privées, de nous apprendre à parler comme il faut, à nous habiller comme il faut. Nous n'étions pas en pays étranger, mais nous vivions quand même incognito, nous portions un masque, comme des espions.

L'ascension sociale en elle-même représentait un travail d'espionnage : il s'agissait d'observer et d'apprendre comment s'exprimaient et se comportaient les gens bien, quels étaient pour eux les sujets tabous. Il fallait assimiler leurs bonnes manières, et en premier lieu nous débarrasser de notre accent d'origine !

Je viens d'une famille à l'origine ouvrière, où l'on parlait avec l'accent de ses origines. Mais les gens de ma génération ont dû apprendre à s'exprimer dans ce qu'on appelait l'« anglais correct », celui qu'on entendait à la BBC, un anglais officiel, incolore et bureaucratique, lourd de connotations sociales. On révélait son appartenance de classe par son accent, ou bien on changeait d'accent afin de se faire passer pour un aristocrate ! Une expression anglaise dit que chacun a la langue marquée au fer rouge : on porte son origine gravée dans sa langue.

Mon biographe a découvert des choses sur mon père que je ne soupçonnais même pas. Pour son premier délit, il avait été condamné à quatre ans de prison, ce qui était déjà sévère. Et au cours de sa détention, on l'a rejugé et on a ajouté à sa peine neuf mois de travaux forcés. Nul ne sait pourquoi : les archives sont perdues. Quand la police le recherchait, son associé et complice était mort. Des policiers avaient assisté aux obsèques, où mon père n'était pas venu. Mais le lendemain, on l'avait arrêté sur la tombe de son ami. Si cette histoire n'est pas vraie, elle mériterait de l'être.

La part obscure de l'Amérique

Je l'ai interviewée trois fois en dix ans, et toujours sur des questions sérieuses. Devant un tel monument, c'est ce que le journal attendait : des entretiens exclusifs sur des sujets qui fâchent. Écrivaine noire revendiquée, femme puissante avant que le terme ne signifie plus rien à force d'être utilisé à tort et à travers, porte-parole bon gré mal gré des Afro-Américains dans le monde dès qu'elle fut la première femme noire à être récompensée du prix Nobel de littérature en 1993, Toni Morrison se soumettait (un mot qu'elle déteste) de mauvaise humeur à l'exercice, considérant, comme Milan Kundera ou Thomas Pynchon, que ses livres disaient ce qu'elle avait à dire. Mais elle était consciente de ses responsabilités à s'exprimer sur son identité d'Afro-Américaine, d'icône noire, sur le racisme et les problèmes de l'Amérique. Enfant de Lorain (banlieue de Cleveland, Ohio), fille d'une femme de ménage et d'un soudeur, fière du chemin parcouru mais pas dupe de sa gloire (elle avait publié son premier roman, *L'Œil le plus bleu*, à trente-neuf ans), professeur à l'université dès la fin de ses études en 1955, enseignante à Princeton (de 1989 à 2006), elle savait être pédagogue. Et si elle n'était pas une militante, elle avait été l'éditrice d'Angela Davis, de Mohammed Ali et de Huey Newton, cofondateur du Black Panther Party, sa façon de contribuer à la lutte pour les droits civiques et de donner la parole à des Noirs qui allaient en prison et risquaient leur vie pour la cause.

La romancière de *Tar Baby*, *Beloved* et *Love* terrorisait les attachées de presse; Toni Morrison accordait ses rendez-vous au compte-goutte, avait la réputation de faire attendre des heures, de répondre de façon lapidaire et d'expédier son interlocuteur comme bon lui chantait.

Elle en imposait. Sa lourde chevelure, ses tresses grises quasi rastafariennes qui semblaient taillées dans le roc du mont Rushmore, des boucles d'oreilles donnant une tache d'or ou de nacre à son visage marmoréen (comme sur la photo d'Avedon pour le *New Yorker* où elle défie le monde), son sourire éclatant (si elle daignait).

Chaque fois, elle a répondu longuement et précisément à nos questions, non seulement parce que le journal avait célébré ses talents bien avant la reconnaissance du Nobel mais aussi par la grâce d'un entretien réalisé en novembre 1994 par deux des meilleurs journalistes de jazz de l'Hexagone, mes camarades Gilles Anquetil et Bernard Loupias, à l'occasion de l'événement « Lecture et batterie », un duo de Toni Morrison avec Max Roach sur la scène de l'American Center à Paris.

Ils dépeignaient Roach comme le « dernier grand témoin vivant de la révolution du be-bop avec Sonny Rollins. Époustouflant technicien, Max Roach est sans doute, de tous les percussionnistes de cette époque clé (Kenny Clarke, Art Blakey, Roy Haynes), celui qui a porté l'art de la batterie à son plus haut degré de maîtrise et de clarté. Ses apparitions en solo sont inoubliables : c'est de la pensée pure traduite en rythmes, en mélodies et en sons. Ce philosophe de la batterie est aussi un combattant de la cause noire aux États-Unis ». Toni Morrison les avait prévenus : « Max a la réputation d'être extrêmement susceptible s'il entend des propos sur la musique avec lesquels il n'est pas d'accord ! Max est un homme charmant, mais vous ne pouvez pas savoir à quel point son intelligence a la précision d'un rayon laser » – définition qui pouvait correspondre autant à elle-même –, et aussi : « Max est un artiste total. Il incarne mon idée de l'intellectuel, avec cet équilibre entre une sorte de folie et un intellect froid. C'est cette capacité à brasser ces deux attitudes qui, de toute éternité, a rendu l'art si excitant. Max est un immense conteur, un représentant de ce que le jazz a produit de meilleur. Même si on se chamaille sans cesse sur ce mot de "jazz", qu'il hait de toutes ses forces. »

L'écrivaine du roman *Jazz*, aux voix multiples, avait adoré leurs improvisations. Avant comme après la mort du musicien en 2007, « Max Roach » résonnait à jamais comme un sésame. Il suffisait de prononcer son nom pour que Toni Morrison accepte de répondre aimablement à nos questions : en 2006 avec la prémonition d'une élection de Barack Obama, en 2009 pour fêter ses cent premiers jours et en 2016 alors que s'achève sa présidence.

En novembre 2006, alors qu'elle est l'invitée exceptionnelle du Louvre autour d'un vaste programme « Étranger chez soi », Gilles et moi la rencontrons à la veille de l'ouverture. Nous prononçons la formule magique : « Et comment va Max Roach ? »

L'entretien débute sous les meilleurs auspices.

Vous sentez-vous chez vous dans votre pays ?

Ça dépend des moments. Le plus souvent, autant je me sens enracinée dans ma famille et dans l'histoire d'une communauté, autant je me sens exclue d'une citoyenneté authentique, bien que je sois née sur place. Je me suis toujours sentie marginalisée, ce qui était douloureux et déstabilisant, mais me mettait aussi (peut-être grâce à ma culture d'origine) en position de force : une position intéressante et même noble. Car depuis toujours c'est de la marge que viennent les artistes, et c'est en marge qu'ils choisissent de rester. Le centre, ils l'observent, l'analysent, le critiquent, et parfois parviennent à le déplacer. Tel est l'enjeu : forcer le centre à détourner son regard de lui-même. Cette position marginale a donc été pour moi un atout dans ma vie d'adulte ; mais dans ma jeunesse, c'était un handicap. Et puis, je n'ai pas d'autre endroit à moi. Si on ne prend pas ses responsabilités de citoyen, on n'est pas pleinement adulte. Voilà pourquoi je choisis de rester là-bas. Notre gouvernement actuel [*George W. Bush en fonction du 20 janvier 2001 au 20 janvier 2009*] est une véritable menace toxique ! C'est le pire, je crois, que nous ayons connu. Et je peux l'affirmer, moi qui ai soixante-quinze ans. Les agissements de ce gouvernement sont destructeurs. Il considère son propre pays comme un ennemi !

En français, le mot « étranger » traduit-il à la fois « foreigner » et « stranger » ?

Le français perd la polysémie de l'expression anglaise « the foreigner's home », qui peut signifier à la fois « l'étranger chez soi » ou « la demeure de l'étranger ». Et je voulais conserver cette ambivalence, car on peut devenir étranger chez soi, comme on le voit en Afrique où souvent est niée la notion même de citoyenneté. Quant aux Afro-Américains, ils ne sont pas pleinement citoyens du pays où ils sont nés et où ils vivent. Historiquement, ils ont toujours poursuivi une quête d'assimilation, qui s'est partiellement concrétisée après la guerre de Sécession, lorsqu'ils sont devenus éligibles à des postes de pouvoir. Mais leur visibilité les a empêchés de s'assimiler comme d'autres immigrants. Alors ils se sont construit une culture spécifique et identifiable qui n'est ni africaine ni américaine. Le jazz en est le meilleur exemple : on en reconnaît toujours l'origine, et pourtant il se joue dans le monde entier. C'est l'idéal, pour une culture : posséder une identité propre, mais en même temps être adoptée et reproduite ailleurs. Je trouve très beau qu'un étranger, au lieu de se refermer sur lui-même, tire parti de sa situation et exploite sa propre énergie créatrice à la fois pour elle-même et dans un but plus large.

Et dans vos livres, avez-vous l'impression d'être chez vous ?

Je me sens chez moi dans l'acte d'écrire, où on a la possibilité d'être un étranger, de rencontrer des choses, des lieux, des gens qu'on ne connaît pas. Si on arrive à pénétrer dans le texte, on peut s'y blottir, et peut-être tirer un réconfort de cette altérité. En tout cas, on en ressort plus riche. Disons que je souhaite la bienvenue à mes personnages. Une fois qu'on a établi le contact, qu'on connaît leur nom, ils vous parlent. Mais il faut rester ouvert. Je ne peux pas leur imposer une vie. En tant que lectrice, je démasque toujours les auteurs qui façonnent abusivement la vie de leurs héros. Il faut les laisser parler. Et ce qui est fascinant, c'est qu'ils parlent tout le temps !

Ils ne savent pas se taire. Il faut leur rappeler qu'on écrit le livre… Certains auteurs mettent en scène des personnages récurrents parce que ces derniers ont encore quelque chose à dire. Mais pour moi l'expérience est tellement intense que je ne peux pas les réemployer dans un autre roman. Je passe à autre chose.

Par-delà les personnages, il y a les mots. Et le mot que vous employez le plus dans vos romans, c'est « amour ».

C'est vrai. Les gens disent que l'amour est mon unique sujet. Mais je crois sincèrement que seul l'amour distingue l'être humain des autres êtres vivants. Je ne parle pas de la reproduction, ni de protéger sa progéniture : il s'agit de la compassion désintéressée qu'on éprouve pour ses semblables comme pour l'Autre. Voilà qui est propre aux humains. À moins que les éléphants… Mais ils ne l'éprouvent que pour leur propre espèce. L'amour est effectivement mon seul centre d'intérêt, mais ce qui motive mon écriture, c'est moins l'amour que son absence ou sa trahison, qui peut se produire très tôt. Et cela s'applique aussi bien aux parents qu'aux amants, à la citoyenneté qu'à la religion. L'amour sous toutes ses formes est tellement difficile à acquérir, à conserver, à goûter pleinement ! L'autre caractéristique, quoique moins profonde que l'amour, c'est le langage. Parler, se parler, se répondre… J'aligne les mots, l'un après l'autre, dans l'espoir d'établir ce lien ultime avec le lecteur, dans le monde où il vit et lit. Voilà l'enjeu. Et c'est un combat.

Quelle est la situation actuelle de la communauté afro-américaine ?

C'est un groupe à part, pas de doute là-dessus. Ils n'ont pas les mêmes ressources financières, le même accès à l'éducation. Aux États-Unis, quand on dit « les Noirs », il faut comprendre « les pauvres ». Car les Blancs pauvres connaissent exactement les mêmes problèmes. On substitue le clivage racial à l'antagonisme des classes, ce qui permet aux pauvres blancs de se sentir supérieurs ! Moi qui ai (privilège de l'âge !) une perspective historique, je vois à la fois la permanence et l'évolution. Le racisme demeure une réalité, même s'il n'est pas toujours aussi flagrant que dans le cas de Katrina [*en 2005, l'un des ouragans les plus forts jamais enregistrés*]. Mais les jeunes peintres et certains musiciens afro-américains définissent leur esthétique comme « post-noire », post-black, ce qui indique un rapport différent à leur identité, hors d'une culture noire clairement définie. Je place beaucoup d'espoir dans ce concept, qui jusqu'à présent n'appartient qu'à l'avant-garde artistique, mais qui peut faire évoluer la culture dans un sens positif. Et il y a aussi des politiciens noirs, certes parfois contestables, qui briguent des postes officiels. Il serait plus que temps que les États-Unis élisent un président noir. Qu'on l'élise et qu'on n'en parle plus ! Mais je crains qu'en 2008 il ne soit encore trop tôt, notamment pour le sénateur Barack Obama, qui dit : « Mon père est originaire du Kenya, et ma mère du Kansas. » Un bon moyen de résoudre la question raciale ! C'est très intéressant de voir un homme politique invoquer ainsi l'origine de ses parents. J'ai énormément d'admiration pour les qualités humaines d'Obama, et j'espère qu'il se révélera un leader influent et charismatique, à condition qu'il soit bien entouré. Mais il faut d'abord se débarrasser de Bush !

Trois ans plus tard, en mai 2009, nous rencontrons à nouveau à Paris Toni Morrison qui publie *Un don*, roman sur l'origine du racisme aux États-Unis, et alors que Barack Obama célèbre ses cent jours au pouvoir. Max Roach était mort. Après une évocation joyeuse du musicien, entretien.

Qu'avez-vous éprouvé lors de l'élection d'Obama ?

Moi qui réserve mes émotions pour mes livres, et qui suis généralement réfractaire aux cérémonies patriotiques, j'ai eu des frissons en entendant Obama déclarer, lors de son investiture : « Aujourd'hui, nous sommes vraiment les États-"Unis" d'Amérique. » Je me suis sentie appartenir à ce pays comme jamais auparavant. C'est enfin devenu mon pays. J'ai été bouleversée aussi en voyant Jesse Jackson pleurer à Chicago le soir de la victoire, d'autant plus que je comprenais fort bien ce qu'il devait ressentir, lui qui était aux côtés de Martin Luther King lors de son assassinat. Même pour moi qui ne pleure jamais, il est toujours émouvant de voir un homme pleurer.

Obama peut-il être le symbole d'un nouveau monde, d'une Amérique où la question raciale n'aurait plus de sens ?

Obama est certes un symbole, mais il subsiste aux États-Unis des gens profondément racistes, et qui le clament haut et fort. Reste donc à savoir comment ils réagiront à l'élection d'Obama. Je ne suis pas convaincue, contrairement à certains, que nous soyons entrés dans une ère « post-raciste ». Nous vivons peut-être le début d'une période, mais il ne faut pas oublier que ce président est à moitié blanc, et qu'il a été élevé par sa mère blanche. Il n'est donc pas identifié à son ADN de la même façon que moi ! Il est sensible au racisme, car il a vécu comme un Noir aux États-Unis, mais il n'a pas été en butte à la même hostilité. Les premières personnes qui l'ont aimé n'étaient pas noires, et c'est cet amour qui l'a construit. Donc effectivement, à titre personnel, il incarne un président « post-racial ». Mais la complexité et le progressisme d'Obama sur ces questions en tant qu'individu ne s'appliquent pas à l'ensemble du pays…

Son élection marque un tournant historique. Le racisme aux États-Unis ne pourra plus jamais être le même…

Je n'en suis pas si sûre. Il y a une part de racisme dans le fait d'exiger autant de lui, comme si on l'attendait au tournant… Il n'est au pouvoir que depuis cent jours, et on lui reproche déjà de ne pas en avoir fait davantage. C'est un peu comme le personnage du forgeron dans mon dernier livre, *Un don* : un Noir libre, autonome et compétent est forcément perçu comme une menace. Je dirais la même chose d'Obama ! On exige de lui la perfection.

Il n'a pas ancré en lui la mémoire de l'esclavage, ce qui lui épargne aussi toute attitude revancharde…

Non, il n'y a aucune colère en lui. Il n'a pas été persécuté ou emprisonné comme les leaders de la lutte pour les droits civils. Lui, il est allé à Harvard !

Et Michelle Obama ?

Son cas est différent. Elle est descendante d'esclaves, et sa famille est originaire du Sud. Elle incarne les aspirations des classes populaires noires, qui souhaitent que leurs enfants réussissent grâce à l'éducation tout en préservant une conscience sociale et une foi religieuse, ainsi que des valeurs de solidarité familiale et communautaire. Évidemment, ces valeurs n'exercent pas la séduction clinquante de celles que véhicule le rap, avec son culte de la réussite facile ou sa glorification des gangsters. Michelle Obama vient d'un milieu où toute une ville pouvait boycotter les transports publics si un prédicateur l'y incitait. Sa trajectoire est profondément américaine. N'oublions pas qu'elle est aussi juriste, diplômée de Harvard et de Princeton, ancienne administratrice d'hôpital.

Votre nouveau roman, *Un don*, décrit la coexistence, à la fin du XVIIe siècle, d'esclaves noirs, blancs et indiens, qui n'ont pas vraiment conscience d'être esclaves, ni de leur différence de race. S'agit-il là d'un souvenir volontairement effacé du passé des États-Unis ?

L'histoire des origines de notre pays a été effacée, altérée ou modifiée, comme si elle ne commençait qu'avec la Déclaration d'indépendance des États-Unis, en 1776. La période antérieure est enjolivée ou idéalisée : on évoque de gentils émigrés fuyant les persécutions religieuses et se réfugiant dans le Nouveau Monde, où ils fraternisent et devisent gaiement avec les indigènes amérindiens. Mais la réalité n'avait rien à voir ! J'ai effectué des recherches très fouillées pendant deux ans, ne serait-ce que pour savoir à quoi ressemblait le territoire avant l'arrivée des colons, et qui étaient vraiment ces derniers : pourquoi tenaient-ils tant à quitter l'Europe ? Je ne parle pas des commerçants de la Compagnie des Indes, ni même des réfugiés cherchant à pratiquer librement leur religion, mais des colons ordinaires. J'ai épluché les livres de bord des navires, les registres recensant les domestiques. Il y avait beaucoup de délinquants condamnés, de prostituées, énormément d'enfants, d'orphelins, de sans-logis. Voilà ce qui m'a intéressée, ainsi que le fait que l'esclavage n'avait rien d'exceptionnel. Il était universellement répandu, dans toutes les cultures, d'Athènes à l'Égypte en passant par l'Europe orientale. Tout le monde avait des esclaves, même si on ne les désignait pas ainsi. C'était une réalité en Russie, par exemple ; il paraît d'ailleurs que le mot anglais *slave*, qui signifie « esclave », viendrait du mot « slav ». Il suffit de lire Gogol. Au départ, ce n'était pas une question de race, mais de statut social. La singularité des États-Unis, c'est d'avoir introduit cette dimension raciale et raciste. La Virginie a adopté une loi stipulant que tout homme blanc, même asservi (et le servage était souvent prolongé, voire héréditaire), pouvait lui-même posséder des esclaves noirs. Les maîtres ne leur permettaient pas de s'élever dans l'échelle sociale, et espéraient les maintenir dans la pauvreté, mais ils leur conféraient un sentiment de supériorité fondé sur l'appartenance raciale. Ainsi, ils ne menaceraient pas le statu quo social et économique. Et cette mentalité s'est perpétuée aux États-Unis : ce sont avant tout les « Blancs pauvres » qui entretiennent le racisme. Car si on leur enlève leur identité raciale et le sentiment de supériorité qu'elle leur procure, il ne leur reste plus rien. Même l'éducation ne suffit pas à éradiquer ces préjugés. Cela dit, les jeunes générations semblent lasses de ces clivages artificiels, au moins dans certains domaines.

Vous évoquez donc une préhistoire oubliée de l'Amérique, où l'esclavage n'était pas lié au racisme.

On a effectivement occulté cette réalité historique. Dans certaines plantations se côtoyaient esclaves et serfs blancs, noirs et indiens. La révolte en Virginie que je décris dans mon livre, historiquement avérée, visait les possédants, les propriétaires terriens ; et dans ses rangs se mêlaient plusieurs races et même plusieurs classes sociales. J'ai vu dans un documentaire Martin Luther King, peu avant son assassinat, prêcher dans une petite église des Appalaches, face à un auditoire de « petits Blancs ». Il évoquait la perspective d'une nouvelle marche, une marche des pauvres, sur le modèle de la campagne pour les droits civiques ; et tous les hommes présents étaient en larmes, car ils comprenaient que son message s'adressait à eux, et pas seulement aux Noirs. Le racisme sert avant tout à diviser pour régner ; les luttes fratricides entre pauvres font toujours le jeu du pouvoir.

Le racisme n'est pas inné : les enfants identifient la couleur de peau et les caractéristiques physiques, mais ils ne leur associent aucune connotation, à moins qu'on ne les éduque en ce sens. Comment cela a-t-il donc commencé ? L'Amérique, en tant que Nouveau Monde, était à cet égard l'endroit idéal.

Sept ans plus tard, en septembre 2015, Toni Morrison vient de publier *Délivrances*, qui sera son dernier roman. Elle est fatiguée mais, « Remember Max Roach », accepte de répondre à quelques questions. Les huit années du mandat d'Obama se terminent. Depuis un an se succèdent bavures policières, émeutes et le massacre de Charleston[1].

Qu'avez-vous ressenti lorsque Barack Obama a entonné « Amazing Grace » lors de l'éloge funèbre du pasteur Clementa Pinckney, assassiné le 17 juin ?

Lorsque le président Obama a entonné « Amazing Grace » à la cérémonie funèbre pour ces paroissiens noirs assassinés, j'ai trouvé cela très émouvant mais guère surprenant, car il avait à plusieurs reprises employé le terme de « grâce » dans son allocution. Et tout le monde, Blancs ou Noirs, aime ce chant, peut-être parce qu'il a été écrit par un esclavagiste repenti.

À Charleston, Obama a-t-il parlé en tant qu'Afro-Américain ?

Je crois qu'Obama s'est voulu le président de tous les Américains, sans distinction de race. Cette approche a suscité la colère de plusieurs intellectuels noirs ou autres qui voudraient qu'il se concentre sur les problèmes raciaux. Mais son bilan est positif, d'autant que sa politique a exaspéré l'opposition au point que les républicains étaient prêts à bloquer la machine étatique pour l'abattre. Leur attitude est tellement destructrice et irrationnelle qu'on a créé une expression pour décrire ce type d'hostilité aberrante,

1. Neuf paroissiens noirs sont tués par un suprémaciste blanc le 17 juin dans l'Emanuel African Methodist Episcopal Church, l'une des plus vieilles églises noires des États-Unis.

fanatique, raciste et dévastatrice : le « syndrome de la phobie d'Obama ».

Assiste-t-on à une nouvelle radicalisation des intellectuels noirs aux États-Unis ?

Les intellectuels et les écrivains afro-américains ont toujours eu une attitude militante, polémique et analytique face aux « privilèges blancs » : je pense à Frederick Douglass, Richard Wright, Ralph Ellison, James Baldwin et bien d'autres. C'est peut-être encore plus vrai aujourd'hui, comme le prouve le récent succès d'*Une colère noire*, de Ta-Nehisi Coates[2].

---

2. Début janvier 2016, le livre du journaliste Ta-Nehisi Coates, National Book Award 2015 et numéro un des ventes aux États-Unis, sortait en France. Je l'avais interviewé :
« *La présidence d'Obama touche à sa fin. Son élection en novembre 2008 avait ouvert l'espoir que l'Amérique entre dans une ère post-raciale. Quel est le bilan d'Obama en matière d'inégalités raciales et sociales ?*
Je pense que personne n'aurait dû croire à ce rêve d'une Amérique post-raciale. En écrivant mon livre, j'ai notamment voulu tordre le cou à cet optimisme cynique et dangereux qui empoisonne mon pays : on s'est imaginé qu'en élisant un président afro-américain, on purgerait le pays de son racisme. La France a eu un Premier ministre juif en la personne de Léon Blum, et personne ne viendra dire que cela a débarrassé votre pays de l'antisémitisme. Le Pakistan a eu une femme à sa tête, et ce n'est pas pour autant que le sexisme y a disparu. Ce n'est pas parce que l'on met à la tête de l'État un membre d'une communauté qui a été maltraitée ou persécutée que les problèmes systémiques vont disparaître comme par enchantement. Dès le début, on a voulu voir en Obama une sorte d'homme providentiel, or ce genre d'attente messianique va à l'encontre de tout ce que nous a appris l'histoire. En revanche, il était symboliquement important qu'un Noir soit élu président. Lorsque des enfants noirs grandissent dans l'Amérique d'aujourd'hui et que leur première image d'un président américain est celle d'un Afro-Américain,

Dans quelle mesure son livre, *Une colère noire*, redéfinit-il les termes de la question raciale et des débats liés à cette question ?

Ta-Nehisi Coates identifie brillamment le problème que constitue le fait d'être un Noir aux États-Unis : être une personne éprouvant légitimement de la peur, craignant à la fois les policiers blancs et les rues des quartiers noirs, chaque parent afro-américain redoute que quelque chose puisse arriver à son enfant (agressions physiques, armes à feu, drogues, maladies).

---

quelque chose d'important s'est produit. Je crois à l'imaginaire politique collectif et Obama a eu un impact profond sur cet imaginaire. »

L'homme qui ne voulait pas être une rock star

La première fois que j'ai vu les Who, c'était en juillet 1965, à Cheltenham, ville natale de Brian Jones (où il est aussi enterré), sur une scène juchée au milieu d'un stade de foot. J'avais quatorze ans. « I hope I die before I get old. » Cet été-là, Pete Townshend compose « My Generation », hymne de frustration adolescente, en miroir du « Satisfaction » des Stones. Dans la station thermale frontalière du Pays de Galles, nous sommes une quarantaine de lycéens français, en pension pour un mois chez l'habitant (rémunéré), de braves prolétaires censés nous familiariser avec la langue de Dickens. Nous avons droit à des cours le matin, des excursions l'après-midi, des dîners (fish and chips molles, bols de jelly tremblotante) dans nos familles d'accueil. Trois jours après l'arrivée, les téméraires ne respectaient plus les horaires, à la fin du mois, tout le monde se roulait des pelles. Au pays de Modesty Blaise, de l'Aston Martin DB5 « Goldfinger » et des foulards Liberty, soufflait un vent de liberté extraordinaire pour de jeunes bourgeois corsetés.

Je me suis fait un pote, Blaise, qui comme moi déteste les yéyés et ne jure que par le Swingin' London. Alors quand nous voyons réunis sur la même affiche les Who et les Yardbirds (le billet à 8 shillings et 6 pence), pas question de rater l'événement.

C'est le deuxième concert de ma vie. Le dimanche 20 juin, j'avais vu les Beatles au Palais des Sports, à trois heures de l'après-midi (le show de neuf heures du soir étant réservé à ceux qui n'avaient pas classe le lendemain matin), sans avoir conscience d'assister à leur ultime tournée européenne (l'été suivant, ils renonceraient à la scène). Les hurlements démarraient dès « Twist and Shout » pour ne plus cesser pendant douze chansons (trois minutes en moyenne). La vie à plein gaz. Les Fab Four avaient atterri à dix heures moins cinq à Orly, gagné le George V, appelé leur copain Jean-Marie Périer pour lui demander à rencontrer Brigitte Bardot et Françoise Hardy ; à minuit, ils iraient prendre un verre chez Castel, avant de s'envoler à midi pour Lyon. En première partie des Beatles, nous avions eu droit aux Yardbirds.

Ce vendredi 16 juille 1965, à Cheltenham, ces derniers sont les stars. Sur « Heart Full of Soul », la guitare de Jeff Beck se prend pour un sitar. « C'est ce soir-là que Keith Moon a rencontré sa femme ! », me dira-t-il quarante ans plus tard.

Sur la pelouse de l'Athletic Ground : huits cents Anglais, deux Français égarés (veste en madras, polo Perry, Desert Boots couleur sable). À l'époque, les bagarres féroces sur les plages de Brighton entre rockers (rock and roll, blousons de cuir noir, motocyclettes Triumph, Norton ou BSA) et mods (pop music et rhythm'n'blues, sape millimétrée, Vespas ou Lambrettas customisées) font la une. Who et Yardbirds sont des groupes mods, mais visiblement les bandes de rockers les apprécient aussi. « Are you a mod or a rocker ? » « I'm a mocker », avait répondu Ringo Starr.

Au tour des Who. « I Can't Explain ». La veste de Pete

Townshend est taillée dans l'Union Jack, sa guitare hurle comme un Spitfire, il la fracasse contre un ampli, Keith Moon, dix-huit ans, explose sa batterie amphétaminée, la basse métallique de John Entwistle tonne et Roger Daltrey chante « comme un vieux prisonnier noir ». « Le monde changeait, la manière conventionnelle de faire de la musique n'en avait plus pour longtemps », écrira plus tard Townshend dans son autobiographie *Who I Am*.

À l'entracte, sur la pelouse, on a dressé un petit enclos (huit piquets de bois, une corde). À l'intérieur du carré, les musiciens signent les billets (des petits cartons orange). Avec Blaise, on suit le mouvement pour se marrer. J'ai une veine de petit Français. Huit signatures ! Au moment où je récupère mon ticket, un malabar me tape sur l'épaule. Je lève la tête, le rocker, banane en coin, m'arrache la relique des mains. Je manque de dire merci, trop heureux de ne pas avoir en prime reçu son poing dans la gueule, et rejoins mon camarade : « Quelle connerie ces dédicaces, c'est bon pour les fans. » Blaise, qui n'a rien perdu de l'épisode, m'offre, compatissant, son ticket : « Ça te fera un souvenir. » Je l'ai gardé. Et je n'ai jamais redemandé d'autographe.

La deuxième fois, c'était au Théâtre des Champs-Élysées, avenue Montaigne (une idée saugrenue, la salle serait saccagée), le vendredi 16 janvier 1970. Les Who jouent l'intégrale de *Tommy*, premier opéra rock de l'histoire, et l'essentiel de *Live At Leeds*, un album qui donne une idée de ceux qui, sur scène, disputaient aux Stones le titre de plus grand groupe de rock du monde. En combinaison de pompiste et Dr. Martens de terrassier, Townshend saute comme un dément, Daltrey secoue sa crinière et jongle avec le micro, la basse et la batterie sidèrent, avec une répartition des rôles que reproduirait Led Zep, corps pour corps.

Who's next ? L'adrénaline et les excès, Moon meurt d'une overdose en 1978 et Entwistle en 2002, d'une crise cardiaque à Las Vegas, sous coke en compagnie d'une strip-teaseuse. Après deux mille concerts, cent chansons et cent millions d'albums vendus, Pete et Roger, qui n'avaient pas fait de disque depuis treize ans, revenaient en 2018 avec un album sobrement nommé *Who*. Mon ticket de 1965 vaut un sésame. J'ai la bonne idée de ne pas le montrer à Pete Townshend.

En 1965, vous veniez d'avoir vingt ans. Qui étiez-vous alors ?

Ce n'était pas une période très heureuse, hormis le réconfort que me procurait ma merveilleuse fiancée, Karen Astley, que j'avais rencontrée aux Beaux-Arts. Je détestais faire partie des Who, et l'idée même de ce groupe. J'aimais le jazz, le vrai blues, la musique classique. Je ne voyais dans les Who qu'une déflagration d'énergie éphémère avant de revenir à l'art. J'étais très productif, j'aimais le processus de composition des chansons. Mais la vie de groupe était une bagarre perpétuelle. Quand on a dépassé les soixante-dix ans comme moi, on repense forcément à ce qu'on était. On est surtout stupéfait par l'accélération du temps. On n'a pas forcément peur de la mort. Simplement, on ne comprend pas comment tout a passé si vite.

« My Generation » disait : « J'espère mourir avant d'être vieux. » Dans « I'll Be Back », sur le nouvel album, c'est : « J'ai vécu trop longtemps. »

Je ne me soucie pas vraiment du vieillissement. En revanche, j'ai toujours été mû par l'élan créateur, que ce soit comme artiste, comme père ou comme compagnon de mes deux épouses successives. Ma vie se résume à ça. On m'a souvent interrogé sur cette fameuse phrase de « My Generation », mais il y a tant de réponses possibles ! Ce n'est qu'un vers d'une chanson, et cette chanson est une fiction. Ce n'est pas ce que je ressentais, encore moins ce que ressentait Roger Daltrey, qui en tant que chanteur s'est vu aussi demander des comptes sur cette phrase dont il n'était pas l'auteur. J'ai écrit cette chanson pour notre public, très jeune et masculin. Cela dit, il n'y avait rien de désinvolte ni de juvénile à écrire « J'espère mourir avant d'être vieux ». C'était une pensée très sérieuse, dont l'intensité m'a même surpris après coup. J'avais l'impression que ma génération – celle des baby boomers, de l'après-guerre – était négligée par la précédente, pétrie de bonne conscience. De même qu'en France on pouvait refouler Vichy, l'Angleterre aimait s'imaginer en pays parfait, alors que beaucoup avaient gardé de la guerre des traumatismes physiques, mentaux, affectifs, moraux, spirituels, tandis que d'autres en profitaient pour s'enrichir.

Les Who étaient-ils des mods ou des rockers ?

L'identité mod ne représentait pas grand-chose pour le groupe. Si j'avais un look de mod, c'était dû à l'influence de mes meilleurs amis aux Beaux-Arts, les frères Tim et Nick Bartlett. Je les admirais et voulais leur ressembler :

je portais des Levi's, des bottines en daim à lacets, des tee-shirts. Je me suis mis à coudre sur mes vêtements des chevrons et des cibles. J'avais les cheveux courts et des lunettes noires. Pour moi, c'était moins l'uniforme des mods que la tenue des jeunes gens qui allaient écouter du rhythm'n'blues, musique à laquelle j'ai essayé de convertir les autres Who à nos débuts. Jusque-là, Roger Daltrey aimait Presley et Gene Vincent ; Keith Moon, les Beach Boys, et John Entwistle, Duane Eddy. Mais, à l'époque, le rhythm'n'blues était cool. C'est ce que voulait la majorité du public de l'ouest de Londres où nous jouions. Il n'y avait que des mods à Shepherd's Bush ! Les rockers, plutôt dans les zones rurales, se rassemblaient sur les places de village avec leurs motos et leurs blousons de cuir. Le film *Quadrophenia* [*de Franc Roddam, 1979*] montre deux cousins, l'un mod et l'autre rocker, amenés à s'affronter, car, vers 1964, j'ai assisté à des batailles rangées très brutales. Mais déjà tout petit, quand je montais sur scène derrière le big band de mon père, je voyais des adultes se battre à la machette… Et l'orchestre continuait à jouer.

Aviez-vous hérité ce goût du rhythm'n'blues de vos parents ?

Non, de mes études aux Beaux-Arts. Mon père jouait du swing. Quand il m'a fait écouter les Platters, j'ai trouvé ça déjà vieillot. Je préférais le blues rural de Leadbelly, Big Bill Broonzy, Snooks Eaglin ou Lightnin' Hopkins. Puis, vers 1962, j'ai découvert le rhythm'n'blues électrique de Jimmy Smith, et le folk de Dylan et de Joan Baez. Début 1964, on a enfin pu trouver des disques Motown à Londres. C'était vraiment la musique préférée des mods. Nous avons donc repris « Dancing in the Street » de Martha & the

Vandellas et « Baby Don't You Do It » de Marvin Gaye, mais en les réinventant complètement pour deux instruments : je jouais de la guitare rythmique, John Entwistle s'est mis à développer des lignes de basse extrêmement complexes. Nous avons obtenu un son très plein et très puissant. Mais j'avais été si heureux aux Beaux-Arts que les Who n'avaient rien de meilleur à m'offrir. Aujourd'hui encore, je regrette d'avoir laissé tomber ces études pour le groupe. Je suis convaincu que j'aurais eu une vie plus heureuse, j'aurais échappé à l'obsession d'avoir à servir un maître – non pas tant le groupe que le public. Ce qui est pénible pour un musicien, c'est qu'il est catalogué par ses premières œuvres. Vous m'avez vu en 1965, cela a déterminé votre perception et vos attentes. Le public veut que les Who restent les Who, et les Stones les Stones. Et rien d'autre.

Mais en quatre ans vous êtes passé de *My Generation* à *Tommy*, le premier opéra rock…

Notre public a toujours eu du mal avec ça. Et, au bout du compte, c'est lui qui décide qui vous êtes. Très vite, les musiciens se trouvent sur une voie toute tracée qui devient une ornière. Leonard Cohen et Bob Dylan ont suivi leurs propres chemins. Ils ont pu faire leurs choix. Je n'ai pas eu ce privilège. J'aurais pu être compositeur classique, peintre, sculpteur ou écrivain. Mais j'ai dû mon premier succès à mes chansons, cela m'a défini une fois pour toutes.

Les Who ont été pour ainsi dire absents de ma vie, de 1983 à 1996. Il m'a fallu retrouver le moyen d'orienter ma créativité vers le groupe. Autrefois, j'écrivais selon l'inspiration, sans me soucier que mes chansons soient rock, pop ou jazz, tout en les destinant au groupe. Et même si nous restions fidèles à ces premières maquettes, le morceau ne prenait sens qu'en studio, quand Keith Moon ajoutait sa batterie et John Entwistle sa basse à ma guitare. Ça, c'était les Who ! Mais c'est perdu à jamais, tous deux sont morts. Là, le seul moyen de m'impliquer a été d'écrire pour Roger, sa voix et son état d'esprit. Il est si différent de moi…

Comment s'approprie-t-il vos morceaux ?

Il affirme les transformer, mais je ne perçois guère de différence. Il ne touche jamais aux paroles. À l'extrême rigueur, il altère très légèrement la mélodie. Mais, s'il ne modifie rien, il interprète les chansons : il les incarne, s'y projette. J'ai beau lui dire : « Ce n'est qu'une chanson, il suffit de la chanter », il ne peut s'empêcher de la jouer comme un acteur de l'Actors Studio.

Vous aussi êtes chanteur. Avez-vous besoin de sa voix ?

Je n'ai absolument pas besoin de lui. Et il n'a pas besoin de moi, seulement de ma musique et de mes chansons. Si j'ai besoin de lui, c'est plutôt pour ressusciter cette énergie étrange et excentrique qui animait le groupe à ses débuts, cette alchimie qui nous unissait tous les quatre.

C'est cette alchimie qui a rendu le groupe unique. Led Zeppelin a d'ailleurs méthodiquement copié la répartition des rôles entre vous quatre.

Cette alchimie était purement accidentelle. D'ailleurs, comme je l'ai dit, je n'aimais pas les Who, et encore moins Led Zeppelin ! Je ne supporte pas ce genre de musique. Mon idée, c'était d'écrire de bonnes chansons, et de les faire interpréter au groupe de la façon la plus fidèle possible à mon idée. En un sens, mon appartenance au groupe est ma pénitence : je dois porter cette croix ! Il faut bien les Who pour les jouer ! Je suis prisonnier de cette énorme machine, de ce fardeau.

Quand j'ai passé l'été 2018 à composer ces nouvelles chansons, je ne pensais qu'à Roger, presque jamais aux Who. Je venais d'écrire une quarantaine de chansons et une vingtaine de pièces expérimentales pour l'opéra inspiré de mon roman, *The Age of Anxiety*. Je saturais. Roger a mis près de cinq mois à réagir, ce qui me frustrait car j'avais écrit ces chansons pour lui. J'ai bien cru que c'était la fin des Who. C'est très difficile de travailler avec lui, cela s'aggrave avec l'âge : il est à la fois intransigeant, indécis et surtout peu sûr de lui. Quand il se décide enfin, il saisit la chanson impeccablement. Il m'a envoyé une prise témoin en disant qu'il devait encore travailler le morceau, mais c'était déjà parfait ! Il lui suffit de franchir le pas qui lui donne accès à la chanson, ensuite la première prise est souvent la bonne.

Quand vous avez joué au Festival de Monterey en 1967, Jimi Hendrix vous dévorait des yeux. Vous avez fracassé votre guitare. Il a renchéri en brûlant la sienne…

Nous avons eu une sorte de… confrontation. Il avait dû prendre beaucoup de LSD, la discussion était un peu à sens unique… J'étais un grand fan de Jimi, mais il n'était pas très gracieux avec moi. Pourtant, nous lui avions prêté du matériel, trouvé des concerts, l'avons aidé à élaborer le son qui est devenu le sien. Cela dit, je l'ai revu à Los Angeles environ deux mois avant sa mort, et il s'est montré charmant. Il était bien meilleur guitariste que moi, beaucoup plus virtuose et lyrique, alors que j'étais plutôt dans l'emphase. Pendant son concert à Monterey, j'étais assis à côté de Mama Cass, des Mamas & Papas. Lorsqu'il a mis le feu à sa guitare, elle m'a glissé : « Je croyais que c'était ta spécialité. » J'ai dit : « Plus maintenant ! »

Vous avez subi des agressions sexuelles, enfant, et soutenez de nombreuses associations d'aide aux victimes d'abus sexuels. L'histoire de Tommy, qu'un traumatisme d'enfance a laissé sourd, muet et aveugle, mais dont il finit par se libérer, exprime-t-elle votre propre difficulté à formuler votre trauma ?

Tommy est aussi un enfant délaissé, négligé, abandonné… J'ai évoqué ces aspects de mon passé dans mon autobiographie, mais il m'est difficile d'en parler dans une interview. Dans une conversation entre amis, je pourrais dire en tout cas que j'ai pris conscience d'avoir une vie éclatée en mille fragments, certains heureux, d'autres ordinaires, et d'autres horribles. Les traumas qu'on vit dans sa petite enfance, sans même en garder le souvenir, peuvent déterminer toute une vie – Freud avait raison là-dessus. En repensant à Tommy ces dernières années, il m'est apparu qu'à l'époque je tentais d'écrire l'histoire d'un cheminement spirituel. Or je refuse l'idée que la souffrance – y compris pour un adulte – soit la condition d'un éveil spirituel. Les épreuves que j'ai traversées enfant ont refait surface dans mon œuvre de diverses façons. *Tommy* en est l'exemple le plus évident, mais on trouve ailleurs des traces de ma colère et de mon délitement : un vide intérieur, une indifférence presque nihiliste, et l'amertume d'avoir consacré ma vie à ce que je n'avais pas envie de faire, comme pour expier quelque chose. C'est terrible quand des fans disent avoir trouvé un concert fantastique alors que fondamentalement je m'en fous, que je n'y ai pris aucun plaisir et que je préférerais faire autre chose. Servir le public comme un maître a un revers : le public m'est nécessaire pour que je m'inflige cette punition que je crois mériter. Curieusement, *Tommy* s'inspirait vaguement du *Siddhartha* d'Hermann Hesse, qui vient d'inspirer à mon épouse Rachel un cycle de mélodies. Ce livre décrit très bien l'impasse spirituelle où nous avons tous choisi de nous engager depuis les deux guerres mondiales, en tentant vainement de substituer un centre spirituel introuvable à une religion déconsidérée. Car la religion, quelle qu'elle soit, a l'avantage de donner forme à cette aspiration pour nous libérer de nos obsessions nombrilistes. *My Generation* révèle aussi cela : j'appartiens à une génération nombriliste.

Les illuminations de Patti Smith

Ce n'était pas le Chelsea Hotel, mais un vieil hôtel en face de la gare de l'Est. Elle s'apprêtait à partir pour la première fois en pèlerinage à Charleville-Mézières sur les traces de son Rimbaud adoré. Elle n'imaginait pas encore acheter la maison du voyant. Mars 2004, l'hiver avait été rude, le printemps tardait, la chambre n'était pas très chauffée. Elle n'avait pas froid.

Je l'avais vue sur scène en octobre 1976 dans l'ancienne Halle aux Veaux de La Villette, au temps de son deuxième album, *Radio Ethiopia*, dédié à Arthur Rimbaud et Constantin Brancusi. Elle chantait en rappel « My Generation », elle était devenue l'année précédente, en un album, *Horses*, une chanson, « Gloria », et un premier vers, « Jesus died for somebody's sins but not mine », inspiré par Camus, l'icône de la Blank Generation. Toute de rage et de grâce androgyne, telles que photographiées sur la pochette du disque par Robert Mapplethorpe, son âme sœur. Patti Smith, fringuée à la Baudelaire, chemise blanche à monogramme lui rappelant un portrait de Jean Genet, une broche en forme de cheval (mustang/héroïne) offerte par Allen Lanier, guitariste de Blue Oyster Cult, détonnait dans l'univers mâle du rock, ouvrant la voie à Blondie, Siouxsie, Chrissie…

Quatre ans plus tard, après quatre albums, l'héroïne underground, aînée de quatre enfants d'une famille ouvrière du New Jersey, avait annoncé sa retraite parce qu'elle refusait de devenir riche et de rester célèbre. Elle s'était mariée avec Fred « Sonic » Smith (du même nom qu'elle), ancien guitariste de MC5, et installée à Detroit. Huit ans d'un rêve prolétaire et d'exil domestique pour « apprendre l'humilité », élever ses deux enfants, « écrire des livres, faire la cuisine et la lessive ». En 1988, pour faire bouillir la marmite, elle était réapparue avec l'hymne « People Have the Power ».

Nouvelle absence. En 1994, son mari mourait d'une crise cardiaque et un mois après, son frère. Elle était veuve à quarante-sept ans. Retour à New York. Elle rassemblait son groupe et remontait sur scène. Dix ans plus tard, elle publiait *Trampin'*, un nouvel album qu'elle venait défendre à Paris. Onze titres où résonnaient le *Livre des Morts*, *Simon du désert*, Martin Luther King, Gandhi, William Blake, ballades d'anges désolés, et une longue improvisation, « Radio Baghdad », en écho à la guerre d'Irak, qui dépeignait à la fois la ville comme le centre du monde et comme une cité de cendres.

Elle venait de débarquer à Paris. Elle était fatiguée. J'avais insisté pour la voir dès son arrivée (pour des raisons de bouclage du journal). Je lui offris un exemplaire de la traduction française de *Babel* (recueil de ses poèmes et comptines) qu'elle feuilleta avec curiosité, me demandant de lui traduire quelques expressions en anglais, ce que j'essayai de faire de mon mieux[1].

1. Elle m'enverrait de New York un mot de sa belle écriture en « pattes de sauterelle » et son livre *Strange Messenger* pour me remercier.

Toucher un livre, en parler, lire de la poésie, l'exaltait. Elle rayonnait.

Je la regardais. Visage pâle évoquant saint Jean du Greco, regard pénétrant, charmant strabisme à l'œil gauche, léger duvet sur la lèvre supérieure, bras maigres, grandes mains, voix rauque et attitudes de petite fille, genoux rentrés, pieds en dedans. Une croix de diamants offerte par son compagnon cernait son cou gracile, une autre en or, cadeau de sa meilleure amie, soulignait son tee-shirt anthracite. Le revers de sa veste portait un insigne « Vote Nader[2] ». Bottines lacées, pantalon écorché au genou, un ruban noir au poignet gauche, l'impression qu'elle n'avait pas changé depuis *Horses*.

> Je n'ai pas particulièrement trahi mes rêves. Certes, j'ai commis beaucoup d'erreurs, par égocentrisme souvent. Mais je me suis refusée à toute compromission artistique, et je n'ai pas à rougir de mon travail. Et puis, je suis encore en vie, et il me reste du temps pour accomplir des choses. En fait, mon rêve d'enfant, c'était d'écrire un grand livre, comme *Pinocchio*, un livre magique qui plairait à tout le monde et qu'on aurait envie de relire. J'ai toujours adoré les livres. Quand j'étais petite, je lisais sous les draps à la lumière d'une lampe électrique au lieu de dormir. Je voudrais donc écrire un livre qui change la vie de ses lecteurs autant que certains livres ont changé ma vie[3].

---

2. Ralph Nader, avocat, lanceur d'alerte, activiste, écologiste, candidat aux élections présidentielles américaines en 2000, 2004 et 2008.

3. Elle n'avait pas encore écrit *Just Kids*, ni *M Train*.

Mon grand rêve brisé, la grande tragédie de ma vie, c'est la mort de mon mari. Aujourd'hui, je mène une existence heureuse : j'ai des enfants merveilleux, un compagnon. Mais je n'ai pas pu réaliser ce rêve : passer le reste de ma vie avec le père de mes enfants.

Lorsque j'étais enfant, ma mère m'avait offert les *Chants d'Innocence et d'Expérience*. William Blake décrivait un petit ramoneur et s'élevait contre le travail des enfants. Il n'a jamais eu d'enfant, mais on sentait qu'il aimait tous ces enfants tristes et maltraités qu'il rencontrait. Plus tard, lorsque je vivais avec Robert Mapplethorpe – en enfants terribles –, nous avons beaucoup étudié les dessins et les tableaux de Blake, qui m'a donc influencée comme poète et comme peintre, avant que je découvre la grandeur de l'homme. Toute sa vie il a dû lutter contre la pauvreté, le manque de reconnaissance, les sarcasmes même, sans jamais cesser de croire à sa vision. L'humour de Blake reste une inspiration. C'est dans cet esprit que j'ai écrit la chanson « Rock'n'Roll Nigger » : au lieu de se laisser insulter, pourquoi ne pas revendiquer le terme ? Tu n'as pas à m'appeler « ton semblable » ou « une personne de couleur », tu peux m'appeler « nègre », je sais encaisser.

Dieu

L'idée de Dieu m'a toujours fascinée. Quand ma mère, qui était témoin de Jéhovah, m'a parlé de Dieu et des anges pour la première fois, j'y ai trouvé une consolation ; on vivait dans la hantise de la bombe atomique. Et puis j'étais contente d'avoir quelqu'un à qui parler, à qui je pouvais tout dire. Les Témoins de Jéhovah accordaient une grande place à la lecture et à l'étude de la Bible. Et même si je m'en suis éloignée vers douze, treize ans, car je refusais d'appartenir à une religion organisée, j'ai continué à l'étudier, et cela a aiguisé ma curiosité pour les autres grands textes sacrés : le Coran, la Torah, les manuscrits hindouistes ou bouddhiques. Ce qui me passionne, c'est la manière dont, au cours des siècles, l'homme a interprété Dieu à travers la poésie, les textes mystiques, et par-dessus tout l'art. Il y a tant de beauté chez Michel-Ange, les primitifs de Sienne ou Rodin, tant de beauté dans les textes islamiques ou les peintures bouddhiques. Et il y a de la beauté dans la prière. Je rejette la dimension dogmatique ou sectaire de la religion, j'ai une approche plus abstraite et esthétique.

Beat Generation

J'ai eu la chance de bien connaître Allen Ginsberg, William Burroughs et Gregory Corso. Oliver Ray et moi-même avons veillé Ginsberg pendant son agonie. J'étais très proche de Burroughs, et nous avons fréquenté Corso jusqu'à sa mort. Je garde donc aussi le souvenir de leur amitié, et de tout ce qu'ils m'ont transmis : Gregory m'a appris à être exigeante envers moi-même et envers les autres artistes; Allen m'a enseigné une éthique du travail. Quant à William, le plus cher à mon cœur, il m'a appris à me conduire en être humain. C'était un gentleman, plein d'humour et de dignité, jusque dans sa démarche et son habillement. Plus j'avance dans la vie, plus je pense à lui, en me demandant ce qu'il aurait fait à ma place dans telle ou telle situation. Et avec moi il a toujours été parfaitement chevaleresque. Lorsque je lui ai rendu visite après la mort de mon mari, il m'a invitée à dîner, m'a tenu la main, m'a raccompagnée dans les escaliers malgré son grand âge.

Bien sûr, ils nous laissent avant tout des œuvres, mais moi, ils m'ont aussi donné une leçon de vie.

Paris

Je vais toujours me recueillir au Père-Lachaise, bien sûr ! Sur la tombe de Nerval, de Jim Morrison, d'Apollinaire, d'Éluard et de tant d'autres… J'aime les sépultures. Au cimetière Montparnasse, il y a Baudelaire, Brancusi. Et près de la place d'Italie, l'hôtel où est mort Genet. Je ne vais pas en boîte ni dans les soirées. Je préfère me lever tôt et arpenter les rues sous la pluie, sur les traces de Genet ou de Nerval. Rien ne me rend plus heureuse que de mettre mes pas dans les pas de ces gens dont j'ai aimé les œuvres, ces amis, ces âmes sœurs.

Rock

Si notre musique a pu influencer de jeunes groupes talentueux, tant mieux. Mais moi, j'ai des goûts très vieux jeu. J'écoute Jimi Hendrix, John Coltrane, Maria Callas, Beethoven… Je passe la moitié de mon temps à écouter de l'opéra. J'écoute la même musique que lorsque j'étais jeune. Mais je suis contente que des gens continuent à créer. J'aimerais voir apparaître une nouvelle vague d'artistes prêts à balayer le matérialisme et le mercantilisme cynique qui dominent la culture actuelle, que cette génération redonne à la musique un contenu, en fasse une voix politique, spirituelle. Le rock tel que je le conçois est un art populaire qui peut se faire la voix du changement, de l'unité, de l'exaltation, du peuple.

Les fantômes de Bruce Springsteen

Il porte une barbe taillée à la De Niro de retour de l'enfer. Une petite croix en argent brille à son oreille gauche. L'enfant de Freehold (New Jersey), « bourg américain typique des années 50, provincial, redneck, raciste », a les mêmes yeux plissés, les mêmes rires étouffés, les mêmes silences que le chasseur de cerfs du film de Michael Cimino. Son jean usé tombe sur des chaussures d'ouvrier en cuir gras, les manches de sa chemise de bûcheron sont retroussées haut sur les biceps. Ses cheveux mi-longs sont plaqués en arrière, le visage est lourd. Il vient de passer deux heures, les jambes solidement arquées, sur la scène du Sala Kongresowa de Varsovie, seul devant trois mille personnes. En mai 1997, la Pologne vient de dire adieu au communisme et l'ancien hémicycle du Congrès a conservé ses lourds fauteuils de velours rouge, ses dorures et ses colonnes de marbre. Un écrin suranné pour un homme habitué à des stades mais qui a choisi des salles intimes pour sa tournée en solitaire *Ghost of Tom Joad*. En vingt-cinq chansons, entrecoupées de quelques mots en polonais, une version iconoclaste de l'hymne pacifiste « Born in the U.S.A. », « The Promised Land » extatique, Bruce Springsteen s'est livré corps et âme.

Depuis son premier album, *Greetings from Asbury Park* (1973), en solo ou à la tête du E Street Band, roulant à tombeau ouvert sur les chemins du blues, du folk, de la soul, du rock et de la country (« Quelle est la différence entre le rock et la country ? Le premier, c'est le samedi soir, et la seconde, le dimanche matin »), entre mystique du carburateur et contre-culture, poésie pure et transe brute, il n'a cessé de « cartographier ce territoire entre le rêve américain et la réalité de l'Amérique ».

Bruce Springsteen chante les rues de Philadelphie au temps du sida, les hauts-fourneaux désertés de Youngstown dans l'Ohio, les enfants prostitués du Balboa Park de San Diego. « Sinaloa Cowboys », l'histoire de clandestins mexicains qui sombrent dans la drogue, lui a été inspirée par une rencontre dans un motel, lors d'une traversée à moto de l'Arizona. La fille enceinte de « The River » était sa sœur aînée. Il chante les vagabonds, les immigrants, les vétérans traumatisés du Vietnam, les chômeurs, tous ceux pour qui le rêve américain s'est effiloché. Amours fugitives, vies gâchées, escapades ouvrières, dérives nocturnes, petites villes anonymes, les ballades de Bruce Springsteen chroniquent des drames modestes si durement ancrés dans la vie quotidienne qu'ils en deviennent universels.

Sur les traces du vagabond solitaire de Kerouac, il a longtemps poursuivi le long des routes l'image de la « vieille et sainte Amérique menacée de ruine ». Parcourant pied au plancher les Rocheuses enneigées, les faubourgs déglingués des *motor cities*, les néons des villes de traverse et les enseignes Technicolor des *diners*. Pour Bruce, la bagnole restait le symbole de la liberté nomade, d'une émancipation primitive du vieil ordre social, et la vitesse à bord de caisses volées, le signe de la loi rebelle des trottoirs.

En 1997, les temps ont changé. À quarante-huit ans, Bruce a pris une autre route, ou son prolongement. « The Ghost of Tom Joad », la chanson qui donnait son titre à son dernier album et à sa tournée, portait le nom du héros des *Raisins de la colère*[1]. Avec lui, Springsteen tissait le lien entre l'Amérique des sans-abris et celle de la Grande Dépression peinte par John Steinbeck. Comme des milliers de fermiers et d'ouvriers totalement ruinés jetés sur les routes, Tom Joad entasse sa famille et ses maigres biens dans un tacot essoufflé pour prendre la route 66, celle qui mène à l'eldorado californien : « C'est la route des réfugiés, de ceux qui fuient le sable et les terres ravagées… La route 66 est la route mère, la route de la fuite. »

Derrière le fantôme de Tom Joad se cachaient deux hommes chers à Springsteen : son père, qui quitta Freehold pour la Californie avec toute la famille en 1969 et effectua « 3 000 miles en trois jours » ; et Woody Guthrie, le premier chanteur engagé américain. Quand Bob Dylan débarqua à New

1. « Il y a de nombreux écrivains que j'admire, mais je ne sais pas s'ils ont eu beaucoup d'influence sur mon livre. Les auteurs de roman noir ont énormément compté pour moi : James M. Cain, Jim Thompson. Les grands Américains : Melville, Steinbeck, Flannery O'Connor, Cormac McCarthy, John Cheever, Philip Roth, Saul Bellow, Richard Ford. J'ai aussi beaucoup appris des romanciers russes : Tolstoï, Dostoïevski, Tchekhov. Je ne crois pas que vous les retrouverez dans mon livre, mais j'aime profondément ce qu'ils écrivent. J'aime les œuvres psychologiques, mais ce n'est pas pour ça que l'on pourrait établir un parallèle entre ces romans et mon propre livre », nous avait-il dit lors de la parution de *Born to Run* (Albin Michel, 2016).

York en 1961, sa guitare et une pauvre valise à la main, ce fut pour se rendre au chevet de Woody Guthrie. Quand en 1972 Springsteen débarqua dans le bureau de John Hammond, le découvreur de Bob Dylan, il se planta devant lui avec sa guitare et lui dit : « Il paraît que vous avez découvert Bob Dylan, eh bien, on va voir si c'est vrai ! » Hammond lui signa un contrat pour dix albums. Pour le dixième, Bruce a mis ses pas dans ceux de Guthrie.

Je suis venu à Varsovie pour l'interviewer, je dois le voir juste après son concert et je me demande jusqu'à la dernière minute s'il ne va pas annuler au dernier moment. Mais Springsteen est un homme de parole.

Vous avez l'air paisible…

Un bon concert vous remplit. De ce que le public vous a apporté, et de ce que vous avez dû donner pour entrer en contact avec lui. Ce soir, la qualité d'écoute était impressionnante. Le public m'a accordé un beau silence. Comme les personnages de mes chansons sont discrets, ce sont leurs pensées qu'on écoute, leur tension, leur violence. Quand on arrive dans des pays comme la Pologne, où les gens ont terriblement souffert, où ils ont dû lutter contre des forces titanesques, où se sont posées des questions fondamentales de liberté, de vie ou de mort, on veut vraiment sortir tout ce qu'on a dans le ventre.

Vous aviez déjà chanté « Born in the U.S.A. » dans un pays communiste.

Oui, à Berlin-Est, un an avant la chute du Mur, devant 160 000 personnes. Ils avaient cousu des drapeaux avec des draps, des serviettes, des bouts de tissu. Les choses changeaient. C'était palpable dans l'air. J'ai eu un vrai choc devant le Mur. C'était si brutal de voir toutes les idéologies réduites à une chose aussi crue, posée devant votre nez. Je ne sais pas exactement ce que la chanson symbolisait pour ce public. Elle parle des soldats américains de retour du Vietnam qui essaient de survivre à ce qu'ils ont vécu et de forger un pays dans lequel ils pourraient vivre, fièrement. La fierté a pu être mal interprétée, comme une espèce de patriotisme à la con. C'est pour moi le désir, dix ans après la fin de la guerre, de reprendre possession de son drapeau, de son identité nationale, au nom d'une idéologie cohérente. C'est peut-être ce lien que les gens des pays communistes ont reconnu.

Vous êtes né en 1949. Vous aviez l'âge d'être envoyé au Vietnam.

Trois ou quatre ans plus tôt, tout le monde partait, mais en 1969 tous les mecs que je connaissais avaient peur de mourir. Deux de mes amis s'étaient fait tuer là-bas, Bart Haynes, le batteur des Castiles et Walter Cichon, un des meilleurs chanteurs que j'aie jamais connus. Ceux qui revenaient n'arrivaient pas à reprendre leur vie. Je suis allé aux « trois jours » avec une centaine de mecs, des fils d'ouvriers, de jeunes Noirs du coin. On n'avait pas les moyens de payer un psychiatre pour nous faire un certificat et on a trouvé des trucs dingues pour s'en sortir. Un copain s'est tranché le gros orteil. Moi, j'ai été noté F4, incapacité médicale, grâce à un traumatisme crânien dû à un accident de moto.

Vous étiez politisé ?

Ma famille était ouvrière. La seule fois où j'ai entendu parler de politique à la maison, c'est le jour où j'ai demandé à ma mère si nous étions républicains ou démocrates. Elle m'a répondu que nous étions démocrates parce que, quand on bosse, on est démocrate. Et c'est tout ! Voilà mon éducation politique. Dans les années 60, avec mes potes, on était contre le pouvoir, mais c'était plus culturel que politique. Je me suis toujours identifié au personnage des *Raisins de la colère*. Quelqu'un sans aucune éducation politique mais qui, à travers sa propre expérience, comprend des choses et tente de sauver ceux qui l'entourent. De mon côté, j'ai essayé de démêler le sens de ce que j'avais vécu à partir de mes racines. Je n'essaie pas de créer des personnages pour faire passer un message. Tout ce que j'essaie de faire, c'est de laisser mes personnages raconter leur histoire. Si j'arrive à créer des personnages vivants, leurs histoires auront un sens.

Vous croyez à l'importance des racines. Quelles sont les vôtres ?

Mes grands-parents maternels venaient de Sorrente, près de Naples. Ils sont venus à New York au début du siècle. Ma grand-mère est morte il y a quelques années seulement, à cent deux ans. Elle n'a jamais réussi à parler anglais. Quand on entrait dans sa chambre, tout à coup on était en Italie. Mon père était irlandais, sa mère, d'origine irlandaise et néerlandaise – le « ee » de Springsteen vient de là. Notre rue était vraiment cosmopolite. Mes grands-parents, mes oncles et tantes, mes cousins, nous habitions tous là. Les Italiens d'un côté de la rue et les Irlandais en face. Je suis le fruit de ce mélange. Le côté italien, très expansif, joyeux, toujours prêt à danser au son de la fanfare de E. Street. Ma mère et mes sœurs étaient explosives – encore aujourd'hui, il faut les voir danser le rock jusqu'à trois heures du matin ! Les hommes, plus introvertis, plus sombres.

Le rêve américain de la Terre promise existe toujours ?

Il existe encore pour beaucoup de gens, tous ceux qui passent la frontière, venant du Mexique et d'Amérique centrale. Ils traversent des déserts à pied, des montagnes en plein hiver. Ils risquent leur vie, font des boulots que personne ne veut faire. Et ils sont en proie au racisme. Ce que recherchent mes personnages, c'est un endroit qui soit à eux, qui soit chez eux, qui leur renvoie le reflet de leurs valeurs fondamentales. Beaucoup luttent pour le créer, ce pays, mais il y en a toujours d'autres qui font de leur mieux pour le démanteler. Alors on met de nouvelles serrures aux voitures, on n'entre qu'avec une carte magnétique dans certains quartiers. L'industrie de l'insécurité se porte bien, merci, elle est en pleine expansion.

Vos chansons parlent beaucoup des immigrés, des vagabonds, des sans-abris, mais pas beaucoup des Noirs. Vous sont-ils plus étrangers ?

Je ne sais pas très bien. D'abord, il y a cette forme d'expression stupéfiante qu'ils ont avec le rap. Je ne peux pas rivaliser avec eux. Et puis je ne choisis pas d'écrire une chanson sur tel ou tel groupe de gens. Elle vient naturellement à partir de ce que j'ai vécu. Quand j'ai commencé à écrire, c'était pour exorciser certaines choses, faire la paix, à ma façon. Dans ma vie, la question de l'immigration a été très présente. Pour les Noirs, je crois que je me suis senti impressionné parce qu'on a déjà si bien écrit sur eux.

Vous êtes une star. N'avez-vous jamais eu peur d'être coupé du monde ?

Quand j'ai débuté, ce qui m'inquiétait le plus, c'était que mon identité puisse être récupérée. Je l'ai préservée en créant d'année en année une œuvre que les gens identifient. L'isolement, c'est une question personnelle. J'ai grandi dans un quartier rempli de gens incroyablement seuls. Mon propre père buvait son pack de bières tous les soirs et il éteignait la lumière. Tant de mecs font la même chose avec leur télé, l'alcool, la dope. J'étais un adolescent très solitaire, mais je ne voulais pas me contenter de vivre dans mon propre petit monde. En fait, j'ai pris une guitare pour entrer dans le monde extérieur. J'ai écrit pour sortir et parler à quelqu'un. L'histoire du rock est faite de gens dont on n'aurait jamais dû entendre parler. Hank Williams, Jimmie Rodgers, Robert Johnson n'auraient jamais dû avoir aucune importance, mais ils ont proclamé leur propre importance. Et ils ont appris une langue qui leur permettait de s'exprimer. Jusqu'à Kurt Cobain, le rock, c'est toujours la même histoire : des perdants qui un beau jour décident de se mettre en avant.

Vous n'êtes pas un perdant. Comment gardez-vous le contact avec ceux qui ont tout perdu ?

C'est un choix. J'ai un boulot extraordinairement surpayé, mais ma vie n'a rien d'extraordinaire. J'emmène mes gosses à l'école, le week-end à la plage, au cinéma le mercredi soir, je fais des courses en ville. Beaucoup de gens trouveraient ma vie terriblement ennuyeuse. Dès qu'on sort des grandes villes, les gens ne me reconnaissent pas. J'ai beaucoup voyagé à l'intérieur du pays et je suis passé tout à fait inaperçu. Jeune, j'avais cette facilité, et j'ai appris à l'utiliser avec le temps. C'est un talent qui me sert beaucoup. Les gens dont je parle dans mes chansons ne sont pas durs à trouver, c'est facile de leur parler.

Est-ce que vos rêves se sont réalisés ?

Oui. J'ai eu un bol dément. J'ai fait la musique que je voulais. J'ai voulu trouver mes semblables en esprit, mes frères et sœurs de sang. Et je les ai rencontrés dans le monde entier, malgré les barrières du langage. Maintenant, pour que se réalise la société dont je rêve, il y a encore du travail !

Avez-vous déjà connu le désespoir ?

Oui, merci. Finissons sur une note positive ! Si le désespoir est un état plus profond que la dépression, je l'ai beaucoup côtoyé, surtout quand j'étais jeune. Ce sentiment de n'avoir aucun pouvoir sur ce qui va t'arriver, sur l'endroit où tu vas vivre. De ne pas savoir si tu auras un toit sur la tête, quelque chose à manger, si le soleil se lèvera demain, si tu seras capable de faire vivre ta famille, ou de te regarder dans un miroir. Mon père l'a vécu et cela m'a marqué profondément parce que j'ai subi les « retombées » de son expérience. J'ai traversé le pays à l'arrière d'un camion enroulé dans un sac de couchage, je suis allé en taule, j'ai été fauché, j'ai même eu faim à l'occasion. Mais ce désespoir puissant, sombre, je n'en ai fait l'expérience qu'à travers mon père. Voilà pourquoi il a joué un rôle central dans ma musique. C'est lui qui respire à travers tous ces personnages. Dans ce que j'écris, je le venge, plus ou moins. Je brandis son oriflamme et je raconte encore et encore son histoire.

C'est la première fois qu'il évoque sa dépression dans une interview. Je ne mesurais pas à quel point elle était puissante.

Vingt-deux ans plus tard, en septembre 2016, il la rendra publique dans son autobiographie *Born to Run*, un livre à la narration tendue, aux digressions surprenantes, loin des habituelles mémoires de rock star (exception faite pour les *Chroniques* de Dylan, le *Just Kids* de Patti Smith et le *Life* de Keith Richards), où la révélation de sa longue dépression – « la psychose maniaco-dépressive, dans ma famille, c'est le cadeau dans la boîte de céréales » – voisine avec des petits bonheurs comme lorsqu'il décrit, à un feu rouge dans l'air vif de l'automne, l'odeur de caoutchouc brûlé et le ruban de fumée bleue s'élevant du talon de sa botte posé sur le pot d'échappement de sa motocyclette.

Il accorde alors à son camarade Antoine de Caunes et moi une interview qui fait la une de *L'Obs*. Il précise :

Diriez-vous que l'écriture vous a permis de découvrir des choses que vous ignoriez sur vous-même, des sentiments que vous aviez refoulés ?

Un peu, oui, mais j'ai passé des années en psychanalyse, il y a donc beaucoup de choses dont j'étais déjà conscient. Disons que l'écriture permet de les formuler différemment dès lors que vous vous asseyez à une table pour coucher tout ça sur le papier.

Votre livre contient une révélation de taille sur la dépression qui vous poursuit et sur la fragilité d'un homme que tout le monde croit solide comme un roc. Avez-vous hésité à partager cette partie si intime de vous-même ?

La dépression a occupé une place grandissante dans ma vie et elle a beaucoup influencé la musique que je faisais. Les choix musicaux et créatifs que j'ai pu faire s'y enracinent. Sans la dépression, *Nebraska* et *The Ghost of Tom Joad* n'auraient probablement jamais vu le jour. Les premiers symptômes se sont manifestés à la trentaine : si ça s'était arrêté là, elle aurait sans doute joué un rôle mineur dans ma vie. Mais j'ai rechuté assez durement à la soixantaine et c'est une force puissante avec laquelle je dois composer. Elle m'affecte au quotidien et je dois la gérer d'une manière ou d'une autre. La moindre des honnêtetés m'obligeait à en parler dans mon livre.

Et si Springsteen, au prétexte de se raconter, avait écrit un grand roman américain ?

Dans le même numéro du journal, j'avais demandé à cinq personnes de réagir.

À Russell Banks, l'auteur de *De beaux lendemains* : « Depuis plus d'un demi-siècle, Springsteen est resté fidèle au milieu dont il vient. C'est notre Woody Guthrie de la fin du XXe siècle et du début du XXIe, le chantre des Américains les moins puissants et les moins fortunés : il leur parle et il parle d'eux, pour eux, et avec leurs mots. Comme Walt Whitman, il lance son cri rauque et barbare par-dessus les toits du monde entier. Ce cri, nous l'entendons haut et fort, et il nous donne du courage en même temps qu'il nous rend joyeux. »

À Richard Ford, qui avait repris pour son roman *Indépendance*, le titre de la chanson de Springsteen : « L'indépendance, c'est partir, mais partir avec un amour intact. L'amour persiste et survit même là où on s'y attend le moins. C'est la chanson de Springsteen qui m'a encouragé à écrire mon roman et elle me donne toujours des frissons quand je l'écoute. »

À Don Winslow, le romancier de *La Griffe du chien*, qui cite les chansons du Boss dans chacun de ses livres : « Bruce Springsteen est LE poète américain du XXe siècle (et maintenant du XXIe), et il était déjà une source d'inspiration pour moi avant que je ne devienne écrivain. Je viens d'un de ces endroits que l'on rencontre dans les chansons de Springsteen, une de ces villes ouvrières du Nord-Est où les usines ont fermé en emportant avec elles un certain mode de vie. Les rêves sont morts, les autoroutes que Springsteen transforme en poèmes sont la seule issue de secours possible, et j'ai passé de nombreuses nuits à conduire sur “Thunder Road” avec le Boss en fond sonore, en essayant de trouver mon propre coin de paradis. »

À Sean Penn, l'acteur de *Mystic River* qui s'est inspiré de la chanson « Highway Patrolman » pour réaliser *The Indian Runner* : « J'avais vingt-deux ans quand j'ai fait l'expérience de la générosité de Bruce Springsteen. À l'époque, je sortais avec Pam, sa sœur cadette. Pam et moi étions en Californie, il était minuit et nous écoutions une cassette de *Nebraska*, le dernier album de son grand frère, qui n'était pas encore sorti à ce moment-là. Chanson après chanson, une vision cinématographique du cœur de l'Amérique a commencé à se dessiner. Un cœur grand comme ça, mais aussi un cœur brisé. Quelques Heineken plus tard, j'ai entendu "Highway Patrolman". Une ballade émouvante qui parle d'amour fraternel, de deuil, de violence et de rédemption. J'ai demandé à Pam si elle pouvait me mettre en contact avec son grand frère. Il était trois heures du matin dans le New Jersey quand elle me l'a passé au téléphone et j'ai soudain entendu sa voix rauque. Nous ne nous connaissions pas encore mais je me souviens à quel point il a été chaleureux quand je me suis présenté : "Salut Sean, comment ça va ?" Je ne savais pas trop quoi dire, donc je suis allé droit au but et je lui ai demandé s'il me laisserait adapter cette chanson pour en faire un film. Je pense qu'il n'était pas trop inquiet : il n'y avait pas de danger qu'un gamin californien de vingt-deux ans qui avait bu trop de bière risque de mettre ses projets à exécution. Il m'a répondu brièvement : "Pas de problème, Sean, vas-y." Nous n'en avons reparlé que huit ans plus tard, quand j'ai terminé l'écriture d'un scénario intitulé *The Indian Runner*. J'ai appelé Bruce pour lui remémorer notre première conversation et il a éclaté de rire. Il a ri, mais il a tenu sa promesse et il m'a donné l'autorisation de faire le film, qui reprend l'histoire de la chanson. »

Et enfin à Thierry Frémaux, délégué général du Festival de Cannes, membre actif d'un club secret de fanatiques springteeniens, dont j'ai failli être exclu après une provocation bon enfant (« Et si Springsteen était à Dylan ce que Poulidor fut à Anquetil »), qui m'écrivit que Bruce avait accepté d'être membre du jury à Cannes, mais qu'il ne lui avait pas dit quand.

2024. Huit ans ont passé. À l'automne de sa vie, Springsteen (qui signifie aussi « printemps adolescent ») se raconte à jamais sur scène, la mélancolie ardente transfigure les peines du blues en rythmes joyeux et les tragédies passées en lendemains qui chantent.

Le dernier des géants

Au moment où je commençais le livre, en octobre 2023, je pensais le terminer avec lui, « le dernier des géants », un bon titre pour un dernier chapitre. Archie Shepp, saxophoniste (ténor mais aussi soprano), pianiste, clarinettiste, chanteur, dramaturge, enseignant, est l'un des pionniers du free-jazz avec Ornette Coleman, Cecil Taylor et John Coltrane. En 1960 et 1961, Archie Shepp joue sur trois albums-clés de Cecil Taylor. En 1965, Pharoah Sanders et lui jouent dans *Ascension*, chef-d'œuvre « free » de Coltrane. Au même moment, Shepp rejoint le Black Arts Movement (BAM), mouvement culturel afro-américain (et pendant esthétique du Black Panther Party) fondé par Everett LeRoi Jones (qui prendra le nom d'Amiri Baraka). À la fin des années 60, il enseigne à l'Université d'État de New York puis à l'Université du Massachusetts, joue en Europe, participe au premier Festival panafricain d'Alger (la curiosité de la musique africaine ne l'a jamais quitté) et crée en 1971 l'Attica Blues, big band (fusion jazz, blues, soul, funk, world) qui doit son nom aux émeutes et aux massacres dans la prison d'Attica (État de New York) après l'assassinat à San Quentin du Black Panther George Jackson.

En décembre 2005, pour le numéro double et rituel de fin d'année du *Nouvel Observateur* (et en clin d'œil à la tradition anglo-saxonne des « Christmas albums »), nous avions interviewé le grand musicien rebelle. Avec Gilles Anquetil, nous lui avions rendu visite dans son appartement du sud parisien.

J'espérais le revoir à Noël dernier, presque vingt ans après notre entretien. Mais lorsque je finis par joindre Monette Berthomier, sa femme et sa muse[1], elle me dit qu'Archie Shepp (quatre-vingt-six ans) est en convalescence depuis mars dernier dans sa maison du Massachusetts, près de l'université où il a enseigné l'histoire de la musique jusqu'au début des années 2000. Qu'il a subi une chirurgie médullaire au niveau des vertèbres cervicales, pour améliorer la circulation nerveuse de sa main droite, « un problème quand on est saxophoniste ! ». Qu'ils resteront pour le moment dans son pays natal où les médecins sont aux petits soins pour lui[2].

Habituellement, le couple partage son temps entre la France et les États-Unis. « Archie n'a jamais décidé de devenir citoyen français, il est noir-américain et tient à le rester même

1. En 1994, Monette Berthomier, productrice à France Culture, enregistre avec Archie Shepp l'émission « Le bon plaisir » d'une durée de trois heures. « Je connaissais sa musique, pas l'homme. Je ne m'y attendais pas, mais je fus séduite par son intelligence et par sa grande sensibilité. Nous avons gardé le contact, je suis allée le rejoindre aux USA en 1996. » Archie Shepp, qui a créé sa maison d'édition Dawn of Freedom aux États-Unis, fonde en France en 2002 la maison de production Archieball, avec Monette Berthomier et leur ami Samuel Thiebaut.

2. Monette Berthomier : « Juste après son opération à Boston, Archie et moi étions dans sa chambre, un médecin est entré – il avait vu son nom inscrit sur la porte –, il a demandé : *"Are you THE Archie Shepp ?"* La réponse fut humble et nette : *"I am Archie Shepp. — I am a fan"*, dit le docteur. »

s'il a toujours été extrêmement bien accueilli en France, grâce à sa musique et son engagement. Les Français étaient plus ouverts. La culture afro-américaine, la musique étaient respectées et les musiciens aussi. » Je lui dis que Shepp se souvenait avoir vu en 1954 Charlie « Bird » Parker, une blonde à son bras, à une époque où aucun Noir n'osait s'afficher en compagnie d'une Blanche. Elle (qui est blanche) me répond qu'elle ne peut qu'imaginer « cette peur paralysante qu'ont connue les femmes ou les hommes noirs aux États-Unis, mais que Shepp n'a jamais eu ce problème en France ».

J'entends chanter au loin. Elle me raconte que, pour garder le moral, Shepp chante, qu'il possède un répertoire de chansons incroyable et qu'aujourd'hui il s'amuse avec un ami contrebassiste.

Je les rappelle deux jours plus tard pour prendre des nouvelles. Shepp est en pleine forme, j'entends sa voix.

« *It's me.*

— Quel plaisir prenez-vous à chanter ?

— Une manière distincte de communiquer avec le public. Une émotion différente. Avec le saxophone, j'ai une autre voix, la sensation aussi de chanter, et de parler.

— Votre premier souvenir d'avoir chanté en public ?

— J'avais une douzaine d'années. Mon professeur de piano m'avait dit que j'avais une jolie voix, que je devrais essayer de chanter. Elle m'a donné des leçons et je suis monté sur la scène du collège pour chanter "Ol' Man River".

— Et quels chanteurs et chanteuses aimez-vous le plus ?

— Dans le désordre, Frank Sinatra, Shirley Horn, Patty

Waters, Bessie Smith, Louis Armstrong, Mahalia Jackson, Billy Eckstine.
— Vous sentez-vous “le dernier des géants” ?
— Je me regarde comme un contributeur. Un géant, c’est pas nécessaire.
— Votre définition du jazz ? »

Là, Shepp ne change pas un mot à l’entretien qu’il nous avait donné à Noël 2005.

Jazz

J’ai un problème avec le mot jazz. Miles Davis, Duke Ellington ou Charlie Mingus ne l’aimaient pas non plus. Je lui préfère black art music. À l’origine, le terme jazz signifiait forniquer, baiser. Dans les années 20 et 30, on disait qu’on avait jazzé quelqu’un. À La Nouvelle-Orléans, on l’écrivait jass, et certains croient qu’il dérive du mot français jaser, parler pour ne rien dire. Cette musique a été créée dans les ghettos par les Noirs, et ce qu’on appelle le jazz n’est qu’une partie émergée d’une vaste culture dont le blues et la soul music de James Brown ou d’Otis Redding font également partie. La soul a autant de mélodie et de rythme que la musique de Bird et Dizzy. Le blues a engendré Michael Jackson ou Stevie Wonder, et le rap : une musique vocale plutôt qu’instrumentale, et avant tout une musique dansante. Le hard bop de Horace Silver comportait aussi cette dimension syncopée, ce rythme chaloupé. On dansait beaucoup sur cette musique ! Le free-jazz, il faut l’avouer, n’était pas particulièrement dansant ! Ce sont les maisons de disques qui ont cloisonné artificiellement ces approches de la black art music. Après tout, Coltrane avait joué à ses débuts avec l'orchestre de rhythm'n'blues d'Earl Bostic.

Je n'ai jamais cru à ces étiquettes de vieux jazz ou de free-jazz. Quand Louis Armstrong jouait en 1924, sa musique nouvelle dérangeait, même si aujourd'hui certains essaient de la copier note pour note. J'étais apparenté à l'avant-garde à mes débuts, et maintenant on m'appelle une légende de l'avant-garde !

Initiation

J'ai été initié à la musique vers cinq ans par mon père, qui jouait du banjo. Il m'a enseigné les premières mesures de « Charleston » composé par James P. Johnson. J'ai appris des accords très compliqués. Le plus difficile pour moi, c'était de plaquer les quatre cordes sur le manche avec un seul doigt. Vers la fin de la guerre, ma famille a quitté Fort Lauderdale en Floride, ma ville natale, pour Philadelphie, où mon père, qui était cordonnier, a trouvé un emploi de soudeur dans les chantiers navals. Il a pu ainsi acheter un piano. J'avais une dizaine d'années et j'ai pris des leçons, puis à douze ans je suis passé à la clarinette. Et à quinze ans ma grand-mère Mama Rosa m'a offert un saxophone ténor tout neuf.

Souvent, le week-end, je participais à des jam-sessions. Ma grand-mère m'emmenait écouter du gospel dans des églises autour de Philadelphie, où l'on organisait régulièrement des concours de chant. J'ai vu les plus grands groupes de gospel, de Mighty Clouds of Joy à Marion Williams. C'était palpitant. Les artistes faisaient la quête. La guerre venait de s'achever, et la musique n'était pas un moyen de faire fortune.

Charlie Parker

Quand j'avais quinze ans, Philadelphie était une mini-capitale musicale pour ma génération. Il y avait entre autres les frères Jimmy et Percy Heath, le batteur Philly Joe Jones, John Coltrane et le pianiste Bobby Timmons. Philadelphie est une ville gigantesque et nous ne jouions pas dans les mêmes quartiers : eux fréquentaient le sud, moi le nord, le quartier allemand. En revanche, mon cadet d'un an, le trompettiste Lee Morgan, mon voisin, a joué un rôle décisif dans ma vie de musicien. C'est avec lui que j'ai vu pour la première fois Charlie Parker. En 1954, un an avant sa mort. Contrairement à Coltrane, Bird ne bougeait pas sur scène, pas même les doigts ! Il était comme une statue, on aurait cru un bouddha. Tout le monde était estomaqué, presque terrifié, par le son énorme qu'il arrivait à produire. Ce jour-là, il n'y avait guère qu'une soixantaine de personnes dans une salle qui pouvait en accueillir deux mille. Bird avait comme d'habitude plus de deux heures de retard. On avait peur qu'il ne vienne pas du tout ! Même si nous venions du ghetto, nous avions des préjugés bourgeois, notamment en ce qui concerne l'apparence. Il fallait être bien sapé, bien coiffé… Or Charlie Parker transgressait ces règles. Il était sans doute le premier à arborer une coupe afro ! Et il portait le costume le plus froissé que j'aie jamais vu, d'une couleur indéfinissable, à croire qu'il avait dormi avec. Mais même s'il avait l'air d'un clochard il dégageait une élégance incroyable.

Après une heure et demie d'attente, je suis sorti dans

la rue. Et là j'ai vu un homme immense, une blonde à son bras comme un prolongement de son corps. J'étais stupéfait ! À l'époque, aucun Noir n'osait s'afficher en compagnie d'une Blanche. C'est comme ça que je l'ai reconnu, même de dos ! Il offrait une image de liberté et d'assurance absolues. Il dégageait une aura. La musique de Bird bouleversait tout le monde par-delà les frontières de race et de culture.

Philadelphie

C'était une ville très raciste. Surtout sa police, qui avait tabassé Art Blakey et emprisonné Billie Holiday. Elle imposait souvent un couvre-feu, comme aujourd'hui dans les banlieues françaises. Les clubs étaient tenus par les gangs. Ce n'était pas facile pour un jeune de se déplacer dans la ville, d'autant qu'elle était ravagée non seulement par la pauvreté, mais par des affrontements très violents entre gangs rivaux. Toutes les tranches d'âge étaient représentées dans ces bandes. Dans ce contexte dangereux, seuls les musiciens disposaient d'un statut privilégié et pouvaient évoluer librement, instrument sous le bras, dans le ghetto. J'avais environ dix-sept ans quand j'ai rencontré le saxophoniste Jimmy Heath, qui m'a initié à l'instrument. Même si je n'étais pas très doué pour les changements d'accords, grâce à mon père je connaissais bien le blues. Il était difficile de découvrir la musique, car les bars étaient non seulement situés loin de mon quartier, mais interdits aux mineurs. Un animateur de radio nommé Tom Roberts a ainsi mis sur pied un atelier de jazz le vendredi après-midi, qui donnait à de jeunes musiciens l'occasion d'écouter, puis de jouer devant les vedettes qui se produisaient en ville, tels Ben Webster ou Art Blakey.

C'est comme ça que j'ai découvert le be-bop alors que mon père n'aimait que le blues. Il y avait un fossé générationnel entre une jeunesse noire urbanisée et des parents d'origine rurale qui ignoraient ces nouveaux courants musicaux. Charlie Parker a fait passer le blues de la campagne à la ville.

New York

Quand je suis parti à New York, je voulais devenir avocat. La communauté afro-américaine était en pleine évolution, comme d'autres communautés avant elle, les juifs par exemple. L'immigration finit par produire une classe moyenne de médecins et d'avocats. Chaque génération tente de s'élever par rapport à la précédente pour payer sa dette envers elle. Pour mon père, la musique était un hobby respectable, pas un métier. Mais elle m'a procuré, outre une relative réussite matérielle, un grand épanouissement spirituel. Cela dit, faire des études de droit me paraissait le moyen idéal d'aider ma communauté. Ce qui m'en a détourné, c'est ma rencontre, en deuxième d'année d'université, avec un dramaturge qui a décelé en moi un talent pour l'écriture, alors que dans mon milieu l'écrivain était une figure inconnue. C'est ensuite que j'ai rencontré le poète LeRoi Jones.

Des saxophonistes d'exception pullulaient à la fin des années 50. Comment, dans ce contexte, trouver son propre style ? J'avais déjà une voix propre, mais sans le savoir. J'ai toujours aimé le son lyrique des saxophonistes ténors tels Lucky Thompson, Don Byas et Ben Webster. Puis j'ai succombé à l'influence de Sonny Rollins et de John Coltrane, le musicien que j'ai le plus écouté dans ma vie.

J'ai commencé à enregistrer à New York, dans les petits studios Bell Sound, auxquels un technicien passionné nous donnait accès en fin de soirée, après les séances de stars comme la chanteuse Dinah Washington. On jouait jusqu'à trois heures du matin avec d'autres jeunes musiciens : le tromboniste Roswell Rudd, le soprano Steve Lacy. En réécoutant plus tard ces enregistrements, j'ai remarqué dans mon jeu l'influence de Webster et de Coltrane, dont j'avais tenté passionnément de reproduire le son, mais en même temps je me suis dit : « C'est mon son à moi. C'est ma voix ! » J'ai réussi, malgré ces imperfections, à la trouver. Et je m'y suis tenu. Il faut accepter sa propre voix.

John Coltrane

Je voulais m'affranchir de la tyrannie des accords, alors que John Coltrane était très doué pour les enchaîner. Le pianiste d'avant-garde Cecil Taylor m'a aidé à trouver une solution musicale, même si au début je n'aimais pas du tout sa musique ! Je la trouvais si étrange… C'est en le voyant jouer que je me suis mis à respecter son approche et sa philosophie. Il est très intelligent, très cultivé, un authentique intellectuel. Je le comparerais à James Baldwin. Il avait une grande sensibilité : il avait fait de l'escrime, de la danse… Il a eu une grande influence sur moi, m'a appris l'interaction entre la musique et les luttes existentielles, m'a ouvert à d'autres disciplines.

John Coltrane était une légende. Avant même de connaître son nom, j'essayais déjà, comme lui, d'atteindre les notes les plus aiguës, mais c'était trop douloureux pour les lèvres. Je l'ai rencontré en 1957 à New York au Five Spot, où il jouait dans le quartet de Thelonious Monk, qui parfois se levait de son tabouret pour danser… Les sets duraient trois quarts d'heure. Mais pendant le quart d'heure d'entracte Coltrane continuait de jouer dans la cuisine. Puis il regagnait la scène sans avoir cessé de jouer. Et une fois rentré chez lui, à quatre heures du matin, il faisait des gammes pour s'endormir ! Il jouait tout le temps. C'était comme une mission : il avait décroché de la drogue et de l'alcool, qui lui avaient valu des problèmes avec Miles Davis. Cette association avec Monk représentait pour lui un tournant. Il avait les dents gâtées par la drogue. Vers la fin de sa vie, il s'est fait changer les dents et cela lui a donné un son magnifique.

Quand je fréquentais le Five Spot, j'étais un petit gars de Philadelphie mal dégrossi. Un soir, après le set, j'ai osé aborder Trane, pour lui demander la permission d'étudier avec lui, comme je l'avais fait auparavant avec Jimmy Heath. Dans ma ville natale, le dernier cri en matière de jazz, pour les Noirs comme pour les Blancs, était Stan Getz. La radio ne passait pas de musique de Noirs. J'étais allé écouter Stan Getz et Jimmy Raney (les seuls Blancs de la salle !) au Reynolds Hall. À l'entracte, on s'est aventurés dans une autre salle, minuscule et bondée, et quand on a entendu le son énorme de Jimmy Heath, ce petit bonhomme flottant dans son costume, sur « How High the Moon », tel un pivert martelant un tronc, on est restés ! Jimmy Heath m'a donné son adresse. C'était une mauvaise période pour lui, quasi dickensienne. Il n'avait même plus de saxophone. Il venait de se faire virer par Dizzy Gillespie, qui l'avait surpris à se droguer avec Coltrane ; Dizzy gardait de mauvais souvenirs de la toxicomanie de Parker. Bref, Jimmy s'est emparé de mon ridicule saxophone et, pour s'échauffer, s'est mis à jouer les premières mesures de « Giant Steps » de Coltrane. C'était un flot de chorus ininterrompus, avec des variations d'accords incroyables. Quand il m'a rendu mon sax, on aurait dit qu'il avait changé de couleur, qu'il était devenu orange... Jimmy l'avait baptisé, lui avait donné vie !

Quand j'ai abordé Coltrane au Five Spot, lui aussi m'a dit de passer le voir le lendemain. Je suis arrivé chez lui vers dix heures et demie du matin, alors qu'il avait sûrement répété jusqu'à l'aube. J'étais exalté à l'idée de lui parler ! Il a fini par se réveiller vers une heure de l'après-midi. John Coltrane a été le Stravinsky de ma génération. Il a ouvert tant de perspectives théoriques ! Il a changé toute la tectonique du saxophone, il en a élargi le registre. Il a introduit de nouveaux instruments, la harpe, le sitar. Il a été le premier à s'intéresser à ce qu'on appelle aujourd'hui la world music, en s'inspirant de Ravi Shankar par exemple. Et ça marchait ! Tout ce qu'il faisait swinguait. Un morceau comme « Ascension » est très complexe, mais on y sent la passion. Et il était d'une spiritualité intense, nourrie paradoxalement par la frustration et l'échec.

Religion

J'étais à la fois marxiste et chrétien. Ma grand-tante maternelle était sage-femme, à une époque où il n'y avait ni médecins ni hôpitaux pour les Noirs, et c'est elle qui m'a baptisé Archie, prononcé à la nigériane. Elle et ma grand-mère paternelle Mama Rosa étaient très croyantes, et m'emmenaient à des services religieux très chauds. La prière était improvisée. Cette dimension fait partie de ma culture. Mais mon christianisme est plus éthique que dogmatique. Et je ne rejette pas Darwin ! La religion doit être un moyen de communication entre les hommes plutôt qu'un facteur de division. Je ne me fais pas d'illusions sur la religion. Mais, comme la musique, elle possède une puissance émotionnelle parfois salvatrice dans ce monde si dépourvu de raison.

J'ai étudié à l'université l'art dramatique, et pour moi la scène est le lieu d'une performance. Aujourd'hui, les gens viennent voir la musique plutôt que l'écouter. On me dévore des yeux comme un roi shakespearien ! J'ai besoin de la participation active du public. C'est là qu'intervient ma capacité à prier. C'est une force. Transmettre aux autres ce que je ressens, le faire partager, voilà l'enjeu. Un artiste se nourrit de tout son vécu, de ses émotions, pour offrir une réflexion sur la condition humaine. La présence du public et l'adrénaline me permettent de décoller. Je n'ai pas à me forcer. Je chante plus qu'avant. La voix humaine est le plus sensible des instruments. On a, il est vrai, défini mon style de saxophoniste par la répétition de petites formules rythmiques, un son étranglé, proche de la voix humaine.

Black Panthers

J'ai rencontré Duke Ellington à Paris par l'intermédiaire de Don Byas. Je rêvais d'entrer dans son orchestre. Le maestro m'invite à jouer « C Jam Blues » salle Pleyel avec son orchestre. Je n'étais pas à jeun et m'aperçois que je n'étais pas dans la bonne tonalité en raison d'un ténor au bec défectueux… Duke me faisait des signes désespérés. Heureusement, derrière moi, le trompettiste Cat Anderson m'a sauvé du naufrage en tenant les notes. Du coup, le Duke ne m'a pas engagé, mais un journal français a publié une photo de nous légendée : « Le Duke rencontre une Panthère noire ! »

À l'époque, Malcolm X avait une influence énorme, notamment sur les communautés urbaines, les intellectuels, les artistes. Je n'ai jamais réussi à lui parler, même si je l'ai entendu prêcher à Harlem. Il montrait un minuscule drapeau américain (qui était de rigueur pour les orateurs) en criant : « C'est sous ce drapeau qu'on a assassiné vos pères ! C'est sous ce drapeau qu'on a violé vos mères ! » Et la foule grondait, sous le regard hostile des policiers blancs… Malcolm X et Martin Luther King étaient complémentaires.

Ma perception de l'Afrique était inséparable de ma quête personnelle. Pour comprendre la création d'une identité dans les classes moyennes afro-américaines, il faut revenir au concept de négritude, au slogan « Black is beautiful » et au Black Power. Mais quand on tente d'échapper à l'assimilation, il faut tôt ou tard se dire : « Je suis un homme », avant de se définir comme noir ou blanc. Assurément, l'Afrique m'a aidé à savoir qui je suis. En 1969, je suis allé au premier Festival panafricain d'Alger, auquel participait également le leader Black Panther Stokely Carmichael. Puis la femme de William Klein m'a permis de tourner un film dans le Hoggar avec des musiciens touaregs. Qu'est devenu ce film ? Mystère. C'est à cette occasion que j'ai rencontré Eldridge Cleaver.

Je partageais la colère et la lutte des Black Panthers. Il y avait deux tendances au sein du mouvement. Sur la côte Est, ils étaient moins radicaux, moins belliqueux que sur la côte Ouest ; ils privilégiaient le travail de terrain, l'action sociale, la scolarisation, dans une perspective plus politique

que combattante. J'avais beaucoup d'affinités avec eux, et le recours à la loi du talion par quelqu'un comme Eldridge Cleaver, dont j'admirais le livre *Soul on Ice*, m'apparaissait comme une impasse où il a fini par se fourvoyer. Son internationalisme était trop nationaliste pour moi !

Mozart

J'écoutais peu de musique classique occidentale. Mais, il y a une trentaine d'années, je me suis coupé la lèvre et j'ai dû réapprendre à jouer. J'ai entendu par hasard une sonate en sol majeur pour flûte de Mozart, que j'ai commencé à travailler au sax soprano. Ce fut une véritable révélation. Et je me suis mis à explorer son œuvre.

Les trois disques à emporter sur une île déserte ?

Un disque de Coltrane ou de Duke, ou celui qu'ils ont fait ensemble ! Un de gospel : des Swan Silvertones. Et un de blues : James Brown, Aretha Franklin ou Ray Charles.

Les trois livres à emporter sur une île déserte ?

Un enfant du pays, de Richard Wright, *Chronique d'un pays natal*, de James Baldwin… et sans doute la Bible, à défaut de Shakespeare. J'allais oublier *Homme invisible, pour qui chantes-tu ?* de Ralph Ellison. Indispensable !

En relisant l'interview de Shepp, j'ai pensé que sa dernière réponse était une bonne fin. Terminer par les trois livres à emporter… Par ce jeu de société à l'épreuve du temps, qui renvoie aux strates mystérieuses de notre imaginaire. *L'Île au trésor* ou *l'Île noire* ? Cette question rituelle, je l'avais posée au fil des ans à deux cents écrivains du monde entier. Chaque artiste que l'on aime cultive un jardin secret dans lequel figurent des titres choyés[3]. Rien de mieux qu'une invitation à la découverte par ceux dont l'écriture est la vie.

« L'essentiel de la biographie d'un écrivain consiste dans la liste des livres qu'il a lus », disait Valery Larbaud. Que nous disent de Shepp ses trois livres (transformés en cinq d'un claquement de doigts) ?

L'envie d'écouter *Attica Blues*.

Une question en suspens. « Quels sont les trois instruments (de bricolage) que vous emporteriez sur une île déserte ? »

---

3. Leurs réponses ont été publiées dans *Bibliothèque idéale du naufragé* chez Flammarion en 2015.

Table des matières

III. CHAPEAUX

IV. DÉPÊCHES

V. MANCHETTES

L'auteur remercie Gilles Anquetil, Max Armanet, Paul Audi, Bayon et Élisabeth Quin.

Tous les entretiens cités dans cet ouvrage sont parus dans *Libération* et *Le Nouvel Observateur* entre 1981 et 2023.

CET OUVRAGE A ÉTÉ ACHEVÉ D'IMPRIMER PAR NORMANDIE ROTO IMPRESSION S.A.S. À LONRAI, EN MAI 2024, POUR LE COMPTE DES ÉDITIONS LA TABLE RONDE.

ISBN : 979-10-371-1454-9.
Dépôt légal : septembre 2024.
N° d'édition : 638657.
N° d'impression : 2402463.

Imprimé en France.